suhrkamp taschenbuch
wissenschaft 2436

Schillernd, enigmatisch, schwer zu fassen: Das Bewußtsein gilt als eines der großen Rätsel unserer Zeit, und es gibt viele, unter ihnen nicht wenige Philosophen, die behaupten, es sei unmöglich, es auf die gleiche Weise zu erforschen wie etwa den Stoffwechsel, die Kontinentaldrift oder die Schwerkraft. Dennett läßt die maßgeblichen Debatten um den Status des Bewußtseins Revue passieren, liefert raffinierte Dekonstruktionen einiger der berühmtesten philosophischen Gedankenexperimente zum Thema und entzaubert sie Stück für Stück als Resultat bornierten Festhaltens an realitätsfernen Intuitionen – an Träumen, die die Erforschung des Bewußtseins nicht befördern, sondern sie im Gegenteil behindern.

Daniel C. Dennett lehrte u. a. in Harvard, Pittsburgh, Oxford und in Paris. Gegenwärtig ist er Austin B. Fletcher Professor für Philosophie und Direktor des Center for Cognitive Studies an der Tufts University. Im Suhrkamp Verlag sind zuletzt erschienen: *Den Bann brechen. Religion als natürliches Phänomen* (stw 2189) und *Von den Bakterien zu Bach – und zurück. Die Evolution des Geistes* (2018).

Daniel C. Dennett
Süße Träume

Die Erforschung des Bewußtseins und der Schlaf der Philosophie

Aus dem Amerikanischen von Gerson Reuter

Suhrkamp

Titel der Originalausgabe:
Sweet Dreams. Philosophical Obstacles to a Science of Consciousness
Erstmals erschienen in englischer Sprache 2005
bei The MIT Press/A Bradford Book

Klimaneutral
Druckprodukt
ClimatePartner.com/14438-2110-1001

Erste Auflage 2024
suhrkamp taschenbuch wissenschaft 2436

Deutsche Erstausgabe: Suhrkamp Verlag
Frankfurt am Main 2007

Umschlag nach Entwürfen
von Willy Fleckhaus und Rolf Staudt
Druck und Bindung: C.H. Beck, Nördlingen
Printed in Germany
ISBN 978-3-518-30036-7

www.suhrkamp.de

Inhalt

Vorwort

Vor einigen Jahren wurde ich gebeten, einen Überblicksartikel über die theoretischen Arbeiten von Autoren aus verschiedenen Fachgebieten zum Thema Bewußtsein zu schreiben, angefangen von der Quantenphysik und der Chemie über die Neurowissenschaft und die Psychologie bis hin zur Philosophie und den Literaturwissenschaften. Ein flüchtiger Blick über die *guten* neuen Bücher, die ganz oben auf meinem Bücherregal aufgereiht sind, überzeugte mich davon, daß ich die Anfrage ablehnen sollte (es sind heute, am 28. Januar 2004, 78 Stück, und das sind lediglich die Bücher). Es war ein bewegtes Jahrzehnt, so stürmisch, daß mittlerweile einige Leute über gerade diese Turbulenzen schreiben. Dieser Flut an Arbeiten füge ich dieses Buch hinzu – als einen Versuch, aufgeschobene Wartungsarbeiten zu erledigen. Trotz bedeutender empirischer Fortschritte (auf der positiven Seite) und einiger Wogen an Mißverständnissen (auf der negativen Seite) hält sich die 1991 in *Consciousness Explained* skizzierte Theorie ziemlich gut. Ich lag beim ersten Mal nicht gleich in allem richtig, aber ich lag auch nicht in allem daneben. Es ist Zeit für einige Revisionen und Erneuerungen.

Bevor ich meine Aufmerksamkeit der neodarwinistischen Evolutionstheorie und ihren philosophischen Implikationen zuwandte, verbrachte ich in den frühen 1990er Jahren viel Zeit damit, auf die Kritiken und sonstigen Reaktionen zu antworten, die mein Buch hervorgerufen hatte.[1] Nach der Publikation von *Darwin's Dangerous Idea* 1995 verbrachte ich einige weitere Jahre damit, die Behauptung *dieses* Buchs zu verteidigen und zu erläutern, während die Literatur über das Bewußtsein rasch anwuchs. Zum Jahrhundertwechsel war mir klar, daß ich zu den Problemen, die durch *Consciousness Explained* aufgeworfen wurden, zurückkehren und meine Position in Auseinandersetzung mit einer Flut an

1 Eine Auflistung einiger dieser Reaktionen findet man auf der Internetseite ⟨http://sun3.lib.uci.edu/~scctr/philosophy/dennett/⟩.

neuen empirischen Ergebnissen und theoretischen Vorschlägen und Einwänden weiterentwickeln muß. Daraus resultierte eine Reihe von Aufsätzen. Das erste Kapitel dieses Buchs geht auf meine Millenniumsvorlesung am Royal Institute of Philosophy zurück, in der ich meine Ansicht über den aktuellen Stand in der Philosophie des Geistes am Ende des 20. Jahrhunderts äußere. Veröffentlicht wurde sie dann als »The Zombic Hunch: Extinction of an Intuition?« (Dennett 2001b). Im November 2001 hielt ich die Jean Nicod Lectures am Institut Nicod in Paris und sprach dort über philosophische Hindernisse für eine Wissenschaft vom Bewußtsein. Und im November des darauffolgenden Jahres präsentierte ich eine überarbeitete und erweiterte Fassung dieser Vorlesungen als die Daewoo Lectures in Seoul. Die Kapitel 2 bis 5 sind – mit einigen Revisionen versehen – diesen Präsentationen entnommen. (Die Version einer der Vorlesungen im Rahmen der Nicod Lectures wurde in Kapitel 8 von *Freedom Evolves* [Dennett 2003a] aufgenommen und erscheint nicht hier; eine Version von Kapitel 5 hier in diesem Buch erscheint außerdem in dem Buch *Phenomenal Concepts and Phenomenal Knowledge: New Essays on Consciousness and Physicalism* [Alter 2005].) Kapitel 6 ist ein Neudruck aus *Cognition* (Dennett 2001a), Kapitel 7 geht auf eine meiner Vorlesungen 1999 in London zurück, und Kapitel 8 ist ein kurzer Aufsatz über das Bewußtsein, der demnächst in Richard Gregorys überarbeiteter Ausgabe des *Oxford Companion to the Mind* erscheint. In den Kapiteln, die andernorts veröffentlicht wurden oder in Kürze erscheinen, habe ich einige stilistische Änderungen vorgenommen.

Das Vielfache-Entwürfe-Modell des Bewußtseins (*Multiple Drafts Model of Consciousness*) ist auch ein Modell meines akademischen Lebens der letzten Dutzend Jahre. Einige Dutzend öffentliche Vorlesungen pro Jahr über das Bewußtsein vor ganz verschiedenen Zuhörerschaften begünstigen ein hohes Ausmaß an Adaptionen und Mutationen des vorher verwandten Materials. In diesem Buch habe ich den Versuch unternommen, die Zeit etwas willkürlich einzufrieren und eine »beste« Version aus alldem zu entwerfen. Dabei habe ich mich darum bemüht, Wiederholungen zu vermeiden, solange dadurch der inhaltliche Zusammenhang gewahrt bleibt. Genau das ist es, was wir gemäß meiner Theorie tun, wenn wir anderen – oder auch unseren späteren Selbsten – unsere bewußten Erfahrungen mitteilen. Weitere Aufsätze über das Bewußtsein, die ich nach der Jahrtausendwende schrieb, wurden nicht aufgenommen, entweder weil sie frühere Fassungen der Diskussionen in den vorliegenden Kapiteln enthalten oder weil sie Reaktionen auf bestimmte Aufsätze oder Bücher sind und unbedingt in ihrem ursprünglichen Kontext gelesen werden sollten:

– »Explaining the ›Magic‹ of Consciousness«, *Exploring Consciousness, Humanities, Natural Science, Religion*, Proceedings of the International Symposium, Mailand, 19.-20. November 2001 (im Dezember 2002 veröffentlicht, Fondazione Carlo Erba), S. 47-58; wiederabgedruckt in: J. Laszlo/T. Bereczkei/C. Pleh (Hg.): *Journal of Cultural and Evolutionary Psychology* 1 (2003), S. 7-19 (Dennett 2001c).

– »Who's on First? Heterophenomenology Explained«, *Journal of Consciousness Studies*, Sonderband: »Trusting the Subject?« (Part 1), 10, Nr. 9-10, Oktober 2003, S. 19-30; auch erschienen in: A. Jack/A Roepstorff (Hg.): *Trusting the Subject?*, Vol. 1, Exeter, UK: Imprint Academic 2003, S. 19-30 (Dennett 2003b).

– »The Case for Rorts«, in: R. B. Brandom (Hg.): *Rorty and His Critics*, Oxford: Blackwell 2000, S. 89-108 (Dennett 2000a).

– »It's Not a Bug, It's a Feature«, Kommentar zu Humphrey, *Journal of Consciousness Studies* 7 (2000), S. 25-27 (Dennett 2000b).

– »Surprise, Surprise«, Kommentar zu O'Regan and Noë, *Behavioral and Brain Sciences* 24:5 (2001), S. 982 (Dennett 2001d).

– »How Could I Be Wrong? How Wrong Could I Be?«, für den Sonderband von *Journal of Consciousness Studies*, »Is The Visual World a Grand Illusion?«, hg. v. Alva Noë, Bd. 9, Nr. 5-6, Januar 2002, S. 13-16 (Dennett 2002a).

– »Does Your Brain Use the Images in It, and If So, How?«, Kommentar zu Pylyshyn, *Behavioral and Brain Sciences* 25:2 (2002), S. 189-190 (Dennett 2002b).

– »Look Out for the Dirty Baby«, Kommentar zu Baars, *Journal of Consciousness Studies*, »The Double Life of B. F. Skinner«, 10:1 (2003), S. 31-33 (Dennett 2003c).

– »Making Ourselves at Home in Our Machines«, Besprechung von Daniel Wegners Buch *The Illusion of Conscious Will* (The MIT Press 2002), *Journal of Mathematical Psychology* 47 (2003), S. 101-104 (Dennett 2003d).

Leser, die hoffen, daß ich in diesem Buch zu den verschiedenen zur Zeit ausgetragenen Kontroversen innerhalb der kognitionswissenschaftlichen Forschung zum Bewußtsein Position beziehe, werden enttäuscht sein. Obgleich ich feste Überzeugungen über viele der strittigen Punkte habe, widerstehe ich größtenteils der Versuchung, mich hier über meine ganzen empirischen Lieblingswerkzeuge auszulassen, weil ich meine Aufmerksamkeit auf die *philosophischen* Streitfragen richten möchte, die die Forschungslandschaft weiterhin plagen und Philosophen wie Nicht-Philosophen verwirren und ablenken. Richtungsweisend fand ich schon immer John Lockes verhältnismäßig bescheidene Sicht von der den Philosophen angemessenen Rolle, die er 1690 in dem »Sendschreiben an den Leser« zu Beginn seines *Essay Concerning Human Understanding* (dt.: *Versuch über den menschlichen Verstand*) formulierte. Wir haben bislang zwar noch keinen Konsens darüber erzielt, wer – falls überhaupt jemand – der Isaac Newton oder auch nur der Christian Huygens der Kognitionswissenschaften ist, aber abgesehen davon überspringen die Worte Lockes drei Jahrhunderte mit einer schon beinahe unheimlichen Treffsicherheit:

> [I]n einem Zeitalter, das solche Meister wie den großen Huygens und den unvergleichlichen Newton nebst so manchem anderen von der gleichen geistigen Größe hervorbringt, muß es dem Ehrgeiz genügen, wenn man als Hilfsarbeiter beschäftigt wird, um den Baugrund etwas aufzuräumen und einen Teil des Schuttes zu beseitigen, der den Weg der Erkenntnis versperrt. Diese hätte in der Welt schon viel größere Fortschritte gemacht, wenn die Bemühungen kluger und fleißiger Männer nicht durch den gelehrten, aber wertlosen Gebrauch einer seltsamen, erkünstelten und unverständlichen Terminologie be-

> einträchtigt worden wären, die man in die Wissenschaft einführte und hier derart zu einer Kunst ausbildete, daß es als unpassend oder unmöglich galt, in einer guten Gesellschaft oder im Verlaufe einer hochgeistigen Unterhaltung von der Philosophie zu reden, die doch nichts ist als die wahre Erkenntnis der Dinge. (Locke [1609] 2000, S. 11.)

Für äußerst aufschlußreiche Hinweise und Anregungen bin ich vielen Kollegen, Studenten, Kritikern, Rezensenten, Zuhörerschaften und Briefpartnern dankbar. Insbesondere schulde ich der Tufts University dafür Dank, daß sie meiner Arbeit ein Zuhause gibt, und dem Center for Cognitive Studies, dem Institut Jean Nicod und der Daewoo Foundation für die Förderung der Vorlesungsreihen, die das Herzstück dieses Buchs ausmachen. Bei Al Seckel möchte ich mich dafür bedanken, daß er mir half, die für das Buch geeignetste Abbildung für eine visuelle Illusion zu finden (siehe Abb. 2.2). Bedanken möchte ich mich wie immer auch bei meiner Frau, mit der ich seit mehr als vierzig Jahren verheiratet bin, für ihre Ratschläge, Unterstützung, Begleitung und Liebe, ohne die ich überhaupt nichts zustande bringen könnte.

Daniel C. Dennett
29. Januar 2004

Braque, baroque, barrack,
bark, poodle, Suzanne R., 68th St.? REgent 7-12..?, BUtterfield 8,
ALgonquin 4, ELdorado 5, El Morocco, Mogador, Mogadiscio, Abys-
-sinia, 1936!, Vittorio Emanuele III° Re d'Italia e di Albania Imperatore
d'Etiopia, George V, Louis XIV, Louis XVIII, Louis XXXIX, Paris XIVe,
N.Y. 21, 22, 28, 17, 5, Monte Carlo, Monte Cristo, Montealegre, Bernstein,
Lev Davidovich Bronstein, Trotsky, ПРАВДА, Iskra, Herzen, Lunacharsky,
Stamboliski, Bakunin, Kropotkin, Kostrowitzki, Kandinsky, Kafka, Kupka,
Kokoschka, K, K, K, K, K, K, K,
AIR MAIL
RF
BLACK, BLUE, YELLOW,
RED, GREEN, Greenberg, Monteverdi, Verdi, Rossini, Leoncavallo, Catfish,
Ratfink, Schweinehunde, Dragonfly, Horsefly, Belmont, Jamaica,
Auteuil, San Siro, My Old Man, The Killers, Kilimanjaro
Kilogram, Kilometer, 5/8 Mile, Isotta-Fraschini, Hispano-
Suiza, Svizzera, Trieste, Joyce, James Joyce, Greta Garbo,
Donald Duck, BB, MM, Phileas Fogg, Ugene Unesco,
Tristan Tzara, Țară, Țața, Uța, Ața, Ița, Nene, Papa,
Gigi, Tata, Dada, Ada, Hedda, Betty Parsons,
Curt Vallentin, Maeght, Janis, Museum, Rockefeller,
Nelson, David, Hare, Denise, The Knees, Haircut,
Nosedrop, Gogol, Nabokov, Hi Nabor, While-U-Wait,
U Turn, U Thant, H. B4. B.U.T., No X-ing, Vietato Fumare,
Défense d'Afficher, English Spocken, Inghiliss, Pidgin,
Bêche-de-Mer, Peles Kanaka, Kaikai liklik dok,
Em I rabisman tasol, Mi save tokboy, Talkboy, Thinkboy
STEINBERG

1. Der Zombie-Verdacht: Das Aussterben einer Intuition?

Der Cartoon von Steinberg auf S. 12 veranschaulicht eine hübsche Art und Weise, wie man auf das Problem des Bewußtseins schauen kann. Sofern er die metaphorische Wahrheit über das Bewußtsein zum Ausdruck bringen sollte, was wäre dann die buchstäbliche Wahrheit? Aufgrund welcher Vorgänge in der Welt (vermutlich überwiegend im Gehirn dieses Kerls) ist diese herrliche Metapher so treffgenau?

1. Die naturalistische Wende

Unsere Auffassung von dieser Frage am Ende des zwanzigsten Jahrhunderts unterscheidet sich auffallend von der Art und Weise, wie wir darüber zu Beginn dieses Jahrhunderts hätten nachdenken können – was sich in einem bescheidenen Maße dem Fortschritt in der Philosophie, in erheblichem Maße aber dem Fortschritt in den Naturwissenschaften verdankt. Steinbergs *pointilistische* Darstellung dieses Menschen mit Bewußtsein gibt uns einen ausgezeichneten Hinweis auf die wesentlichen Fortschritte, die sich momentan abzeichnen und die – zumindest für viele von uns – in Aussicht stellen, der Sache ein ganz anderes Gesicht zu geben. Mittlerweile wissen wir, daß jeder von uns eine Zusammensetzung aus Billionen von Zellen tausenderlei verschiedener Arten ist. Die meisten Zellen, aus denen Ihr Körper zusammengesetzt ist, sind Nachkommen der Eizelle und des Spermatozoons, aus deren Vereinigung Sie hervorgegangen sind (es gibt auch Millionen von Anhaltern tausenderlei verschiedener Abstammung, die in Ihrem Körper mitfahren), und – um es deutlich und unverblümt zu sagen – *keine einzige der Zellen, aus denen Sie bestehen, weiß oder kümmert sich darum, wer Sie sind.*

Die einzelnen Zellen, aus denen Sie zusammengesetzt sind, leben, aber wir verstehen mittlerweile das Phänomen des Lebens gut genug, um zu wissen, daß jede Zelle ein geistloser Mechanismus ist, ein weitgehend autonomer Mikroroboter, der nicht mehr Bewußtsein besitzt als eine Hefezelle. In einem Brotteig, der in einer Schüssel in der Küche aufgeht, wimmelt es nur so von Lebewesen, aber nichts in dieser Schüssel ist empfindungsfähig oder hat Bewußtsein – oder wenn doch, dann handelt es sich um eine bemerkenswerte Tatsache, für die es zur Zeit nicht die geringsten Belege gibt. Denn wir wissen heute, daß die »Wunder« des Lebens – Metabolismus, Wachstum, Reparaturfähigkeit, Selbstverteidigung und natürlich Reproduktion – allesamt zwar durch erstaunlich komplizierte Vorgänge zustande kommen, jedoch nicht auf wundersame Weise. Kein empfindungsfähiger Oberaufseher muß den Vorgang des Metabolismus in Gang halten, es bedarf keines Elan vital, um die Selbstheilung eines Körpers auszulösen, und die nimmermüde Nano-Fabrik der Replikation produziert ohne irgendwelche geisterhaften Eingriffe oder ohne irgendeine Hilfe durch eigentümliche Lebenskräfte am laufenden Band Duplikate. Hundert Kilo Hefe staunen nicht über Braque oder über sonst etwas, aber Sie tun es, und Sie bestehen aus Teilen,[1] die im Grunde die gleiche Art von Dingen sind wie diese Hefezellen und lediglich andere Aufgaben erfüllen. Ihr Billionen-Roboter-Team bildet ein atemberaubend effizientes Regime, dem zwar ein Herrscher fehlt, das es aber hinbekommt, eine Organisation aufrechtzuerhalten, die Angreifer zurückschlägt, die Schwachen verbannt und eiserne disziplinarische Regeln durchsetzt – ein Regime, das nicht zuletzt als Hauptquartier Ihres bewußten Selbst fungiert, Ihres Geistes. Diese Zellgemeinschaften sind im höchsten Maße faschistisch, aber glücklicherweise haben *Ihre* Interessen und Werte nahezu nichts mit den eingeschränkten Zielen dieser Zellen zu tun, aus denen Sie bestehen. Manche Leute haben eine edle Gesinnung und ein großzügiges Wesen, andere sind rücksichtslos; einige sind Pornographen, andere widmen ihr Leben der Aufgabe,

1 Eukaryotischen Zellen.

Gott zu dienen. Lange Zeit ist man versucht gewesen, sich vorzustellen, daß diese auffälligen Unterschiede in speziellen Merkmalen irgendeines *zusätzlichen* Dings – einer Seele – gründen müßten, das auf irgendeine Weise in den Hauptquartieren unseres Körpers eingebaut ist. Im Grunde war diese Idee von einem derart magischen Extra-Bestandteil noch bis vor kurzem der einzige Kandidat für eine Erklärung des Bewußtseins, die auch nur sinnvoll zu sein *schien*. Für manche Leute ist diese Vorstellung (d. h. der Dualismus) *weiterhin* das einzig sinnvolle Bild vom Bewußtsein, aber mittlerweile besteht unter Philosophen und Wissenschaftlern weithin Einigkeit darüber, daß der Dualismus falsch ist – und sein muß: Wir sind aus nichts anderem als geistlosen Robotern *gemacht*, es gibt hier überhaupt keine nicht-physikalischen, nicht-roboterartigen Bestandteile.

Aber wie kann das sein? Vor über einem Vierteljahrtausend formulierte Leibniz die Herausforderung für unser Vorstellungsvermögen mit Hilfe einer leistungsstarken Intuitionen-Pumpe – ein gewaltig in die Irre führender Vorläufer all der Chinesischen Zimmer (Searle), Chinesischen Nationen (Block) und der Zombies, mit denen wir es gegenwärtig zu tun haben.

> Man muß übrigens notwendig zugestehen, daß die *Perzeption* und das, was von ihr abhängt, *aus mechanischen Gründen*, d. h. aus Gestalt und Bewegung, *nicht erklärbar* ist. Denkt man sich etwa eine Maschine, die so beschaffen wäre, daß sie denken, empfinden und perzipieren könnte, so kann man sie sich derart proportional vergrößert denken, daß man in sie wie in eine Mühle eintreten könnte. Dies vorausgesetzt, wird man bei der Besichtigung ihres Inneren nichts weiter als einzelne Teile finden, die einander stoßen, niemals aber etwas, woraus eine Perzeption zu erklären wäre. Also muß man diese in der einfachen Substanz suchen und nicht im Zusammengesetzten oder in der Maschine. (Leibniz [1714] 1956, S. 33.)

Diese berühmte Passage enthält ein offenkundiges *non sequitur*, dessen vielfältige Echos man in den heutigen Debatten hört. Macht Leibniz eine erkenntnistheoretische Behauptung – daß wir *niemals* die Maschinerie des Bewußtseins *verstehen* werden – oder eine metaphysische Behauptung – daß eine »Maschinerie« *nicht* für Bewußtsein verantwortlich *sein kann*? Seine einleitenden

Worte und seine Schlußfolgerung machen deutlich, daß er eine metaphysische Wahrheit zu demonstrieren glaubt, jedoch würden die Gründe, die er anführt, allenfalls die bescheidenere erkenntnistheoretische Lesart stützen.[2] Man *könnte* Leibniz' wundervolles, an Gulliver erinnerndes Bild dazu verwenden, die Behauptung *zu illustrieren und plausibel zu machen*,[3] daß zwar Bewußtsein das Produkt eines gigantisch komplexen mechanischen Systems ist – und letztlich sein muß –, es aber sicherlich völlig jenseits unseres intellektuellen Vermögens liegt, zu erklären, wie das bewerkstelligt wird. Aber offenkundig sollen wir Leibniz zufolge sein Beispiel so auffassen, daß es die Absurdität der bloßen Idee demonstriert, Bewußtsein könne ein solcher emergenter Effekt einer ungeheuer komplexen Maschine sein. (»Also muß man diese in der einfachen Substanz suchen und nicht im Zusammengesetzten oder in der Maschine.«)

Genau diese fehlende Anpassung von argumentativen Mitteln

2 Besonders deutlich macht Leibniz das an anderer Stelle: »Wenn im Organischen nichts anderes als Maschine ist, d. h. bloße (nackte) Materie, die Verschiedenheiten des Orts und Gestalt hat, dann kann nichts anderes daraus abgeleitet und erklärt werden als der Mechanismus, d. h. genau die gerade genannten Verschiedenheiten. Denn aus irgendeiner als nackt betrachteten Sache kann nichts abgeleitet und erklärt werden, außer den Verschiedenheiten ihrer konstitutiven Attribute. Daher können wir auch leicht urteilen, daß weder in einer Mühle noch in einer Uhr, als nackt betrachtet, ein Prinzip entdeckt werden kann, das wahrnimmt, was in ihm geschieht. Und es liegt nichts daran, ob das, was in der Maschine ist, feste oder flüssige [Körper] sind, oder aus beiden zusammengesetzte. Ferner wissen wir, daß zwischen groben und feinen Körpern kein wesentlicher Unterschied besteht, außer in bezug auf ihre Größe. Daraus folgt, daß falls man nicht begrifflich erfassen kann, auf welche Weise in irgendeiner groben Maschine, die aus flüssigen oder festen Körpern zusammengesetzt ist, die Wahrnehmung entsteht, man ebenso nicht begreifen kann, auf welche Weise in einer feineren Maschine Wahrnehmung entstehen kann, denn wenn auch unsere Sinne feiner wären, wären es die Dinge auf die gleiche Weise, ebenso, wenn wir eine grobe Maschine wahrnehmen würden, wie wir es gerade tun.« (Aus: *Kommentar über die Schwerfälligkeit der Seele* [*Commentatio de Anima Brutorum*, 1710; aus dem lateinischen Original übersetzt von Alexander Becker und Claus Zittel. A. d. Ü.].)

3 Das würde natürlich überhaupt nichts *beweisen*. Es ist lediglich eine Intuitionen-Pumpe.

und Zwecken verfolgt uns bis heute: Noam Chomsky, Thomas Nagel und Colin McGinn (und andere) haben die Vermutung angestellt oder auch behauptet, das Bewußtsein liege jenseits unserer Verstehenskapazitäten, sei, um die von Chomsky vorgeschlagene Unterscheidung zu wählen, kein Rätsel, sondern ein Mysterium.[4] Diesem Gedankengang zufolge fehlen uns die nötigen Mittel – die Intelligenz, die geeignete Perspektive oder unserem Gehirn die nötige Leistungsstärke –, um zu begreifen, *wie* die »Teile, die einander stoßen«, Bewußtsein konstituieren könnten. Wie auch Leibniz haben diese Autoren jedoch durchblicken lassen, daß sie selbst das Mysterium des Bewußtseins ein wenig verstehen – gerade gut genug jedenfalls, um schlußfolgern zu können, daß es durch eine mechanistische Theorie *nicht* aufgeklärt werden *kann*. Und genau wie Leibniz haben auch sie zugunsten ihrer pessimistischen Schlußfolgerungen außer einem unwiderstehlichen Bild wirklich keine Argumente vorgebracht. Wenn sie über die Aussichten auf eine Erklärung nachdenken, kommt schlicht nichts dabei heraus, und daraufhin kommen sie zu der Überzeugung, daß keine weitere Aufklärung in Sicht ist *oder auch nur* in Sicht kommen *kann*.

Aber könnte es nicht sein, daß Leibniz, allein und verloren in seiner gigantischen Mühle, lediglich den Wald vor lauter Bäumen nicht sehen konnte? Könnte es nicht eine Vogelperspektive geben – *nicht* die Erste-Person-Perspektive des fraglichen Subjekts, sondern eine *Dritte*-Person-Perspektive höherer Ordnung –, von der aus man, wenn man nur richtig hinschaut, die erkennbaren Muster des Bewußtseins im Betriebszustand deutlich sehen kann? Könnte es sein, daß die *Organisation* all der Teile, die aufeinander einwirken, auf irgendeine Weise Bewußtsein als ein emergentes Produkt hervorbringt? Und falls dem so ist, warum sollten wir nicht darauf hoffen können, das Bewußtsein zu verstehen, sobald wir die geeigneten Begriffe dafür entwickelt haben? Genau das ist der Weg, der während der letzten 25 Jahre unter dem Doppelban-

4 Erst kürzlich in den folgenden Arbeiten: Chomsky 1994, Nagel 1998 und McGinn 1999.

ner der Kognitionswissenschaften und des Funktionalismus mit Begeisterung und Erfolg beschritten worden ist – die Ausweitung des *mechanistischen Naturalismus* vom Körper hin zum Geist. Schließlich haben wir mittlerweile exzellente mechanistische Erklärungen der Phänomene des Metabolismus, des Wachstums, der Reparaturfähigkeit und der Reproduktion zustande gebracht, die einen vor noch nicht allzu langer Zeit in sprachloses Erstaunen versetzten. Gemäß dieser optimistischen Sichtweise ist Bewußtsein zwar in der Tat eine wundervolle Sache, aber *so* wundervoll nun auch wieder nicht – nicht zu wundervoll, um es durch den Einsatz genau der Begriffe und Perspektiven zu erklären, die sich bereits an anderen Stellen in der Biologie als tauglich erwiesen haben.

Von diesem Standpunkt aus betrachtet ist das Bewußtsein eine verhältnismäßig späte Frucht des evolutionären Algorithmus, der unserem Planeten Phänomene wie das Immunsystem, die Flugfähigkeit und das Sehvermögen geschenkt hat. In der ersten Hälfte des Jahrhunderts mögen viele Wissenschaftler und Philosophen Leibniz' Meinung über den Geist geteilt haben, schlicht weil es schien, als bestehe der Geist aus Phänomenen, die von den übrigen biologischen Phänomenen *völlig verschieden* sind. Das Innenleben geistloser Pflanzen und simpler Organismen (und unsere Körper vom Hals abwärts) mag sich dem Zugriff der normalen biologischen Wissenschaft restlos fügen, aber nichts, das dem Geist auch nur annähernd ähnlich ist, läßt sich auf eine derart mechanische Weise erklären. Ungefähr dieser Eindruck muß geherrscht haben, bis etwa um die Mitte des Jahrhunderts etwas auf den Plan trat, das den Bann von Leibniz' Intuitionen-Pumpe brach: Computer. Computer sind auf eine Weise dem Geist ähnlich wie keine Artefakte zuvor: Computer sind in der Lage, Prozesse zu steuern, die Aufgaben ausführen, in denen es auf Unterscheidungsfähigkeiten, Gedächtnisleistung, Schlußfolgerungen und Urteilsvermögen ankommt; sie generieren neues Wissen, entdecken Muster – beispielsweise in der Poesie, der Astronomie und der Mathematik –, die vordem allein Menschen zu entdecken hoffen konnten. Wir sind mittlerweile von Artefakten umgeben, die Leibniz' gigantische Mühle in puncto Schnelligkeit und Komplexität wie ein Zwergengebilde aussehen lassen. Und wir haben begreifen gelernt, daß das, was auf der Ebene des Ineinandergreifens von Milliarden Zahnrädern nahezu unsichtbar ist, auf höheren Beschreibungsebenen gleichwohl leicht verständlich sein kann – auf einer der vielen ineinandergreifenden »Software-Ebenen«, auf denen die Muster der Muster der Muster der Organisation (der Organisation der Organisation) die wunderbaren Kompetenzen der Mühle deutlich sichtbar machen *und erklären* können. Die bloße Existenz von Computern hat einen Existenzbeweis geliefert, dessen Einfluß nicht bestritten werden kann: *Es gibt* Mechanismen – primitive, nicht-mysteriöse, nach für gewöhnlich gut verstandenen physikalischen Prinzipien ablaufende Mechanismen –, die viele derjenigen Kompetenzen besitzen, die vordem allein dem menschlichen Geist zuerkannt wurden.

Etwas, das wir mit einer an eine moralische Gewißheit grenzenden Sicherheit über Computer wissen, ist, daß sie keine Überraschung in petto haben: keine ESP oder morphische Resonanz zwischen Diskettenlaufwerken, keine durch dunkle Kräfte bewerkstelligten Ferneinwirkungen. Die *Erklärungen* der Fähigkeiten, die Computer an den Tag legen, sind Musterbeispiele an Transparenz, was eines der attraktivsten Merkmale der Kognitionswissenschaften ist: Wir können ganz sicher sein, daß dann, *wenn* man ein Computermodell *irgendeines* mentalen Phänomens zustande gebracht hat, es diese Erklärungstransparenz von seinen simpleren Vorläufern erbt.

Zusätzlich zu den Computern selbst – diesen zweifellos wundervollen Musterbeispielen und Forschungswerkzeugen – besitzen wir eine Fülle an neuen Begriffen, die die Computerwissenschaften definiert und mit denen sie uns vertraut gemacht haben. Wir haben gelernt, wie man mühelos und verläßlich über die kumulativen Effekte komplizierter Kaskaden von Mikroorganismen nachdenkt, über Billionen über Billionen von Ereignissen milliardenfach verschiedener Arten, die auf Dutzenden von verschiedenen Ebenen interagieren. Können wir diese neue Energie einer disziplinierten Vorstellungskraft für die Aufgabe nutzen, aus Leibniz' Mühle herauszuklettern? Der Hoffnung, daß wir dazu in der Lage sind, können sich viele von uns nicht entziehen – und sie ist auch inspirierend. Wir sind ziemlich sicher, daß eine naturalistische, mechanistische Erklärung des Bewußtseins nicht nur möglich ist; vielmehr wird sie gerade in einem rasanten Tempo Wirklichkeit. Es bedarf lediglich viel harter Arbeit von genau der Art, die in der Biologie bereits ein ganzes Jahrhundert lang und in den Kognitionswissenschaften im letzten halben Jahrhundert geleistet worden ist.

2. Die Reaktionäre

Im letzten Jahrzehnt des Jahrhunderts hat sich jedoch unter den Philosophen recht plötzlich ein loser Verbund von Reaktionären in Opposition zu diesem evolutionären, mechanistischen Naturalismus formiert. Wie bereits erwähnt, gibt es die »Mysterianer« (*mysterians*) – Owen Flanagans hilfreicher Ausdruck für all diejenigen, die diesen Optimismus nicht nur für schlecht begründet, sondern sein Scheitern für ausgemacht halten. Dann gibt es diejenigen, die sich nicht sicher sind, ob das Problem unlösbar ist, jedoch glauben, bei genauerer Betrachtung ergebe sich eine Aufteilung der Aufgabenstellung in »leichte Probleme« und das »Schwierige Problem« (*Hard Problem*) (David Chalmers). Oder sie stoßen auf etwas, das sie als eine »Erklärungslücke« deklarieren (Joseph Levine), die bislang – und vielleicht für immer – denen Schwierigkeiten macht, die es gerne sähen, würde der Geist von einer vereinheitlichenden Erklärung verschlungen.[5] Ein kurioser Anachronismus bei vielen dieser Reaktionäre, wenn auch nicht bei allen, besteht darin, daß sie, sofern sie überhaupt auf eine Lösung des Problems (oder der Probleme) des Bewußtseins hoffen,

5 Chalmers 1995 und 1996, Levine 1983.

Vermutungen darüber anstellen, daß sie nicht aus der Biologie oder aus den Kognitionswissenschaften, sondern ausgerechnet aus der Physik kommen wird!

Einer der ersten, die auf diese Weise mit der Physik anbandelten, war David Chalmers. Er machte den Vorschlag, eine Theorie des Bewußtseins solle »das Erleben selbst für ein fundamentales Merkmal der Welt halten – neben Masse, elektrischer Ladung sowie Raum und Zeit«. Wie er richtig bemerkte: »man [in der Physik] versucht nicht, diese Merkmale durch irgend etwas Einfacheres zu erklären«.[6] Ein Echo dieses Gedankens findet sich bei Thomas Nagel:

> Bewußtsein sollte als ein begrifflich irreduzibler Aspekt der Realität angesehen werden, der mit anderen ebenso irreduziblen Aspekten notwendigerweise verknüpft ist – so, wie elektromagnetische Felder mit dem Verhalten geladener Partikel oder auch Gravitationsfelder mit dem Verhalten von Masse notwendigerweise verbunden, auf dieses Verhalten jedoch jeweils nicht reduzierbar sind (und vice versa).[7]

Oder auch bei Noam Chomsky:

> Die natürliche Schlußfolgerung [...] ist, daß die Gedanken und Handlungen von Menschen Eigenschaften organisierter Materie sind – wie »Kräfte der Anziehung und Abstoßung«, elektrische Ladung usw.[8]

Oder bei Galen Strawson, der in einer Besprechung von Colin McGinns neuestem Buch behauptet: »Wir halten das Bewußtsein nur deshalb für etwas Mysteriöses, weil wir ein falsches Bild von Materie haben.« Und er fügt hinzu:

> Uns stehen eine Menge mathematischer Gleichungen zur Verfügung, um das Verhalten von Materie zu beschreiben, aber darüber hinaus wissen wir nicht wirklich etwas über ihre intrinsische Natur. Den einzigen weiteren Hinweis,

6 Chalmers 1995, S. 209 [Übers., S. 237].

7 Nagel 1998, S. 338.

8 Chomsky 1994, S. 189. Chomsky spricht über die Schlußfolgerungen, die La Mettrie und Priestley zogen; aber seine nachfolgende Diskussion, in der er auf Roger Penrose und John Archibald Wheeler verweist, macht deutlich, daß er der Überzeugung ist, dies sei heutzutage eine selbstverständliche Schlußfolgerung und nicht nur in der Zeit kurz nach Newton.

> den wir über ihre intrinsische Natur tatsächlich besitzen, ist, daß man dann, wenn man sie so anordnet, wie sie in Dingen wie Gehirnen angeordnet ist, Bewußtsein erhält.[9]

Nicht nur Philosophen und Linguisten halten das für eine attraktive Idee. Viele Physiker sind auf diesen Zug aufgesprungen, folgen dem Beispiel von Roger Penrose, dessen Spekulationen über die Quantenfluktuationen in den Mikrotubuli der Neuronen trotz einer Unmenge an Problemen viel Aufmerksamkeit erregt und Begeisterung ausgelöst haben.[10] Allen diesen Auffassungen ist die Idee gemeinsam, daß irgendein revolutionäres physikalisches Prinzip ein Konkurrent der Idee sein könnte, daß das Bewußtsein durch die »Teile, die einander stoßen«, erklärt werden kann (wie in Leibniz' Mühle).

Einmal angenommen, sie lägen richtig. Angenommen, das Schwierige Problem – worin es auch bestehen mag – kann nur dadurch gelöst werden, daß man eine erstaunliche, neue und irreduzible *physikalische* Eigenschaft derjenigen Zellen anerkennt, aus denen ein Gehirn zusammengesetzt ist. Ein Problem damit ist, daß die physikalische Beschaffenheit unseres Gehirns, soweit wir wissen, die gleiche ist wie die physikalische Beschaffenheit der Hefezellen, die sich in der Schüssel explosionsartig vermehren. Die funktionalen Unterschiede zwischen Neuronen und Hefezel-

9 Strawson 1999.

10 Unheilbarer Optimist, der ich bin, finde ich, daß dieses Eindringen von Physikern in Bereiche der kognitiven Neurowissenschaft in der jüngsten Vergangenheit auch sein Gutes hat: Zum ersten Mal in meiner beruflichen Laufbahn sticht eine sich einmischende Disziplin die Philosophie aus – im Wettbewerb um den Preis für die Kombination aus Arroganz und Ignoranz in dem Fach, in das sie eindringt. Neurowissenschaftler und Psychologen, die Philosophen üblicherweise mit glasigen Augen und verständnislos anstarren, wenn diese über die subtilen Fragen der *Supervenienz* und der *Intensionalität-mit-einem-s* streiten, müssen sich nun in gleicher Weise mit den Geheimnissen der *Quantenverschränkung* und der *Bose-Einstein-Kondensaten* herumschlagen. Die Vermutung drängt sich auf, daß sich in einer Zeit, in der es zunehmend schwieriger wird, in der Physik Fortschritte zu erzielen, einige Physiker nach neuen Betätigungsfeldern umgesehen haben, wo sie mit noch weniger Furcht vor der Widerspenstigkeit der Erfahrung oder vor klaren Widersprüchen spekulieren können.

len werden durch die Unterschiede in der Anatomie und Zytoarchitektur erklärt und nicht durch ihre physikalische Beschaffenheit. Könnte es vielleicht sein, daß diese Unterschiede in der Anatomie dafür verantwortlich sind, daß Neuronen auf physikalische Unterschiede reagieren, die Hefezellen nicht bemerken? An dieser Stelle müssen wir behutsam vorgehen. Denn wenn wir nicht achtgeben, werden wir Leibniz' verwirrende Mühle schlicht auf einer mikroskopischeren Ebene wieder einführen – indem wir den Quantenfluktuationen in den Mikrotubuli einer einzelnen Zelle zuschauen und nicht mehr in der Lage sind, zu erkennen, wie irgendeine Menge *dieser* »Teile, die einander stoßen«, Bewußtsein erklären könnte.

Wenn man die durch Leibniz' Mühle gestiftete Verwirrung vermeiden möchte, sollte man lieber gleich die Ansicht vertreten, daß Bewußtsein eine irreduzible Eigenschaft ist, die, wie Leibniz es ausdrückte, irgendwo »in der einfachen Substanz« untergebracht ist »und nicht im Zusammengesetzten oder in der Maschine«. Angenommen, Neuronen erfreuten sich dank ihrer physikalischen Beschaffenheit eines klitzekleinen bißchen Bewußtseins (vielleicht ein Quantum!). Wir hätten dann auch das Problem gelöst, warum große Ensembles aus solchen Zellen – wie Sie und ich – Bewußtsein haben: Wir haben Bewußtsein, weil unsere Gehirne aus dem geeigneten Material bestehen, Material mit dem Mikro-*je-ne-sais-quoi*, das für Bewußtsein nötig ist. Aber selbst wenn wir *dieses* Problem gelöst hätten, stünden wir weiterhin vor dem Problem, das ich zu Beginn skizzierte: Wie kann es sein, daß sich Zellen, selbst Zellen mit *Bewußtsein*, die ihrerseits nichts über Kunst, Hunde oder Berge wissen, zu einem Ding zusammenfügen, das bewußte Gedanken über Braque, Pudel oder den Kilimandscharo hat? Wie kann dieses gesamte Ensemble den flüchtigen Darbietungen, mit denen uns die Welt unterhält, mit derart viel Verständnis folgen, von distalen Kunstwerken derart berührt werden (ganz zu schweigen von abwesenden Künstlern und Bergen), wenn doch alle seine Teile, wieviel Bewußtsein sie haben oder wie empfindungsfähig sie auch immer sein mögen, hochgradig kurzsichtig und solipsistisch sind? Das können wir die Frage nach dem *Gegenstand* des Bewußtseins nennen.[11]

Ich habe den Verdacht, daß diese Hinwendung zur Physik einigen Leuten vor allem deshalb attraktiv vorkommt, weil sie sich bislang nicht der Notwendigkeit gestellt haben, *diese* Frage zu beantworten. Denn sobald sie diesen Versuch unternähmen, würden sie erkennen, daß eine »Theorie«, die fundamentale und irreduzible Empfindungsfelder oder etwas in der Art postuliert, *überhaupt keine* Ressourcen besitzt, mit dieser Aufgabe zu Rande zu kommen. *Allein* eine Theorie, die zeigt, wie Teile in größeren Ensembles zusammenwirken, stellt in Aussicht, zu einer Beantwortung der Gegenstandsfrage beizutragen. Und sobald die Theorie eine derart hohe Ebene erreicht hat, ist völlig unklar, welchen Nutzen physikalische Feinheiten auf einer niedrigeren Ebene noch haben könnten. Außerdem gibt es bereits viele Modelle von Systemen, die zweifellos *Versionen* der Gegenstandsfrage beantworten, und diese Modelle sind allesamt computational. Wie ist der kleine Kasten auf Ihrem Schreibtisch, dessen Teile absolut nichts über Schach wissen, in der Lage, Sie mit einer solch niederschmetternden Verläßlichkeit im Schachspiel zu schlagen? Wie kann der kleine Kasten, der die mit dem Ruder verbundenen Kolben antreibt, besser den Kurs halten als ein alter Seebär mit Jahrzehnten auf See hinter sich? Leibniz wäre vor Bewunderung für diese Mechanismen außer sich gewesen, was – wie ich vermute – seine feste Überzeugung ins Wanken gebracht hätte, es könne keine mechanistische Erklärung der »Wahrnehmung« geben.

David Chalmers, der das Schwierige Problem ausgemacht hat,

11 Ein klassisches Beispiel für das Gegenstandsproblem in der Natur und für seine computationale Lösung ist Douglas Hofstadters bekannter Aufsatz »Prelude ... Ant Fugue« in Hofstadter 1979, ein Dialog, in dem eine Ameisenkolonie (»Aunt Hillary«) mit einem Gehirn verglichen wird, dessen Teile auf ebenso stumpfsinnige Weise zum systemischen Wissen des Ganzen beitragen. In seinen Anmerkungen im Anschluß an den Wiederabdruck dieses Aufsatzes in Hofstadter und Dennett 1981 stellt er die Frage: »Ist die Seele mehr als das Summen ihrer Teile?«

würde mir, so glaube ich, zustimmen. Er würde die Gegenstandsfrage den »leichten Problemen« zurechnen – sie als eines der Probleme ansehen, die *in der Tat* anhand computationaler Modelle von Kontrollmechanismen gelöst werden können. Das folgt aus dem, was er das Prinzip der organisatorischen Invarianz nennt.[12] Betrachten wir noch einmal unseren *pointillistischen* Herrn und fragen uns, ob wir angesichts des Bildes sagen können, ob er ein Wesen mit einem genuinen Bewußtsein ist oder ein Zombie – ein Zombie im Sinne der Philosophen, der sich hinsichtlich seines Verhaltens nicht von einem normalen menschlichen Wesen unterscheiden läßt, jedoch keinerlei Bewußtsein besitzt. Selbst die Zombie-Variante dieses Burschen hat einen Kopf voller Datenstrukturen, die auf dynamische Weise interagieren, mit Assoziationsketten, deren Resultate online erscheinen, neue Anfragen an das Gedächtnis richten und in einem rasanten Tempo neue Strukturen mit neuen Bedeutungen und Kräften hervorbringen. Warum? Weil nur ein Wesen mit einem solchen System interner Operationen und Aktivitäten auf nicht-mysteriöse Weise die komplexe Menge an Verhaltensweisen zeigen kann, die dieser Bursche zweifellos an den Tag legen würde, setzte man ihn verschiedenen Tests aus. Wenn man über eine Theorie all dieser informationsverarbeitenden Aktivitäten verfügen möchte, würde sie eine computationale Theorie sein müssen, ob er nun Bewußtsein besitzt oder nicht. In einer Situation, in der bei normalen Leuten ein Bewußtseinsstrom auftritt, findet sich Chalmers zufolge bei Zombies nur ein Unbewußtseinsstrom. Und er hat auf überzeugende Weise dafür argumentiert, daß, was immer die *rein informationale Kompetenz* des einen erklärt (die jeden in dieser Denkblase dargestellten Übergang, jede Konstruktion und jede Assoziation einschließt), die gleichen Kompetenzen des anderen erklären würde. Weil – ex hypothesi – die buchstäbliche Wahrheit über die Mechanismen, die für die Strudel und Wirbel im Strom wie auch für die Informationsgehalte der vorbeiziehenden Items

12 Chalmers 1996, insbesondere Kapitel 7.

verantwortlich sind, in keiner Weise davon abhängig ist, ob dieser Strom nun bewußt oder unbewußt ist, eignet sich Steinbergs Cartoon nicht nur als eine brillante metaphorische Deutung des Bewußtseins, sondern in genau dem gleichen Maße auch als eine metaphorische Deutung der Vorgänge in einem Zombie. (Siehe beispielsweise die Diskussion über die Überzeugungen von Zombies in Chalmers 1996, S. 203-205.)

3. Zombies in Verlegenheit

Müssen wir über Zombies sprechen? Offensichtlich schon. Es gibt eine wirkmächtige und allgegenwärtige Intuition, wonach computationale, mechanistische Modelle des Bewußtseins von der Art, die Naturalisten bevorzugen, *zwangsläufig etwas auslassen*, und zwar etwas Entscheidendes. Was genau soll das sein? Die Kritiker haben erkannt, daß es sich nur schwer genauer sagen läßt: Qualia, Gefühle, Emotionen, das Wie-es-ist (Nagel)[13] oder die ontologische Subjektivität (Searle)[14] des Bewußtseins. Ein jeder dieser Versuche, jenen geisterhaften Rest zu charakterisieren, hat mit schwerwiegenden Einwänden zu kämpfen und ist von vielen wieder aufgegeben worden, die gleichwohl an dieser Intuition festhalten wollen. Insofern hat es einen schleichenden Destillationsprozeß gegeben, an dessen Ende nahezu alle Reaktionäre – bei allen Unstimmigkeiten zwischen ihnen – in der Überzeugung vereint sind, daß es einen realen Unterschied zwischen einer Person mit Bewußtsein und einem perfekten Zombie gibt. Diese Intuition können wir den *Zombie-Verdacht* nennen. Sie führt zu der These des *Zombienismus*, daß *der fundamentale Fehler jeder mechanistischen Theorie des Bewußtseins darin liegt, daß sie diesen entscheidenden Unterschied nicht erklären kann.*[15]

13 Nagel 1974.

14 Searle 1992.

15 In den Worten eines ihrer leidenschaftlichsten Wortführer: »Entscheidend ist letztlich die Beantwortung der Zombie-Frage« (Bringsjord 1994).

Ich vermute, daß diese Behauptung in hundert Jahren kaum noch glaubwürdig sein wird. Aber wir sollten zu Protokoll geben, daß im Jahre 1999 John Searle, David Chalmers, Colin McGinn, Joseph Levine und viele andere in der Philosophie des Geistes nicht nur *die Anziehungskraft* des Zombie-Verdachts *verspüren* (ich verspüre sie so gut wie jeder andere auch), sondern ihm auch *Glauben schenken*. Sie sind, wie widerstrebend auch immer, Zombisten, die der Ansicht sind, der Zombie-Einwand sei eine schwerwiegende Kritik. Es ist nicht so, daß sie die Schwierigkeiten ihrer Position nicht sehen. Das abgenutzte Klischee über Philosophen, die leidenschaftlich darüber streiten, wie viele Engel auf einem Stecknadelkopf tanzen können, wird nicht dadurch sonderlich aufgebessert, daß der Gegenstand auf den neuesten Stand gebracht wird: Ob Zombies – die allen zufolge reine Phantasiewesen sind – (1) metaphysisch unmöglich, (2) logisch unmöglich, (3) physikalisch unmöglich sind oder ob (4) ihre Existenz extrem unwahrscheinlich ist. Die Reaktionäre räumen ein, daß es vielen, die Zombies ernst nehmen, schlicht mißlungen ist, sich eine wirklich zutreffende Vorstellung von ihnen zu machen. Sollten Sie beispielsweise von meiner Behauptung *überrascht* sein, daß der Steinberg-Cartoon eine gleichermaßen geeignete metaphorische Darstellung von den Vorgängen im Kopf eines Zombies ist, hätten Sie bislang noch nicht verstanden, was ein Zombie ist (und was nicht). Etwas zugespitzter formuliert: Sollten Sie *weiterhin* glauben, Chalmers und ich lägen in dieser Sache falsch, verwendeten Sie schlicht einen falschen Begriff von Zombies, und zwar einen, der für die philosophischen Diskussionen irrelevant ist. (Ich erwähne das deshalb, weil ich festgestellt habe, daß sich viele Zuhörer – insbesondere Wissenschaftler – damit schwertun, zu glauben, Philosophen könnten eine derart lächerliche Vorstellung wie die von Zombies ernst nehmen, weshalb sie diese großzügigerweise durch eine Vorstellung ersetzen, die man ernst nehmen *kann*, die jedoch nicht die erforderliche philosophische Arbeit leistet. Zur Erinnerung: Das Verhalten eines Zombies ist per definitionem *ununterscheidbar* von dem eines Wesens mit Bewußtsein, und zwar in allen nur möglichen Tests, wozu nicht nur Antworten auf Fragen (wie im Turing-Test) gehören, sondern auch psychophysikalische Tests, neurophysiologische Tests, letztlich alle Tests, die eine »Dritte-Person«-Wissenschaft entwickeln kann.)

Thomas Nagel ist einer der Reaktionäre, der vor Zombies ein wenig zurückschreckt. In seiner neuesten Stellungnahme zu dem Thema läßt er sich besonders vorsichtig auf Zombies ein. Einerseits verkündet er, der Naturalismus habe uns bislang enttäuscht:

> Zur Zeit besitzen wir nicht die begriffliche Ausstattung, um zu verstehen, wie sowohl subjektive als auch physikalische Merkmale wesentliche Aspekte ein und derselben Entität oder ein und desselben Prozesses sein könnten.[16]

Warum nicht? Weil »wir uns nach wie vor mit der scheinbaren Möglichkeit [...] eines Zombies auseinandersetzen müssen«. Man bemerke, daß Nagel davon spricht, wir könnten uns einen Zombie *scheinbar* vorstellen. Seit langem behaupte ich, daß es *nur* den Anschein hat, als könne man sich einen Zombie vorstellen. Einige irregeleitete Philosophen *glauben*, sie könnten sich einen Zombie vorstellen, jedoch täuschen sie sich gewaltig.[17] Nagel zum Beispiel ist der gleichen Meinung:

> Die einflußreiche Intuition, es sei vorstellbar, daß ein intakter und normal funktionierender, physikalischer menschlicher Organismus ein Zombie ohne jegliches Bewußtsein sein kann, ist eine Illusion.[18]

David Chalmers ist ein zweiter, der die üblichen irrigen Vorstellungen, die dem Zombie-Einwand häufig zugrunde liegen, besonders scharf kritisiert. (»Absent Qualia, Fading Qualia, Dancing Qualia«[19] ist voller Argumente gegen diverse aussichtslose Versuche.) Letztendlich aber verkündet er, daß, obgleich Zombies in jedem realistischen Sinne unmöglich sind, wir »nicht-reduktiven Funktionalisten« nach wie vor etwas auslassen – oder viel-

16 Nagel 1998, S. 342.
17 Dennett 1991, insbesondere die Kapitel 10-12, sowie Dennett 1994a und 1995b.
18 Nagel 1998, S. 342.
19 Kapitel 7 in Chalmers 1996.

mehr eine Aufgabe unerledigt lassen. Wir können keine »*fundamentalen* Gesetze« liefern, aus denen deduziert werden kann, daß Zombies unmöglich sind. (S. 276 und an anderen Stellen.) Chalmers' Forderung nach fundamentalen Gesetzen fehlt die Unabhängigkeit, die er benötigt, wenn er seine Akzeptanz des Zombie-Verdachts rechtfertigen möchte. Denn sie ist *ein Produkt* genau dieser Intuition. *Wenn* man glaubt, das Bewußtsein entzweie das Universum in solche Dinge, die es haben, und solche Dinge, denen es fehlt, *und* wenn man glaubt, dabei handele es sich um eine fundamentale metaphysische Unterscheidung, dann ist die Forderung nach fundamentalen Gesetzen, die die Zweiteilung in Kraft setzen und erklären, einigermaßen sinnvoll. Aber wir Naturalisten sind der Ansicht, daß diese Erhöhung des Bewußtseins selbst suspekt ist, gestützt durch die Tradition und sonst nichts. Man beachte, daß heutzutage niemand nach fundamentalen Gesetzen für eine *Theorie der Känguruhs* rufen würde, die zeigen, warum Pseudo-Känguruhs physikalisch, logisch oder metaphysisch unmöglich sind. Känguruhs sind wunderbar, aber *so* wunderbar nun auch wieder nicht. Wir Naturalisten sind der Ansicht, daß Bewußtsein – wie auch Fortbewegung oder Prädation – etwas ist, das in verschiedenen Spielarten auftritt, mit einigen gemeinsamen funktionalen Eigenschaften, jedoch mit vielen Unterschieden, die sich diversen evolutionsgeschichtlichen Entwicklungen und Umgebungen verdanken. Wenn wir diese Unterscheidungen vornehmen, haben wir für fundamentale Gesetze keine Verwendung.

Wir sind allesamt für den Zombie-Verdacht empfänglich, aber wenn wir ihm Glauben schenken sollen, benötigen wir ein gutes Argument, weil triftige Gründe dafür vorliegen, daß er nicht mehr als eine hartnäckige kognitive Illusion ist. Ich bin bislang auf keine guten Argumente gestoßen, auf eine Fülle schlechter hingegen schon. Warum also halten so viele Philosophen einer Intuition unbeirrt die Treue, deren fragwürdige Herkunft ihnen ja bekannt ist? Das ist zum Teil, so denke ich, das Ergebnis einer ungeheuer in die Irre führenden Entwicklung, die die Verständigung in den Kognitionswissenschaften in den letzten Jahren massiv erschwert hat.

4. Weitgefaßter Funktionalismus und Minimalismus

Funktionalismus ist die Idee, daß derjenige edel ist, der edel handelt, und daß etwas nur deshalb relevant ist, weil es etwas tun kann. Funktionalismus in diesem weitesten Sinne ist in den Naturwissenschaften dermaßen allgegenwärtig, daß er einer grundlegenden Annahme aller Naturwissenschaften gleichkommt. Und weil Naturwissenschaften immer nach Vereinfachungen Ausschau halten, nach den umfassendsten allgemeinen Prinzipien, die sich nur auftreiben lassen, hat der Funktionalismus in der Praxis einen Hang zum Minimalismus, einen Hang zu der Annahme, daß weniger, als man vielleicht dachte, wirklich relevant ist. Das Gravitationsgesetz besagt, daß es nicht von Bedeutung ist, aus welchem Stoff ein Gegenstand besteht – nur seine Masse ist von Bedeutung (und seine Dichte, ausgenommen in einem Vakuum). Die Flugbahn von Kanonenkugeln gleicher Masse und Dichte wird nicht davon beeinflußt, ob sie aus Eisen, Kupfer oder Gold gemacht sind. Es läßt sich zwar vorstellen, daß es von Bedeutung sein *könnte*, aber faktisch ist es nicht so. Flügel *müssen* keine Federn haben, um das Fliegen zu ermöglichen; und Augen müssen nicht blau oder braun sein, damit man mit ihnen sehen kann. Jedes Auge hat weit mehr Eigenschaften, als zum Sehen nötig sind. Und es ist die Aufgabe der Naturwissenschaften, die maximal allgemeine und maximal »festlegungsarme« – also minimale – Charakterisierung egal welcher Leistung oder Fähigkeit zu finden. Es überrascht daher nicht, daß viele Kontroversen im normalen Wissenschaftsbetrieb die Frage betreffen, ob eine theoretische Richtung in ihrem Streben nach Allgemeinheit zu weit gegangen ist.

Seit den Anfängen der Kognitionswissenschaften wird eine besonders kühne Variante des funktionalistischen Minimalismus heftig diskutiert, und zwar die Idee, daß, ebenso wie ein Herz im wesentlichen eine Pumpe ist und im Prinzip aus irgend etwas bestehen könnte, solange es das erforderliche Pumpen zuwege bringt, ohne dabei das Blut zu beschädigen, auch der Geist im wesentlichen ein Kontrollsystem ist, das zwar faktisch von organischen Gehirnen implementiert ist, jedoch irgend etwas anderes, das *dieselben Kontrollfunktionen ausführen* kann, den Zweck ebenso gut erfüllen würde. Der Stoff, aus dem das Gehirn besteht – die chemischen Eigenschaften der Synapsen, die Rolle des Calciums in der Depolarisierung der Nervenfasern usw. –, ist ungefähr so irrelevant wie die chemische Zusammensetzung jener Kanonenkugeln. Gemäß diesem verlockenden Vorschlag kann zumindest fürs erste selbst die zugrundeliegende Mikroarchitektur der Gehirnverbindungen für viele Zwecke ignoriert werden, weil Computerwissenschaftler bewiesen haben, daß jede Funktion, die von einer bestimmten computationalen Architektur ausgeführt werden kann, auch von einer anderen Architektur ausgeführt werden kann (wenn auch vielleicht nicht so effizient). Wenn es allein aufs Rechnen ankommt, können wir den Schaltplan des Gehirns und seine chemischen Eigenschaften ignorieren und uns nur um die »Software« kümmern, die darauf läuft. Kurz gesagt – und jetzt sind wir bei der provokativen Version angelangt, die der Anlaß für so viele Mißverständnisse ist: Im Prinzip könnten Sie Ihr feuchtes, organisches Gehirn durch einen Haufen Silizium-Chips und Drähte ersetzen und würden sogleich fortfahren zu denken (und Bewußtsein zu haben usw.).

Diese kühne Vision – Computationalismus oder »starke KI« (Searle) – besteht aus zwei Teilen: dem weitgefaßten Bekenntnis des Funktionalismus – edel ist, wer edel handelt – und einer bestimmten Anzahl an minimalistischen Wetten: Neuroanatomie ist nicht von Belang, chemische Eigenschaften sind nicht von Belang. Dieser zweite Teil diente vielen Möchtegern-Kognitionswissenschaftlern als Entschuldigung dafür, sich nicht in diese Bereiche einzuarbeiten – aus dem gleichen Grund, aus dem Ökonomen davon enthoben sind, irgend etwas über die Metallurgie der Münzen oder die chemischen Eigenschaften der Tinte und des Papiers für Kaufverträge zu wissen. Das ist eine in vielen Hinsichten gute Idee gewesen, aber aus ziemlich offensichtlichen Gründen keine *politisch* kluge Ideologie, weil sie denjenigen Wissenschaftlern, die ihr Leben beispielsweise der funktionalen Neuroanatomie oder der Neurochemie widmen, innerhalb des gewaltigen Projekts einer Erklärung des Bewußtseins die verhältnismäßig unbedeutende Rolle als Elektriker und Klempner zuzuweisen drohte. Verärgert über diese verordnete Degradierung, haben sie sich energisch zur Wehr gesetzt. Die jüngste Vergangenheit der Neurowissenschaft kann als eine Reihe von Triumphen der Detailliebhaber betrachtet werden. Ja, die spezifische Geometrie der Konnektivität ist von Bedeutung; ja, die Lokalisierung bestimmter Neuromodulatoren und ihre Effekte sind von Bedeutung; ja, die Architektur ist von Bedeutung; ja, die zarten Rhythmen der Impulsmuster sind von Bedeutung – und so weiter. Viele der überzogenen Hoffnungen von opportunistischen Minimalisten sind zunichte gemacht worden. Sie hatten gehofft, sie könnten verschiedene Dinge ignorieren, und sie haben gelernt, daß das nicht geht – wenn man *x* oder *y* oder *z* ausblendet, kann man nicht erklären, wie der Geist funktioniert.

Das hat in manchen Kreisen den falschen Eindruck hinterlassen, dadurch sei die zugrundeliegende Idee des Funktionalismus beschädigt worden. Weit gefehlt. Im Gegenteil: Die Gründe dafür, diese neuen Behauptungen zu akzeptieren, sind exakt die Gründe, die für den Funktionalismus sprechen. Neurochemie ist deshalb von Bedeutung, weil – und *nur* weil – wir entdeckt haben, daß viele verschiedene Neuromodulatoren und andere chemische Boten, die im Gehirn diffundieren, *funktionale Rollen* haben, die von entscheidender Bedeutung sind. Was solche Moleküle *tun*, erweist sich als entscheidend für die *computationalen* Rollen, die die Neuronen einnehmen, so daß wir ihnen also doch unsere Aufmerksamkeit schenken müssen. Um einschätzen zu können, was hier auf dem Spiel steht, kann man die Neuromodulatoren mit der Nahrung vergleichen, die wir verdauen. Psychologen und Neurowissenschaftler erstellen normalerweise aus dem vollkommen plausiblen Grund keine detaillierte Liste der Nahrung, die ihre Versuchspersonen aufgenommen haben, weil eine Portion Vanilleeis und eine Portion Erdbeereis ungefähr den gleichen Beitrag dazu leisten, wie das Gehirn seine Aufgaben angeht. Solange sich in den Brownies kein Marihuana befindet, können wir die Besonderheiten der Nahrung ignorieren und sie lediglich als eine verläßliche Energiequelle – den Energielieferanten für das Gehirn – betrachten. Das *könnte* sich als falsch herausstellen. Es könnte sich herausstellen, daß psychologisch wichtige, wenn auch subtile Unterschiede davon abhängen, ob die betreffende Versuchsperson kürzlich ein Vanilleeis aß. Diejenigen, die glauben, daß das einen Unterschied macht, hätten eine signifikante empirische Meinungsverschiedenheit mit denjenigen, die glauben, dem sei nicht so. Dabei handelte es sich jedoch nicht um eine Meinungsverschiedenheit zwischen Funktionalisten und Anti-Funktionalisten. Es handelte sich vielmehr um eine Meinungsverschiedenheit zwischen denjenigen, die glauben, der Funktionalismus müsse innerhalb der Ebenenhierarchie nach unten erweitert werden, um die chemischen Eigenschaften der Nahrung einzubeziehen, und denjenigen, die glauben, der Funktionalismus könne diese Komplikation umgehen.

Betrachten Sie das folgende:

> [E]s könnte diverse allgemeine neurochemische Dispositionen geben [basierend auf Neuropeptid-Systemen], die die Formierung von Gedanken steuern, die durch keine noch so umfangreiche computationale Leistung erklärt werden kann.« (Panskepp 1998, S. 36.)

Das fängt eine weitverbreitete (und leidenschaftlich verteidigte) Position exakt ein. Aber man beachte, daß beispielsweise eine computationale Theorie der Neuromodulator-Diffusion und ihrer Effekte nichts von der Art eines Oxymorons hat. Und bahnbrechende Studien über »virtuelle Neuromodulatoren« und »Diffusionsmodelle der computationalen Kontrolle« sind bereits voll im Gange. Es wird sich herausstellen, daß geistbegabte Wesen keine *simplen* Computer sind, und man wird erkennen, daß sich ihre computationalen Ressourcen bis hinab zu den subzellularen molekularen Ressourcen erstrecken, über die allein organische Gehirne verfügen. Aber die resultierenden Theorien werden weiterhin funktionalistisch im weiten Sinne sein.

Somit hat sich *innerhalb* des Funktionalismus – verstanden im weiten Sinne – eine Vielfalt an wichtigen und ertragreichen Kontroversen abgespielt. Zeitweise bestand allerdings ein unterhaltsamer Nebeneffekt dieser Kontroversen darin, daß viele Neurowissenschaftler und Psychologen, die aus verschiedenen ideologischen Gründen fanatische Gegner von Computern und der KI sind, fälschlich dachten, die *Qualia*, *Zombies* und *invertierten Spektren* der Philosophen seien in ihrem Kampf brauchbare Waffen. Sie sind jedoch in ihrer Ergebenheit gegenüber dem weiten und moderaten Funktionalismus der normalen Wissenschaft derart blind gewesen, daß sie sich schlicht nicht vorstellen konnten, Philosophen meinten tatsächlich genau das, was sie sagten. Einige Neurowissenschaftler haben sich der *Qualia* in der Überzeugung angenommen, es handele sich dabei um einen Begriff für die Art funktional charakterisierbarer Details, die zu einfache Versionen des Computationalismus über den Haufen werfen. Andere haben gedacht, daß Philosophen, wenn sie Vergleiche zwischen Zombies und Personen mit Bewußtsein anstellen, auf die Relevanz emotionaler Zustände oder einer Neuromodulatoren-Imbalance hinweisen. Ich habe mehr Zeit, als mir lieb ist, damit verbracht, verschiedenen Wissenschaftlern zu erklären, daß ihre Kontroversen und die der Philosophen nicht – wie sie geglaubt hatten – Übersetzungen voneinander sind, sondern Übersetzungsfallen* und füreinander im Grunde ohne Belang. Erschwert wird die Diskussion jedoch weiterhin durch das Prinzip der Nachsicht, und in ihrem Wohlwollen weigern sich viele Wissenschaftler beharrlich, zu glauben, daß Philosophen um solch ein absurdes Detailproblem ein derartig großes Aufhebens machen.

Mittlerweile haben einige Philosophen genau diese Kontro-

* Im Original »false friends«. *False friends* sind Worte aus zwei Sprachen, die gleich klingen oder gleich aussehen, jedoch unterschiedliche Bedeutungen haben. [A. d. Ü.]

versen in den Kognitionswissenschaften ungerechtfertigterweise für den Zweck vereinnahmt, ihre Behauptung zu erhärten, das Blatt wende sich gegen den Funktionalismus und zugunsten von Qualia, der Irreduzibilität der »Perspektive der ersten Person« usw. Diese weitverbreitete Überzeugung ist nichts weiter als ein Artefakt einer mißlungenen interdisziplinären Kommunikation.

5. Die Zukunft einer Illusion

Ich weiß nicht, wie lange dieses allgegenwärtige Mißverständnis noch andauern wird, aber ich bin noch optimistisch genug, mir gut vorstellen zu können, daß man irgendwann im nächsten Jahrhundert auf unsere Zeit zurückblicken und sich über die Stärke des instinktiven Widerstands[20] gegen das auf der Hand liegende Urteil über den Zombie-Verdacht wundern wird: Er ist eine Illusion.

20 Dieser Widerstand ist insofern instinktiv, als er nahezu vollständig arational ist; ihm fehlen Argumente, und er ist für Argumente auch nicht zugänglich. Wahrscheinlich der erste, der diesen erstaunlichen Abfall von der Vernunft unter Philosophen ausdrücklich kommentierte, war Lycan – in einer Fußnote am Ende seines Buchs *Consciousness* von 1979, die es verdient, vollständig zitiert zu werden:

> Bei einer Vielzahl von Gelegenheiten, bei denen ich Teile dieses Buchs in Form von Vorträgen oder Vorlesungen vorstellte, hat irgendwer aus der Hörerschaft mein argumentatives Geschick, meine dialektischen Fertigkeiten usw. freundlich gelobt, jedoch hinzugefügt, daß Cleverneß – und meine Argumente selbst – völlig nebensächlich sind, lediglich eine Übung und/oder Vorführung darstellten. Nagel 1979 [in seinem Vorwort von *Mortal Questions*; D. C. D.] könnte vielleicht etwas wohlwollender gelesen werden, jedoch nicht viel wohlwollender:
>
> »Ich glaube, wir sollten uns eher an Probleme als an Lösungen, eher an die Intuition als an Argumente [...] halten. [...] [Tja, Verzeihung! – WGL.] Wenn Argumente oder systematische theoretische Überlegungen zu Ergebnissen führen, die man intuitiv für unsinnig hält [...], dann ist irgend etwas an der Argumentation faul, und eine eingehendere Beschäftigung mit dem Thema ist unumgänglich. Oft muß das Problem neu formuliert werden, weil eine adäquate Antwort auf die Frage in ihrer ursprünglichen Formulierung das *Gefühl* nicht zum Ver-

Wird der Zombie-Verdacht selbst aussterben? Das erwarte ich nicht. Er wird nicht in seiner momentanen, toxischen Form überleben, aber er wird als eine weniger ansteckende Mutation fortbestehen, weiterhin psychologisch wirkungsvoll, aber seiner Autorität entkleidet. Derartiges haben wir schon früher erlebt. Es hat weiterhin den *Anschein*, als stehe die Erde still und Sonne und Mond kreisten um sie, aber wir haben gelernt, daß es klug ist, diese mächtige Erscheinung als bloße Erscheinung mit Gleichgültigkeit zu betrachten. Es hat weiterhin den *Anschein*, als gebe es einen Unterschied zwischen einem Gegenstand in absoluter Ruhe und einem Gegenstand, der in bezug auf ein Inertialsystem lediglich nicht beschleunigt, aber wir haben gelernt, diesem Eindruck nicht zu vertrauen. Ich sehe schon den Tag kommen, an dem sich Philosophen, Wissenschaftler und Laien über die fossilen Überreste unserer vergangenen Verwirrung angesichts des Bewußtseins lustig machen: »Es hat weiterhin den *Anschein*, als würden diese mechanistischen Theorien des Bewußtseins etwas auslassen, aber natürlich ist das eine Illusion. Faktisch erklären sie alles über das Bewußtsein, was erklärt werden muß.«

Wer meine Vorhersage nicht glaubwürdig findet, könnte darüber nachdenken, ob diese Skepsis auf irgend etwas anderem als der momentanen Empfänglichkeit für den Zombie-Verdacht beruht. Mit etwas Geduld und Unvoreingenommenheit wird das vorübergehen.

schwinden bringen kann, daß ein Problem besteht.« (Nagel 1979, S. x-xi [Übers., S. 10].)

Wenn Nagel damit lediglich meinen sollte, daß Intuitionen, die scheinbar gültigen Argumenten zuwiderlaufen, zumindest wegerklärt werden müssen, würde niemand widersprechen. (Der Satzteil »an der Argumentation ist irgend etwas faul« spricht jedoch gegen diese Interpretation.) Die Aufgabe, intuitive Einwände gegen den Materialismus, die um »Qualia« kreisen, wegzuerklären, ist genau das, was ich in diesem Buch über weite Strecken in Angriff genommen habe. Falls mir das nicht gelungen sein sollte, würde ich gerne *gezeigt bekommen, warum* (oder natürlich ein neues antimaterialistisches Argument vorgelegt bekommen). Sich mit weiterem Raunen und Gehabe abzugeben wäre müßig. (Lycan 1987, S. 147-148.)

2. Ein Dritte-Person-Zugang zum Bewußtsein

Das Bewußtsein wird häufig als ein Mysterium zelebriert, das außerhalb der Reichweite der Naturwissenschaften liegt, von außen unergründlich, so vertraut wir mit ihm aus der Innenperspektive auch sein mögen. Ich glaube, daß diese traditionelle Sichtweise nicht nur ein Irrtum ist, sondern ein schwerwiegendes Hindernis für laufende wissenschaftliche Forschungen, die Bewußtsein erklären *können*, und zwar genauso tiefgehend und umfassend, wie sie andere natürliche Phänomene erklären können: Metabolismus, Reproduktion, Kontinentalverschiebung, Licht, Gravitation usw. Um die Grundlagen dieser Forschung zu legen – oder zu klären –, werde ich mit einer sorgfältigen Prüfung der Behauptungen über die vorgeblichen Grenzen solcher wissenschaftlichen Untersuchungen des Bewußtseins beginnen.

1. Wissenschaftler vom Mars

Angenommen, wissenschaftlich und technologisch hochentwikkelte »Marsianer« besuchten die Erde, um die hiesige Fauna und Flora zu studieren. Wir wollen annehmen, daß sie Sinnesorgane besitzen, die so verschieden von den menschlichen Sinnesorganen sein mögen, wie man es sich nur vorstellen kann, solange sie die Marsianer befähigen, Informationen über die physikalischen Regelmäßigkeiten in der Welt ungefähr so mühelos und schnell aufzunehmen, wie wir es können. Dadurch, daß sie technologisch hochentwickelt sind, können sie mit Mikroskopen, Teleskopen, Infrarot- und Ultraviolettdetektoren, chemischen »Spürnasen« und ähnlichen Dingen das anstellen, was wir damit anstellen können: Sie können »sehen«, was wir sehen können, das »hören«, was wir hören können usw. – dank ihrer durch Prothesen erweiterten und mit marsianischen Benutzerschnittstellen entsprechend ausgestatteten Sinnesorgane. Was immer für uns wahrnehmbar ist,

ist somit auch für sie wahrnehmbar, wenngleich gelegentlich nur indirekt. (So, wie die Form von Bakterien, die durch elektromagnetische Strahlung von Infrarotquellen geworfenen Schatten oder die von weit entfernten Erdbeben erzeugten Schwingungen von uns auch nur dank unserer Hilfsmittel wahrnehmbar sind.)

Zu den Phänomenen, die von diesen Marsianern ohne weiteres wahrgenommen werden könnten, gehörten alle unsere *öffentlichen* Repräsentationen des Bewußtseins: Cartoon-»Denkblasen« wie das Meisterwerk von Steinberg auf S. 12, Monologe in Theaterstücken, Off-Stimmen in Filmen, die Verwendung der Perspektive des *allwissenden Erzählers* in Romanen usw. Wir neigen dazu, die Tatsache zu übersehen, daß vieles von dem, was »wir« – Sie, ich, unsere Freunde und Nachbarn – über das Bewußtsein glauben, aus dem enormen Vorrat an geteilten, öffentlichen und objektiven Repräsentationen der Bewußtseinsströme anderer Leute stammt, seien sie real oder fiktional. Den Marsianern stünden auch jene weniger unterhaltsamen Repräsentationen zur Verfügung, die man in den Büchern von Philosophen, Psychologen, Neurowissenschaftlern, Phänomenologen und anderen stocknüchternen Erforschern dieser Phänomene findet. Auf dieser Grundlage wären die Anthropologen unter ihnen (die exomarsianischen Faunisten) in der Lage, eine gut ausgearbeitete Theorie desjenigen Teils des Verhaltens des *H. sapiens* (wie wir kommunizierenden Erdlinge uns selbst nennen) zu entwickeln, der die *Alltagstheorie des Bewußtseins* als auch unsere ersten Versuche betrifft, eine wissenschaftliche Theorie des Bewußtseins zu erarbeiten.

Ein Exkurs: Ich setze voraus, daß die Marsianer bereits den Dreh heraushaben, wie man die *intentionale Einstellung* (Dennett 1971, 1987) gegenüber der Fauna einnimmt, die sie beobachten, so daß sie unsere Sprache lernen und unsere öffentlichen Kommunikationen interpretieren können. Aber ich setze nicht voraus, daß diese Marsianer Bewußtsein im Sinne irgendeiner der tendenziösen Vorstellungen besitzen, die in letzter Zeit von Philosophen viel diskutiert werden. Somit kann um des Argumentes willen angenommen werden, daß die Marsianer *Zombies* sein könnten, deren Datenerhebungen und wissenschaftliche Theoriebildung ohne eine Spur von »Phänomenalität« oder »Qualia« – oder was immer man für das Markenzeichen echten Bewußtseins hält – bewerkstelligt werden. Ich werde also zunächst nicht annehmen, daß ihre offenkundige wissenschaftliche Kompetenz ein nahezu beweiskräftiger Beleg dafür wäre, daß sie Bewußtsein besitzen. Zudem könnte es sein, daß unsere Musik, unsere bildende Kunst und unsere Theaterstücke sie völlig unberührt lassen, während sie ohne Probleme feststellen können, wie wichtig sie *für uns* sind. (»Was finden sie an diesen Picassos?« fragen sie ungläubig, während sie nicht nur die hohen Preise bemerken, die wir für diese Bilder bereitwillig zahlen, sondern auch die beträchtlichen neuromodulatorischen, endokrinen und viszeralen Effekte, die durch unsere Begegnungen mit ihnen ausgelöst werden.)

Die Einführung dieser imaginären marsianischen Wissenschaftler ermöglicht es mir, ein vertrautes, unterschwelliges Thema der aktuellen Debatten über eine wissenschaftliche Theorie des Bewußtseins zu beleuchten und anschaulich zu machen. Einer der Grundsätze der Alltagstheorie, die die Marsianer schon bald entdecken würden, lautet, daß die Erdlinge weithin glauben, eine naturwissenschaftliche Theorie des Bewußtseins sei unmöglich. Ein Teil der überlieferten Überzeugungen, die die Marsianer aufschnappen – so, wie wir sie im Verlauf unserer Enkulturation aufschnappen –, besagt, daß das Bewußtsein absolut privat ist, für Außenstehende unzugänglich, irgendwie zumindest teilweise nicht kommunizierbar und durch die Naturwissenschaften auch nicht zu erforschen – also anhand genau der Methoden, die die Marsianer zur Erforschung unserer Erde verwenden. Würden sie das glauben? Würden sie es verstehen? Könnten sie es erklären? Und etwas zugespitzter formuliert: Was würden sie von der Hypothese halten, daß es etwas geben soll, das sie, die Marsianer, über menschliches Bewußtsein nicht wissen können, wir, die Erdlinge, hingegen schon? Sie lesen Nagels Aufsatz »What Is It Like to Be a Bat?«[1] und begegnen dabei der Frage »Wie ist es, ein

1 Nagel 1974. [Dt.: »Wie ist es, eine Fledermaus zu sein?«]

Mensch zu sein?« Sie lesen Chalmers' Buch *The Conscious Mind*[2] und fragen sich, ob sie überhaupt »das Schwierige Problem« des Bewußtseins identifiziert haben. Wenn es irgend etwas geben soll, das diesen außerirdischen Forschern verschlossen ist: Was soll das sein? Und falls es etwas Derartiges gibt, woher wissen »wir«, daß es etwas Reales ist?

Einer der Texte, die die Marsianer gewiß studieren würden, sind Descartes' *Meditationen* (1641); und sie würden sich ziemlich direkt angesprochen fühlen. Das Vorwort ist an jene gerichtet, »die ernstlich mit mir nachdenken und ihr Denken von ihren Sinnen und zugleich von allen Vorurteilen abwenden können und wollen«. Descartes würde von seinen marsianischen Lesern erwarten, daß sie die Gedankenexperimente und Inferenzen eigenständig ausführen und alle Eigentümlichkeiten ihres Wahrnehmungsapparates außer acht lassen (»von ihren Sinnen und zugleich von allen Vorurteilen abwenden«). Ehrbarer Wissenschaftler, der er war, schätzte Descartes den Wert der Intersubjektivität und die Möglichkeiten, die den Wissenschaften zur Verfügung stehen, um die Idiosynkrasien einzelner Wissenschaftler zu kompensieren, so daß alle an einer geteilten Forschungspraxis teilnehmen können: dem »Dritte-Person«-Ansatz wissenschaftlicher Verfahrensweisen. Marsianer sind gewiß nicht davon ausgeschlossen, in Descartes' Meditationen einzusteigen, und ich schlage vor, daß wir Descartes' Beispiel folgen und uns um eine maximal intersubjektive Wissenschaft vom Bewußtsein bemühen. Wir wollen sehen, was bei dem Versuch herauskommt, diese Dritte-Person-Methodologie der Wissenschaften soweit wie möglich in die privaten Innenräume des Geistes hineinzutragen. Werden wir dabei wichtige Nischen übersehen?

Es gibt heutzutage einen stimmgewaltigen Chor, der beharrlich behauptet, diese Bemühungen müßten scheitern, eine Wissenschaft vom Bewußtsein ausschließlich aus der Perspektive der dritten Person sei methodologisch verkürzt, abgeschnitten von

2 Chalmers 1996.

den wesentlichen Belegquellen, Daten, erleuchtungsartigen Einsichten ... oder irgend etwas anderem. Es wird behauptet, wir benötigten eine »Wissenschaft vom Bewußtsein aus der Perspektive der ersten Person« oder gar eine »Wissenschaft vom Bewußtsein aus der Perspektive der zweiten Person (die die Empathie herausstreicht und vielleicht treffender die *Vertrautheits*-Methodologie aus der Perspektive der zweiten Person heißen sollte – *Du* nicht *Sie*, *tu* nicht *vous*). Die auf vielfältige Weise formulierte oder auch nur stillschweigend vorausgesetzte Idee besagt, daß die Marsianer unsere Spiele nicht spielen können. Sie können keine Erste-Person-Wissenschaft vom Bewußtsein betreiben, weil sie selbst nicht die passende Art von Erste-Person sind. Sollten sie eine Erste-Person-Perspektive haben, können sie aus dieser Perspektive *marsianisches* Bewußtsein untersuchen, aber nicht *unser* Bewußtsein. Oder es könnte behauptet werden, sie könnten keine Wissenschaft vom Bewußtsein aus der Perspektive der zweiten Person betreiben, weil sie als Angehörige einer außerirdischen Lebensform nicht die *Ich-Du*-Bindungen der Empathie eingehen können, die von dieser Methode vorausgesetzt werden.

Meine Frage ist nun die folgende: Gibt es einen guten Grund dafür, irgend etwas hiervon Glauben zu schenken? Meine Antwort wird *Nein* sein. Es gibt nichts an unserem Bewußtsein, das für die möglicherweise betonköpfigen Methoden der Marsianer unzugänglich ist. Die Dritte-Person-Methoden der Naturwissenschaften reichen hin, um das Bewußtsein so vollständig zu untersuchen, wie ein beliebig anderes Naturphänomen untersucht werden kann – ohne einen *signifikanten* Rest. Was soll »signifikant« hier besagen? Schlicht folgendes: Sollten Wissenschaftler ein einzelnes Sandkorn untersuchen, gäbe es immer noch mehr zu entdecken, wie lange sie auch daran arbeiten würden. Die Summen der Anziehungs- und Abstoßungskräfte zwischen den subatomaren Partikeln, aus denen die Atome zusammengesetzt sind, aus denen wiederum das Sandkorn zusammengesetzt ist, werden immer eine Restunsicherheit an der letzten signifikanten Stelle nach dem Komma aufweisen, die wir bis heute ausgerechnet haben.

Und das Zurückverfolgen der Position des Sandkorns im Raum-Zeit-Kontinuum über die Äonen hinweg würde zu einem Streukegel der Nichterkennbarkeit führen. Aber unsere Unwissenheit wäre nicht signifikant. Das Prinzip des abnehmenden Grenzertrags findet seine Anwendung. Meine Behauptung ist, daß dann, wenn wir die Dritte-Person-Methoden der Naturwissenschaften anwenden, um menschliches Bewußtsein zu untersuchen, die verbleibende Wissenslücke, die wir letzten Endes eingestehen müssen (welche auch immer es ist), nicht beunruhigender, frustrierender oder verwirrender ist als diejenigen Wissenslücken, die nicht eliminiert werden können, wenn wir die Photosynthese, Erdbeben oder Sandkörner untersuchen. Kurz, für die populäre Hypothese, daß das Bewußtsein aus der Perspektive der Dritte-Person-Wissenschaften ein *Mysterium* bleibt, wie es andere natürliche Phänomene nicht sind, wurden bislang keine guten Gründe vorgebracht. Und es gibt auch keine guten Gründe für die Behauptung, es gebe etwas Signifikantes, wovon wir (oder Sie) wissen, weil wir Bewußtsein haben, das völlig außerhalb dessen liegt, was marsianische Wissenschaftler wissen können, wie verschieden von uns sie auch sein mögen.

Wir können in die Diskussion dieser Probleme einsteigen, indem wir einige Fragen stellen, die den Diskussionsrahmen abstekken helfen. Wenn Marsianer bei der Erforschung menschlichen Bewußtseins notgedrungen etwas auslassen müssen: Woher wissen *wir* das? Und wer ist dieses »wir«? Gibt es etwas, das Muttersprachler des Französischen über ihr Bewußtsein wissen, das andere nicht wissen können? Gibt es etwas, das Frauen über das Bewußtsein von Frauen wissen, das Männer niemals wissen können? Wissen Rechtshänder etwas über das Bewußtsein von Rechtshändern, das Linkshänder niemals wissen können? Gibt es etwas, das *Sie* über Ihr Bewußtsein wissen, das wir anderen niemals wissen können? Behutsam widersetzt sich Nagel – ohne Argument – in seinem klassischen Aufsatz diesem Rückzug in den Solipsismus: Er schlägt vor, »wir« könnten wissen, wie es für »uns« ist, Dinge in der für Menschen typischen Weise zu erleben, und besteht gleichzeitig – ohne Argument – darauf, wir wüßten nicht, wie es ist, etwas von uns derart Verschiedenes wie eine Fledermaus zu sein. Ich denke, Nagel kann sich schlicht nur deshalb zu dieser Absage an den Solipsismus verhelfen, weil niemand diese Absage in Frage stellen möchte. Sie sagt den Menschen zu. Sie sagt *uns* zu. *Wir* – und alle sollen wissen, wer gemeint ist – besitzen Wissen über unser Bewußtsein, weil wir die ganze Zeit darüber kommunizieren. In unserem alltäglichen Umgang miteinander *setzen* wir ein immens umfangreiches geteiltes Verständnis all unserer öffentlichen Repräsentationen des Bewußtseins *voraus*; und weil wir zu diesem gemeinsamen Vorrat beitragen, ist unsere Voraussetzung scheinbar gerechtfertigt.

Die Alltagstheorie des menschlichen Bewußtseins ist ein ungeheuer erfolgreiches gemeinschaftliches Unternehmen, aber sie weist auch ihre bekannten Rätsel auf. Kann eine blind geborene Person »unser« Verständnis der Farben teilen? Was ist mit den »invertierten Spektren«, ein mindestens drei Jahrhunderte altes Gedankenexperiment? Könnte es sein, daß das, was ich als blau sehe, Sie als gelb sehen, dabei aber gleichwohl diese subjektiv erlebte Farbe blau nennen? Wie ist es, ein Säugling zu sein? Ist es ein akustisches und optisches Chaos oder etwas ganz anderes? Erleben Männer und Frauen die Welt tatsächlich auf Weisen, die grundsätzlich unvergleichbar sind? Es gibt eine Menge konkurrierender Antworten auf diese Rätsel, und letztlich verdienen sie allesamt unsere Aufmerksamkeit. Aber statt *von Anfang an* über ihre Güte zu befinden, sollten wir einmal tief durchatmen und festhalten, daß alle unsere Antworten, gute wie auch schlechte, selbst Teile der *Alltagstheorie* des Bewußtseins sind und keine *Daten*, die wir mit den Marsianern teilen können.

2. Alltagstheorien und Philosophie

Damals in den 70er Jahren des letzten Jahrhunderts verfolgte der KI-Forscher Patrick Hayes (Hayes 1978) das Projekt, einen Teil der Alltagsphysik, oder, wie er es nannte, die *naive* Physik, zu formalisieren – diejenige Physik, deren Kenntnis sich in unserem Alltag zeigt: Handtücher saugen Wasser auf, Schatten können durch durchsichtiges Glas projiziert werden, Gegenstände fallen herunter, wenn man sie losläßt, und springen zurück (je nach der Oberfläche, auf der sie landen), kollidierende Gegenstände machen Lärm usw. Wir könnten ohne diese naive Physik buchstäblich nicht leben; sie bringt extrem schnell und auf produktive Weise verläßliche Erwartungen hervor, und das alles geschieht praktisch unwillkürlich. Man kann seine Erwartungen nicht einfach abstellen. So springt man, ohne nachzudenken, von einem Tisch weg, wenn ein Wasserglas umgeschüttet wird, weil man erwartet, daß das Wasser über den Tisch fließt und von der Tischkante auf den eigenen Schoß tropft. *Irgendwie* generiert das Gehirn diese Erwartung aus der Wahrnehmung und leitet Maßnahmen ein, die vermeiden sollen, daß man naß wird. Die Hintergrund-Maschinerie der naiven Physik ist der Introspektion nicht direkt zugänglich, allerdings kann man sie auf indirektem Wege untersuchen, indem ihre »Theoreme« schriftlich fixiert werden, also die Generalisierungen, die durch die einzelnen Aussagen der naiven Physik (wenn man so will) auf ersichtliche Weise gestützt werden. Viele Zaubertricks nutzen unsere naiv physikalischen Intuitionen aus und führen uns hinters Licht, indem sie uns dazu bringen, »unmögliche« Möglichkeiten zu übersehen, oder uns dazu verleiten, auf Grund der einen oder anderen Wahrnehmung zu abenteuerlichen Schlußfolgerungen zu gelangen. Und dann gibt es kontraintuitive Phänomene, die uns naive Physiker verblüffen: Gyroskope, Pipetten (weshalb, um alles in der Welt, fließt die Pepsi nicht aus dem unteren Ende dieses Strohhalms heraus, die Öffnung ist doch groß genug!), Saugheber, das Segeln gegen den Wind und vieles mehr. Hayes' herrliche Idee bestand darin, den Versuch einer Formalisierung der naiven Physik von Flüssigkeiten zu unternehmen, mit dem Ziel, eine *Theorie* zu formulieren, die all das vorhersagen würde, was wir von Flüssigkeiten erwarten. Eine derartige Theorie würde somit auch Vorhersagen liefern, die solchen Verhaltensweisen von Flüssigkeiten zuwiderlaufen, die wir als Anomalien ansehen. Gemäß der naiven Physik sind Saugheber »physikalisch unmöglich«.

Was Hayes anvisierte, war eine Art rigorose Anthropologie, der Versuch, falsche Alltagstheorien zu formalisieren. Wir wollen dies die *aprioristische Anthropologie der naiven Physik* nennen, um ihre hartnäckige Weigerung zu markieren, sich beim Ableiten der Folgerungen aus den vorgefundenen Axiomen durch die konkreten Tatsachen stören zu lassen. Die Physik war naiv, Hayes war es jedoch nicht. Sein Projekt war eine *raffinierte aprioristische Anthropologie*, weil er sich der Tatsache vollkommen bewußt war, daß sich falsche Theorien genauso formalisieren lassen wie wahre Theorien, und er den fraglichen Axiomen seine Zustimmung verweigerte.

Man könnte genau die gleiche Art von Projekt hinsichtlich der Alltagspsychologie in Angriff nehmen: Das Ableiten der Folgerungen aus dem, was landläufig als »axiomatisch« (unbestritten, unmöglich zu leugnen, ganz offensichtlich) gilt. Nennen wir dieses Unternehmen die *raffinierte aprioristische Anthropologie der (naiven) Alltagspsychologie.* Die daraus entwickelte Theorie sollte, wie die naive Physik, all das als schlichtweg unmöglich ausschließen, was bei Leuten für gewöhnlich ungläubiges Staunen oder vollkommene Verblüffung hervorruft. (*»Das kann nicht sein!«*) Somit sollte es für Blindsight, Leugnung der eigenen Blindheit (Antons Syndrom), Prosopagnosie (Unfähigkeit, Gesichter zu erkennen) und eine Vielzahl anderer bekannter bizarrer Phänomene – die Pipetten und Gyroskope der Psychologie – Theoreme einer formalisierten Alltagspsychologie geben, die ihnen widersprechen. Es ist verlockend, die Philosophie des Geistes als genau diese Bemühung zu deuten: als einen Versuch, eine gründliche Vereinheitlichung und Formalisierung der fundamentalen Intuitionen zustande zu bringen, die Leute für gewöhnlich sowohl in ihrem Alltag als auch in ihren reflektierten Interaktionen mit den sie befragenden Anthropologen an den Tag legen. »Befragen Sie Ihre Intuitionen«, fordern die Philosophen. »Stimmen sie mit den folgenden Aussagen überein?...« Und wenn die Aufgabe erfolgreich bewältigt wäre, würde sie ein wertvolles Artefakt für weitere Untersuchungen hervorbringen: die optimierte »Theorie« der Alltagspsychologie von Muttersprachlern des Englischen im beginnenden 21. Jahrhundert. Sie könnte mit ähnlichen Aufbereitungen von Alltagstheorien von Leuten verglichen werden, die andere Sprachen an anderen Orten und zu anderen Zeiten sprechen. Es muß kaum erwähnt werden, daß eine solche Forschungstradition vieles mit den Versuchen von Linguisten gemeinsam hätte, die Grammatiken von natürlichen Sprachen zu kodifizieren und formalisieren, womit alle und nur die grammatischen Sätze herausgearbeitet werden, das heißt die Sätze, die für Muttersprachler nach einigem Überlegen so klingen, als seien sie in Ordnung. (*»Das kann man im Englischen nicht sagen!«*) Das sind lohnenswerte Untersuchungen, und ihre Ergebnisse sind in einem hohen Maße aufschlußreich.

Auch wenn diese Deutung Philosophen in der Philosophie des Geistes eine eindeutige und wertvolle Tätigkeitsbeschreibung anbietet, die mit vielem übereinstimmt, was sie im letzten halben Jahrhundert getan haben, ist sie in einer Hinsicht eine Verzerrung. Denn diese Philosophen haben lediglich sich selbst und ihre Kollegen und Studenten befragt – eine Art von *Auto*anthropologie betrieben –, und viele dieser Philosophen haben dann versäumt, ihre Zustimmung zu den von ihnen aufgedeckten Axiomen einzuklammern. (Linguisten haben sich lange Zeit mit den epistemologischen Problemen der Verzerrung beschäftigt, die entstehen, wenn nur die eigenen muttersprachlichen Intuitionen über die Grammatikalität von Sätzen konsultiert werden. Seltsamerweise sind Philosophen nicht immer gleichermaßen selbstkritisch gewesen.) Wir wollen dieses Unternehmen der Philosophen *naive aprioristische Autoanthropologie* nennen. Sie haben ihre Aufgabenstellung so verfolgt, als seien die Verlautbarungen ihrer unausgegorenen Intuitionen nicht lediglich *Axiome im Rahmen des Projekts*, sondern *wahr* und zudem irgendwie unangreifbar. (Siehe Lycans aufschlußreiche diesbezügliche Überlegungen zu Nagel im letzten Kapitel, Fußnote 20.) Ein deutliches, aber nicht immer verläßliches Indiz hierfür ist die kuriose Umkehrung der Wertigkeit des Epithetons »kontraintuitiv« unter Philosophen aus der Philosophie des Geistes. In den meisten Wissenschaften werden wenige Befunde höher geschätzt als ein kontraintuitives Ergebnis. Es zeigt etwas Überraschendes auf und nötigt uns, unsere häufig stillschweigend vorausgesetzten Überzeugungen zu überdenken. In der Philosophie des Geistes wird ein kontraintuitives »Ergebnis« (beispielsweise eine maßlos irritierende Implikation irgendeiner »Theorie« der Wahrnehmung, des Gedächtnisses, des Bewußtseins oder was auch immer) üblicherweise als etwas betrachtet, das einer Widerlegung gleichkommt. Diese Verliebtheit in die eigenen derzeitigen Intuitionen, die – wie im letzten Abschnitt gesehen – manchmal sogar auf eine Weigerung hinausläuft, alternative Perspektiven auch nur in Betracht zu ziehen, ist für einen tiefsitzenden Konservativismus in den Methoden von Philosophen verantwortlich. Konservativismus kann etwas Gutes sein, aber nur dann, wenn er eingestanden wird. Ganz sicher sollte man vollkommen zweckmäßige und vertraute Intuitionen nicht kampflos aufgeben, aber man sollte einsehen, daß diejenigen Intuitionen, die anfänglich dazu verwandt wurden, den Problemkreis abzustecken, vielleicht nicht tragfähig genug sind, um mit ihrer Hilfe die Probleme auch zu lösen.

Wenn wir uns von der Ausarbeitung der naiven Physik und der Entwicklung der akademischen Physik leiten lassen, steht zu erwarten, daß zu gegebener Zeit viele Intuitionen der Alltagspsychologie in die fortgeschrittenen akademischen Theorien dieser Phänomene integriert, durch sie gerechtfertigt und erklärt werden. Schließlich ist die naive Physik für uns derart nützlich, weil ihre Aussagen im großen und ganzen wahr sind. Wir sollten erwarten, daß das, was die Alltagspsychologie sagt, in ähnlich ergiebiger Weise nachträglich als wahr bestätigt wird. Aber wir können uns darauf nicht verlassen.

3. Noch einmal: Heterophänomenologie

Ich schlage also vor, dem Beispiel Descartes' zu folgen und mit den Daten zu starten, von denen wir wissen, daß wir sie mit den Marsianern teilen, und zu schauen, wohin uns das führt. Unter den Daten sind Tatsachen darüber, welche Alltagstheorien wir Erdlinge (oder wir anglophonen Philosophen aus der Philosophie des Geistes) vertreten. Und eine der noch zu beantwortenden Forschungsfragen lautet: Welche Theoreme unserer Alltagstheorie werden sich als korrekt herausstellen? Somit setzen wir nicht von Anfang an voraus, daß wir im Zuge der Entwicklung unserer wissenschaftlichen Theorie nicht entdecken werden, eine Alltagstheorie liege mit der Annahme der Unzugänglichkeit des menschlichen Bewußtseins für Marsianer *richtig*. Gefordert ist lediglich, daß die Gründe für eine solche Entdeckung ihrerseits intersubjektiv zugänglich sein müssen. (Und das muß auch von denjenigen vorausgesetzt werden, die für solche Behauptungen argumentieren – warum sonst würden sie ihre Worte und unsere Zeit vergeuden?) Wir können uns ohne weiteres vorstellen, zumindest oberflächlich betrachtet, wie das vor sich gehen könnte: Die Marsianer räumen ein, daß sie in ihren Versuchen, diejenigen Phänomene vorherzusagen, zu antizipieren und zu erklären, die von den Wissenschaftlern auf der Erde mit substantiellem Erfolg erschlossen werden, immer nur noch stärker frustriert werden. Die Versuche der Erdlinge, den Marsianern beizubringen, wie sie vorgehen sollen, scheitern nicht nur, sondern offenbaren deutliche Anzeichen systematischer Unvereinbarkeiten (man denke an das Lieblingsdetail der Physik, die Heisenbergsche Unschärfe). Nach und nach erkennen wir, daß diese Marsianer für die irdischen Phänomene des Bewußtseins nicht einfach nur taub sind; ihre Taubheit kann auch durch keine wie auch immer geartete Prothese und auch nicht durch irgendein Training kuriert werden. *Und* wir können erklären, warum das so ist.

Nagel nennt uns einen Grund, allerdings setzt dieser Grund voraus, was erst gezeigt werden soll: »Wenn der subjektive Charakter der Erfahrung nur von einer einzigen Perspektive aus ganz erfaßt werden kann, dann bringt uns jeder Schritt hin zu größerer Objektivität, d. h. zu geringerer Bindung an eine spezifische Erlebnisperspektive, nicht näher an die wirkliche Natur des Phänomens heran: sie führt uns weiter von ihr weg.«[3] Der Nachweis, daß das Antezedens seines Konditionals wahr ist, steht bislang jedoch aus. Es mag den Anschein haben, als sei seine Wahrheit zu offensichtlich, um noch eines Nachweises zu bedürfen; aber falls dem so sein sollte, müßte bereits der ansatzweise Versuch, die Wahrheit des Antezedens zu bestreiten, einer endgültigen Widerlegung schutzlos ausgeliefert sein.

Lassen wir es auf einen Versuch ankommen. Die Dritte-Person-Methode, die sowohl wir als auch die Marsianer anwenden können und von der wir auch wissen können, daß wir sie gleichermaßen angewandt haben, wird von den Restriktionen eingefangen, denen ich den Titel *Heterophänomenologie* gegeben habe (Dennett 1982, 1991). Gemeint ist damit

> der *neutrale* Weg, der von den objektiven Naturwissenschaften und ihrem Bestehen auf der Perspektive der dritten Person zu einer Methode der phänomenologischen Beschreibung führt, die (im Prinzip) dem im höchsten Maße privaten und unbeschreiblichen subjektiven Erleben gerecht werden kann, ohne dabei die methodologischen Prinzipien der Naturwissenschaften jemals preiszugeben. (1991, S. 72.)

Die Heterophänomenologie hat nichts Revolutionäres an sich und ist auch nichts Neues; sie wird seit etwa hundert Jahren – mit graduellen Unterschieden darin, wie peinlich genau Voraussetzungen respektiert und Verbote eingehalten werden – in so verschiedenen Fachgebieten wie der Experimentellen Psychologie, der Psychophysik, der Neurophysiologie und der heutigen kogni-

3 Nagel 1974, S. 447 [Übers., S. 268].

tiven Neurowissenschaft praktiziert. Dieser Praxis gab ich lediglich einen Namen und entwickelte ein besonderes Bewußtsein dafür, welche Annahmen dieser Praxis zugrunde liegen und wie sie begründet werden können.

Wir Heterophänomenologen starten mit *aufgezeichneten Rohdaten* über die physikalischen Vorgänge, die innerhalb und außerhalb unserer Versuchspersonen ablaufen – ein Versuchspersonenpool, der sich auf kommunizierende menschliche Wesen beschränkt (mit oder ohne diagnostizierbaren Pathologien und Eigentümlichkeiten, Frauen und Männer, aus allen Altersgruppen und Kulturen, mit unterschiedlichem sozioökonomischen Status etc. etc.). Man beachte, daß unsere marsianischen Mitarbeiter aus dem Versuchspersonenpool ausgeschlossen sind, aber von Anfang an als hinreichend qualifizierte Forscherkollegen betrachtet werden. Wir sammeln Daten über alle chemischen, elektrischen, hormonellen, akustischen ... und andere physikalische Ereignisse, die in Versuchspersonen auftreten, achten besonders auf die zeitliche Abfolge dieser Ereignisse, untersuchen Datenströme für bestimmte Zwecke, aber auch isoliert voneinander. Einige der von den Versuchspersonen produzierten Geräusche und Zeichen betrachten wir als eine Menge von Mitteilungen – mündlicher oder anderer Art –, und wir erstellen Transkriptionen, die dann in einem nächsten Schritt als Vorrat von Sprechakten gedeutet werden, die wir dann in einem wiederum nächsten Schritt als einen (scheinbaren) Ausdruck von Überzeugungen interpretieren.

Diese Transformation der Rohdaten über akustische Wellen, Lippenbewegungen, das Drücken von Tasten und derartiges in die Artikulation von Überzeugungen *erfordert* die Einnahme der intentionalen Einstellung. Diese Transformation macht es erforderlich, die Versuchspersonen so zu behandeln, als seien sie Wesen mit Überzeugungen und Wünschen, die in der Lage sind, Sprechakte mit einer intendierten Bedeutung zu bilden und zu vollziehen. Aber sie läßt die leidige Frage aus der Alltagstheorie des Bewußtseins völlig unberührt, ob manche Versuchspersonen

Zombies sein könnten oder nicht. Auch läßt sie nebensächliche Rätsel der Alltagstheorie unberührt wie etwa die Fragen, ob von Zombies zu Recht gesagt werden kann, daß sie *wirkliche* Sprechakte vollziehen oder nur *scheinbare* Sprechakte, und ob Zombies dabei ihre Überzeugungen ausdrücken oder nur *scheinbare* Überzeugungen auszudrücken *scheinen* etc. Einige Leute meinen, die Hypothesen über Zombies markierten schwerwiegende Probleme; für sie sind es gewichtige Fragen, aber sie müssen nicht *ab initio* beantwortet werden. Wir können ihre Beantwortung gelassen hinausschieben, halten jedoch fest, daß alle Parteien darin übereinstimmen, daß die intentionale Einstellung für das Verhalten von Zombies und das Verhalten von Wesen mit Bewußtsein – vorausgesetzt, sie unterscheiden sich überhaupt – auf genau die gleiche Weise funktioniert. Die Zombies der Philosophen sind in ihrem Verhalten per definitionem von Wesen mit Bewußtsein nicht zu unterscheiden, und die intentionale Einstellung ist *behavioristisch* in dem Sinne, daß sie sich auf das intersubjektiv wahrnehmbare »Verhalten« aller Versuchspersonen und ihrer Teile beschränkt – wozu körperinterne Vorgänge als auch externes Verhalten gehören. In einer anderen Hinsicht ist sie natürlich nicht behavioristisch, denn sie besteht gerade aus »mentalistischen« oder »intentionalistischen« Interpretationen von bloßen Verhaltensweisen, die auf diese Weise als Handlungen identifiziert werden, als Artikulationen von Überzeugungen, Wünschen, Absichten und anderen propositionalen Einstellungen.

Ist diese Neutralität der intentionalen Einstellung in der Zombie-Streitfrage ein Defekt in der Theorie oder ein attraktives Merkmal? Aus der Perspektive unseres Versuchs betrachtet, eine wissenschaftliche Theorie des menschlichen Bewußtseins zu begründen, handelt es sich ganz gewiß um ein attraktives Merkmal. Denn diese Neutralität erlaubt es uns, im Zuge der Erhebung, Organisation und Interpretation der Daten, die wir mit den Marsianern teilen, die Verlegenheiten der Alltagstheorie erst einmal zurückzustellen. Wie ist es, ein Zombie zu sein? Per definitionem: Fehlanzeige. Aber auch diejenigen, die Zombies ernst nehmen, geben zu, daß es (zumindest für uns, von außen) den *Anschein* hat, es sei irgendwie, ein Zombie zu sein. Und gerade dieses Scheinen ist es, was die Heterophänomenologie gewissenhaft einfängt:

> In diesem Kapitel haben wir eine *neutrale* Methode für die Untersuchung und Beschreibung der phänomenalen Seite von Erfahrungen entwickelt. Zu ihr gehört das Gewinnen und Aufbereiten von Texten von (augenscheinlich) sprechenden *Versuchspersonen* und die Verwendung dieser Texte zur Generierung der Fiktion eines Theoretikers, und zwar der *heterophänomenologischen Welt* einer Versuchsperson. Diese fiktionale Welt ist mit all den Bildern, Ereignissen, Klängen, Gerüchen, Intuitionen, Ahnungen und Gefühlen bevölkert, von denen sie, er oder es (augenscheinlich) aufrichtig glaubt, daß sie im eigenen Bewußtseinsstrom existieren. Maximal ausgearbeitet, handelt es sich dabei um ein neutrales Portrait exakt davon, wie es ist, diese Versuchsperson zu sein – in den eigenen Worten der Versuchsperson und im Lichte der besten Interpretation, die wir zustande bringen können. Zweifelsohne sind Menschen der Überzeugung, mentale Bilder, Schmerzen, Wahrnehmungserlebnisse und dergleichen zu haben, und *diese* Tatsachen – Tatsachen darüber, was Menschen glauben und berichten, wenn sie Überzeugungen artikulieren – sind Phänomene, denen jede wissenschaftliche Theorie des Geistes Rechnung tragen muß. (Dennett 1991, S. 98.)

Indem wir Seite an Seite arbeiten, gehen wir und die Marsianer von *Roh*daten zu *interpretierten* Daten über: Gewißheiten, Überzeugungen, Einstellungen, emotionalen Reaktionen etc.; aber sie sind alle aus Gründen der Neutralität *eingeklammert*. Warum eingeklammert? Wegen zweier möglicher Arten einer fehlenden Übereinstimmung, die uns durch die Aufforderung vor Gericht vertraut sind, die ganze Wahrheit und nichts als die Wahrheit zu sagen: Versuchspersonen gelingt es oft nicht, die ganze Wahrheit zu sagen, weil einige psychologische Abläufe von ihnen nicht bemerkt und somit auch nicht mitgeteilt werden. Und Versuchspersonen gelingt es oft nicht, nichts als die Wahrheit zu sagen, weil sie dazu neigen, in einem Maße zu theoretisieren, das weit über das hinausgeht, was nachweisbar ihre Erfahrungsgrenzen sind. Das Einklammern hat zur Folge, daß man sie auf eine Beschreibung dessen festlegt, *wie es für sie zu sein scheint*, ohne im voraus – ob nun zustimmend oder ablehnend – die Frage zu entscheiden, ob es so ist, wie es für sie zu sein scheint.

Denken Sie beispielsweise an das gründlich erforschte Phänomen des *maskierten Priming.* In Hunderten von verschiedenen Experimenten ist folgendes nachgewiesen worden: Wenn man Versuchspersonen zuerst einen »Priming«-Reiz darbietet, etwa ein Wort oder ein Bild, das auf einem Bildschirm vor der Versuchsperson kurz aufleuchtet, äußerst schnell gefolgt von einer »Maske« (einem leeren oder manchmal wahllos gemusterten Rechteck), und dann einen »Target«-Reiz, auf den sie identifizierend oder sonstwie reagieren sollen, zeigen Versuchspersonen unter manchen Bedingungen durch ihr Verhalten, daß sie den Priming-Reiz diskriminiert haben, obgleich sie offen und ehrlich berichten, sie hätten einen solchen Reiz überhaupt nicht bemerkt. Wenn sie beispielsweise aufgefordert werden, den Wortstamm *fri_* zu vervollständigen, kommen Versuchspersonen, denen der (maskierte) Priming-Reiz *cold* präsentiert wurde, der Aufgabe eher mit *frigid* nach und Versuchspersonen, denen der Priming-Reiz *scared* präsentiert wurde, eher mit *fright* oder *frightened*, obgleich alle Versuchspersonen aus beiden Gruppen behaupten, sie hätten zunächst nur ein leeres Rechteck und dann den Target-Reiz gesehen, der vervollständigt werden soll. Sollte man nun den Versuchspersonen Glauben schenken, wenn sie behaupten, sie seien sich des Priming-Reizes nicht bewußt gewesen? Einer Theorie stehen an dieser Stelle offenbar zwei Wege offen:

A. Versuchspersonen sind sich des Priming-Reizes bewußt, und dann bewerkstelligt die Maske, daß sie diese bewußte Wahrnehmung sofort vergessen, aber sie beeinflußt gleichwohl ihre spätere Reaktion auf den Target-Reiz.
B. Versuchspersonen entnehmen dem Priming-Reiz unbewußt Informationen, und die Maske verhindert, daß diese Informationen »ins Bewußtsein gelangen«.

Es ist Sache der wissenschaftlichen Forschung, Gründe dafür zusammenzutragen, einen der beiden theoretischen Wege dem anderen vorzuziehen, aber die Heterophänomenologie verhält sich von vornherein neutral. Sie beläßt es dabei, daß in den heterophänomenologischen Welten der Versuchspersonen Priming-Reize gänzlich fehlen – so scheint es für die Versuchspersonen schließlich zu sein –, und vertagt die Fragen, was in diesen Fällen genau vor sich geht und warum es für die Versuchspersonen so zu sein scheint.

Die Heterophänomenologie ist der Anfang einer Wissenschaft vom Bewußtsein und nicht ihre Vollendung. Sie ist eine Organisation der Daten, ein Katalog davon, *was erklärt werden muß*, und nicht selbst schon eine Erklärung. Und indem sie diese Neutralität wahrt, wird sie der Perspektive der *ersten Person* in der Tat gerecht, denn Sie selbst, als Versuchsperson in einem Maskierten-Priming-Experiment, könnten in Ihrer Erfahrung nichts entdecken, das A oder B favorisiert. (Wenn Sie glauben, irgend etwas entdecken zu können – wenn Sie auch nur den Schimmer eines Hinweises in der Erfahrung bemerken –, dann heraus mit der Sprache! Sie sind die Versuchsperson, und Sie sollten es so darstellen, wie es sich verhält! Täuschen Sie den Versuchsleiter nicht dadurch, daß Sie etwas verbergen, was Sie in Ihrer Erfahrung entdeckt haben. Vielleicht haben die Versuchsleiter die zeitliche Abfolge der Stimuli auf eine für Sie nicht angemessene Weise festgesetzt. Lassen Sie es sie wissen. Aber wenn die Versuchsleiter das Experiment korrekt durchgeführt haben und Sie tatsächlich der Meinung sind, daß Sie – soweit Sie es aus Ihrer eigenen Perspektive der ersten Person feststellen können – sich keines Priming-Reizes bewußt waren, sollten Sie genau das auch sagen. Und sie sollten festhalten, daß nach wie vor sowohl A als auch B Optionen darstellen und es nicht in Ihrer Macht steht, weitere Belege zugunsten einer dieser Optionen vorzubringen.)

In anderen Fällen müssen die offenkundig falschen Überzeugungen der Versuchspersonen über die Aspekte oder die Beschaffenheit ihrer eigenen Erfahrungen eingeklammert werden. Beispielsweise nehmen viele Leute an – »naive Versuchspersonen« gemäß dem üblichen Jargon –, daß sich ihre Farbwahrnehmung bis zur Peripherie ihres Sehfelds erstreckt; und sie nehmen auch an, daß ihr Sehfeld von der Mitte bis zum Rand ungefähr gleich detailliert und feinkörnig ist. Sie sind erstaunt, wenn ihnen vorgeführt wird, daß sie nicht in der Lage sind, eine Spielkarte zu identifizieren – sie können nicht einmal erkennen, ob sie rot oder schwarz ist –, obgleich sie sehen können, wie sie am Rand ihres Sehfelds hin- und herbewegt wird. Am Rand unseres Sehfeldes können wir Bewegungen weit besser wahrnehmen als Farben, und dabei handelt es sich nur um eine der unbestreitbaren Tatsachen, die der Alltagstheorie der Wahrnehmung übel mitspielen. In diesem Fall muß von einer Wissenschaft vom Bewußtsein erklärt werden, wie es zu einer falschen Überzeugung kommt. Die Frage, die gestellt und beantwortet werden muß, lautet:

> Warum *glauben* Menschen, daß ihr Sehfeld von der Mitte bis zum Rand gleichermaßen detailliert und farbig ist?

Und nicht:

> Da ja die Sehfelder von Menschen von der Mitte bis zum Rand gleichermaßen detailliert und farbig *sind* (das ist das, was sie uns erzählen) – warum sind sie dann nicht in der Lage, Dinge zu identifizieren, von denen sie sehen, daß sie sich in den parafovealen Teilen ihres Sehfelds bewegen?

Manche Menschen haben die liebenswürdige, aber in die Irre führende Neigung, das Großartige ihres eigenen bewußten Erlebens aufzubauschen, fast wie das Publikum beim Auftritt eines Zauberers, das dazu neigt, die Veranstaltung in der Überzeugung zu verlassen, Zeuge von weit mehr Wunderdingen gewesen zu sein, als tatsächlich zu seiner Unterhaltung geboten wurde. Die strenge Neutralität der Heterophänomenologie hat oft den deflationären Effekt, die Größe der Aufgabe, eine Erklärung für Bewußtsein zu liefern, auf ein angemessenes Maß zurechtzustutzen: Das Bewußtsein ist nicht ganz so superkalifragilistigexpialigetisch, wie manche Leute gerne glauben. Allerdings besteht das Ziel der Heterophänomenologie darin, an die Daten zu kommen, welche es auch sein mögen, und nicht in einer Deflation.

Ich habe eben angemerkt, daß die Neutralität der Heterophänomenologie dem Erste-Person-Erleben in der Tat gerecht wird. Diesen Punkt übersehen ihre Kritiker häufig. Das ist zum Teil das Ergebnis einer Verwirrung, die derjenigen Konfusion nicht unähnlich ist, die von den verschiedenen Bedeutungen des Ausdrucks »Behaviorist« ausgeht. Schauen wir uns den folgenden Abschnitt aus einem kürzlich erschienenen Aufsatz von Parvizi und Damasio an, der eine Perspektivenverschiebung im Zuge des Reifeprozesses der kognitiven Neurowissenschaft kommentiert. Abschätzig schreiben sie über:

> eine Zeit, in der das Phänomen des Bewußtseins ausschließlich in Verhaltensbegriffen, Dritte-Person-Begriffen konzeptualisiert wurde. Der kognitiven Erste-Person-Beschreibung des Phänomens wurde nur wenig Beachtung geschenkt, also dem Erleben des Subjekts, das Bewußtsein besitzt. (Parvizi und Damasio 2001, S. 136.)

Man beachte, daß die neue, verbesserte Perspektive der »kognitiven Erste-Person-*Beschreibung* des Phänomens« Beachtung schenkt – kurz, die neue und verbesserte Perspektive *ist* die Heterophänomenologie. Kontrastiert wird sie mit einer altmodischen behavioristischen Enthaltsamkeit (im anti-intentionalistischen Sinne), die sich weigerte, die Beschreibungen der Versuchspersonen als etwas anderes als Geräusche produzierendes Verhalten anzusehen.

Die fossilen Überreste dieser Abneigung gegen den *durchdachten Einsatz der intentionalen Einstellung* machen die Werkzeuge der Kognitionswissenschaften nach wie vor stumpf. Wir bereiten unsere Versuchspersonen durch eine Reihe von sorgfältig formulierten Versuchsinstruktionen vor und befragen sie am Ende des Experiments eingehend, um uns zu vergewissern, daß sie die Instruktionen befolgt haben. Das gewährleistet ein gewisses Maß an obligatorischer Qualitätskontrolle, wenn es darum geht, das Drücken von Tasten als Sprechakte zu interpretieren, und es bietet auch die Gelegenheit, unerwartete Quellen der Datenkontamination aufzudecken. Aber wir neigen dennoch dazu, die Kommunikation zwischen Versuchspersonen und Versuchsleiter zu *minimieren*, weil wir meinen, daß sie mehr Probleme aufwirft als löst. Nachdem der Versuchsleiter soviel Variabilität in den Reaktionen der Versuchspersonen wie möglich herausgefiltert hat, wird die Rest-Individualität der Versuchspersonen in den meisten experimentellen Situationen als ein Hindernis und nicht als Chance betrachtet. Alan Kingstone (persönl. Mitteilung) hat kürzlich festgestellt, daß viele der Forschungsparadigmen in den Kognitionswissenschaften, die sich mit der Aufmerksamkeit beschäftigen, dadurch wertvolle Chancen vertun, daß Variabilität in den Reaktionen der Versuchspersonen beharrlich als Rauschen betrachtet wird, das man statistisch unter Kontrolle bringen muß, statt als Anzeichen für Abweichungen in den flüchtigen Einstellungen oder den idiosynkratischen Herangehensweisen der Versuchspersonen, ihren Mangel an Aufmerksamkeit und ähnliches. Einen Versuchsaufbau zu entwerfen, der sich diese Variabilität zunutze macht, ist eine verhältnismäßig seltene Praxis, aber nichts in den Grundsätzen der Heterophänomenologie hält einen davon ab. Im Gegenteil, wenn man sich diese Variabilität unter bestimmten experimentellen Bedingungen – bei welchen Gelegenheiten auch immer – zunutze machen konnte, ist dies immer gewürdigt worden. Penfield (Penfield 1958) führte seine berühmten Untersuchungen, bei denen er sich der kortikalen Stimulation und der Befragung von Patienten im Wachzustand bediente, vor fünfzig Jahren durch. Jetzt, wo uns unsere neuen – verhältnismäßig nichtinvasiven –, bildgebenden Verfahren zunehmend feinkörnigere Untersuchungen ermöglichen, haben wir gerade erst damit begonnen, dieses weite Feld systematisch zu erforschen. Und auch außerhalb des Hirnscanners gibt es immer noch genug Arbeit zu erledigen. (Ich wage sogar zu behaupten, daß sich Entdeckungen in den nächsten paar Jahrzehnten hauptsächlich solchen Innovationen im experimentellen Aufbau verdanken, die nichts mit bildgebenden Verfahren zu tun haben.)

Die Heterophänomenologie ist eine umfassende Methodologie, und viele ihrer Zweige wurden bislang kaum erforscht. Wie in Kapitel 7 noch detaillierter ausgeführt werden wird, gibt der Sonderband von *Cognition* (2001), der der kognitiven Neurowissenschaft des Bewußtseins gewidmet und in dem der Aufsatz von Parvizi und Damasio zu finden ist, einen gründlichen Einblick in eine Vielzahl von verschiedenen neueren Forschungsarbeiten in vielen Laboren, und alle diese Experimente wurden gemäß den Prinzipien der Heterophänomenologie durchgeführt. Wie die Forscher betonen, halten diese methodologischen Vorgaben nicht davon ab, die Perspektive der ersten Person ernst zu nehmen.

Ein Philosoph, der die Neutralität der Heterophänomenologie kritisiert hat, ist Joseph Levine (in Levine 1994). Er hat behauptet, daß »bewußte Erlebnisse selbst und nicht lediglich unsere verbalen Urteile über sie die Primärdaten sind, die von einer Theorie erklärt werden müssen«. (S. 117.) Levines Behauptung kann am besten vor dem Hintergrund einer Ineinanderschachtelung proximaler Quellen verstanden werden, die im Zuge des Übergangs von den Rohdaten zu den heterophänomenologischen Welten vorausgesetzt werden könnten:

(a) »bewußte Erlebnisse selbst«;
(b) Überzeugungen über diese Erlebnisse;
(c) »verbale Urteile«, die diese Überzeugungen ausdrücken;
(d) Lautproduktionen der einen oder anderen Art.

Was sind die »Primärdaten«? Die *grundlegenden* (*primary*) Daten sind für Heterophänomenologen die Geräusche, die aufgezeichnet werden, wenn sich die Lippen von Versuchspersonen bewegen, oder (d) die Lautproduktionen, die uninterpretierten *Rohdaten.* Aber bevor wir bei der Theorie angelangt sind, können wir diese Daten interpretieren, was uns über (c) Sprechakte zu (b) Überzeugungen über Erlebnisse führt. Das sind die *interpretierten* Primärdaten, die vortheoretischen Daten, das *quod erat explicatum* (so, wie es in den heterophänomenologischen Welten organisiert ist) für eine Wissenschaft vom Bewußtsein. Auf seiner Suche nach den Primärdaten will Levine mit uns den ganzen Weg bis zu (a) den bewußten Erlebnissen selbst gehen, statt bei (b) den Überzeugungen der Versuchspersonen über ihre Erlebnisse stehenzubleiben. Aber das ist keine gute Idee. Sollte (a) über (b) hinausgehen – sollten Sie bewußte Erlebnisse haben, von denen Sie nicht glauben, daß Sie sie haben –, wären diese zusätzlichen bewußten Erlebnisse *Ihnen* ebenso unzugänglich wie externen Beobachtern. Somit trägt ein Ansatz, der die Perspektive der ersten Person einnimmt, nicht mehr brauchbare Daten zusammen als die Heterophänomenologie. Und wenn (b) über (a) hinausgehen sollte – wenn Sie glauben, bewußte Erlebnisse gehabt zu haben, die Sie nicht wirklich gehabt haben –, wären es Ihre Überzeugungen, die wir erklären müßten, und nicht Ihre nichtexistenten Erlebnisse! Sich an den heterophänomenologischen Standard zu halten und (b) als die maximale Menge von Primärdaten anzusehen ist ein geeignetes Mittel, eine Festlegung auf trügerische Daten zu vermeiden.

Aber was wäre, wenn sich einige Ihrer Überzeugungen nicht durch verbale Urteile ausdrücken ließen? Wenn Sie *davon* überzeugt sein sollten, können Sie uns das sagen, und wir fügen diese Überzeugung der bisherigen Auflistung von Überzeugungen in unserer Sammlung von Primärdaten noch hinzu:

> S behauptet, daß er Überzeugungen über x hat, die sich sprachlich nicht ausdrücken lassen.

Sollte diese Überzeugung wahr sein, stünden wir in der Pflicht zu erklären, was Überzeugungen dieser Art sind und warum sie sich sprachlich nicht ausdrücken lassen. Sollte diese Überzeugung falsch sein, müssen wir gleichwohl erklären, warum S fälschlich glaubt, es gebe diese besonderen Überzeugungen, die sich sprachlich nicht ausdrücken lassen. Wie ich es in *Consciousness Explained* formulierte:

> Ihr Urteil ist *nicht* allein maßgeblich dafür, was in Ihnen vorgeht, sondern nur dafür, was in Ihnen vorzugehen *scheint*; und wir gestehen Ihnen absolute, gebieterische Autorität über die Beschreibung zu, die angibt, wie es Ihnen zu sein scheint, darüber, *wie es ist, Sie zu sein.* Und wenn Sie beklagen, daß sich manches von dem, wie es Ihnen zu sein scheint, nicht sprachlich ausdrücken läßt, werden wir Heterophänomenologen Ihnen auch das zugestehen. Welche besseren Gründe könnten wir auch für die Überzeugung haben, daß Sie nicht in der Lage sind, etwas zu beschreiben, als daß Sie (1) es eben nicht beschrei-

ben und (2) einräumen, daß Sie dazu nicht in der Lage sind? Natürlich könnte es sein, daß Sie lügen, aber wir würden im Zweifelsfall zu Ihren Gunsten entscheiden. (Dennett 1991, S. 96 f.)

Ein anderer Philosoph, der die Neutralität der Heterophänomenologie in Frage gestellt hat, ist David Chalmers. Ich behaupte, daß die entschiedene Behandlung von Überzeugungszuschreibungen aus der Perspektive der dritten Person durch die Heterophänomenologie mit den üblichen wissenschaftlichen Methoden völlig im Einklang steht: Wenn wir Überzeugungszuschreibungen auswerten, auf die Versuchsleiter angewiesen sind (beispielsweise im Zuge der Instruierung und der eingehenden Befragung der Versuchspersonen), wenden wir die Prinzipien der intentionalen Einstellung an, um zu entscheiden, was wir hinsichtlich der Überzeugungen und Wünsche der Versuchspersonen vernünftigerweise postulieren sollen. Nun hat Chalmers eingewandt (in einer Diskussion an der Northwestern University am 15. Februar 2001, auf die sich der vorliegende Abschnitt bezieht), daß diese »behavioristische« Behandlung von Überzeugungen gegenüber einer alternativen Auffassung von Überzeugungen, wonach beispielsweise »zu phänomenalen Überzeugungen nicht nur Reaktionsmuster gehören, sondern sie auch oft erfordern, daß man bestimmte Erlebnisse hat, eine petitio principii begeht«. (Persönliche Korrespondenz vom 19. Februar 2001.) Ganz im Gegenteil, die Heterophänomenologie verhält sich gerade in dieser Hinsicht neutral. Und ganz sicher dürfen wir nicht *voraussetzen*, Chalmers habe damit recht, daß es eine besondere Kategorie von »phänomenalen« Überzeugungen *gibt* – daß es eine Art von Überzeugungen gibt, die für Zombies tabu sind, nicht aber für Leute wie Sie und ich, die Bewußtsein haben. Die Heterophänomenologie gestattet uns, die Überzeugungen unserer Versuchspersonen weiter aufzulisten und dabei offenzulassen, ob es sich bei einigen oder auch allen um phänomenale Überzeugungen im Sinne Chalmers' oder nur um Zombie-Überzeugungen handelt. (Dazu später mehr.) Tatsächlich ermöglicht die Heterophänomenologie der Wissenschaft, mit dem Unternehmen voranzukommen, die Muster in allen diesen subjektiven Überzeugungen zu erklären, ohne sich damit aufhalten zu müssen, diese diffizile Streitfrage zu entscheiden. Und ganz sicher muß Chalmers einräumen, daß die Muster in diesen Überzeugungen zu den Phänomenen gehören, die jede Theorie des Bewußtseins erklären muß.

4. David Chalmers als heterophänomenologische Versuchsperson

Natürlich wird es für viele Leute nach wie vor den Anschein haben, als lasse die Heterophänomenologie zwangsläufig etwas aus. Das ist der Zombie-Verdacht. Wie antwortet die Heterophänomenologie darauf? Mit einer einfachen Antwort: indem der Zombie-Verdacht in die Liste innerer Gewißheiten *aufgenommen* wird, die jede angemessene Theorie des Bewußtseins erklären muß. Eine der Aufgaben, die sich daraus für eine Theorie des Bewußtseins ergeben, ist zu erklären, *warum manche Menschen vom Zombie-Verdacht heimgesucht werden.* Chalmers ist einer von ihnen. Lassen Sie uns also die Sprechakte, die er als Versuchsperson in einer heterophänomenologischen Untersuchung anzubieten hat, etwas genauer ansehen:

Chalmers' Definition eines Zombies (seines Zombie-Zwillings) lautet folgendermaßen:

> [Er ist] Molekül für Molekül mit mir identisch, und auch in allen Eigenschaften niederer Ebenen, die durch eine vollendete Physik postuliert werden, aber bewußtes Erleben fehlt ihm gänzlich. [...] er ist in eine identische Umgebung eingebettet. Gewiß wird er mit mir in *funktionaler Hinsicht* identisch sein; er wird die gleichen Informationen verarbeiten, in gleicher Weise auf Inputs reagieren, wobei seine internen Konfigurationen entsprechend modifiziert werden und sein resultierendes Verhalten (von meinem) ununterscheidbar ist. [...] er wird wach sein, die Gehalte seiner internen Zustände artikulieren, auch seine Aufmerksamkeit auf verschiedene Dinge richten können usw. Es ist nur so, daß nichts in diesen Funktionsabläufen von einem bewußten Erleben begleitet wird. Er wird keine Erlebnisqualität kennen. Es ist nicht irgendwie, ein Zombie zu sein. (1996, S. 94f.)

Beachten Sie, daß Chalmers den Zombies interne Zustände mit Gehalten zugesteht, die sie artikulieren können (aufrichtig, wie man meinen möchte, in der Überzeugung, daß sie wahr sind); diese internen Zustände haben Gehalte, jedoch keine bewußten Gehalte, sondern lediglich pseudobewußte Gehalte. Der Zombie-Verdacht besteht somit in Chalmers' Überzeugung, daß er in diesem Zitat ein echtes Problem beschrieben hat. Es *hat für ihn den Anschein*, daß es ein Problem gibt dergestalt, den Unterschied zwischen ihm und seinem Zombie-Zwilling zu erklären:

> Die Rechtfertigung für meine Überzeugung, daß ich Bewußtsein besitze, liegt nicht allein in meinen kognitiven Mechanismen, sondern auch in meiner *unmittelbaren Evidenz* [Hervorhebung D. C. D.]; diese Evidenz fehlt dem Zombie, so daß sein Irrtum die Gründe für unsere Überzeugungen nicht anficht. (Man kann auch festhalten, daß der Zombie aufgrund der Rolle, die das Erleben in der Konstitution der Gehalte dieser Überzeugungen spielt, nicht die gleichen Überzeugungen wie wir hat.) (Auf Chalmers' Website: Antwort auf Searle.)

Dieser Sprechakt ist merkwürdig, und wenn wir ihn zu interpretieren beginnen, müssen wir uns nach einer wohlwollenden Interpretation umsehen. Inwiefern *liegt* Chalmers' Rechtfertigung *in* seiner »unmittelbaren Evidenz«? Auch wenn er sagt, dem Zombie *fehlt* diese Evidenz, *glaubt* der Zombie nichtsdestoweniger, daß er über diese Evidenz verfügt – genau wie Chalmers auch. Chalmers und sein Zombie-Zwilling sind heterophänomenologische Zwillinge: Wenn wir alle zur Verfügung stehenden Daten interpretieren, schreiben wir ihnen letztendlich exakt die gleichen heterophänomenologischen Welten zu. Chalmers ist felsenfest davon überzeugt, er selbst sei kein Zombie. Der Zombie ist ebenso fest davon überzeugt, daß er selbst kein Zombie ist. Chalmers *glaubt*, seine Rechtfertigung erhalte er durch die »unmittelbare Evidenz« für sein Bewußtsein. Und das gleiche glaubt natürlich auch der Zombie.

Der Zombie ist der festen Überzeugung, unmittelbare Evidenz für sein Bewußtsein zu besitzen, und daß diese unmittelbare Evidenz die Rechtfertigung für seine Überzeugung darstellt, Bewußtsein zu besitzen. Chalmers muß rechtfertigen, daß die Überzeugung des Zombies falsch ist. Er behauptet, daß der Zombie »aufgrund der Rolle, die das Erleben in der Konstitution der Gehalte dieser Überzeugungen spielt«, nicht die gleichen Überzeugungen hat wie wir, aber ich sehe nicht, wie das möglich ist. Erleben (in dem speziellen Sinne, wie es Chalmers einzuführen versucht hat) spielt in der Konstitution der Gehalte dieser Überzeugungen keine Rolle. Denn *ex hypothesi* würde Chalmers dann, wenn das Erleben (in diesem Sinne) eliminiert würde – wenn er plötzlich zombifiziert würde –, weiterhin genau das gleiche behaupten wie bisher, auf genau demselben beharren wie bisher auch usw.[4] Auch wenn seine »phänomenalen Überzeugungen« plötzlich aufhörten, phänomenale Überzeugungen zu sein, wäre er so klug wie zuvor. Es würde ihm nicht so *zu sein scheinen*, daß seine Überzeugungen nicht länger von phänomenaler Art sind.

Aber halt! Ich lasse meine eigene Methode außer acht und diskutiere mit einer Versuchsperson! Als ein guter Heterophänomenologe muß ich Chalmers seine tiefsitzenden und aufrichtig geäußerten Überzeugungen und die von ihnen konstituierte heterophänomenologische Welt zugestehen. Und dann muß ich die Aufgabe übernehmen, zu erklären, wie seine Überzeugungen zustande gekommen sind. Vielleicht wird sich herausstellen, daß Chalmers' Überzeugungen über sein Erleben wahr sind, auch wenn ich derzeit nicht sehe, wie es dazu kommen sollte. Aber ich bleibe weiterhin neutral. Ganz sicher sollten wir sie nicht mit dem Status der Unkorrigierbarkeit ausstatten. (Er ist nicht der Papst.) Die Tatsache, daß manche Versuchspersonen den Zombie-Ver-

4 »Ich behaupte lediglich, daß eine Erklärung von Handlungen ohne den Rückgriff auf Bewußtsein auskommt; es wird immer eine physikalische Erklärung geben, die Bewußtsein nicht einbezieht. Eine angemessenere Wendung als ›explanatorisch irrelevant‹ wäre ›explanatorisch überflüssig‹ gewesen.« (Chalmers' zweite Replik auf Searle, auf seiner Website: ⟨http://www.u.arizona.edu/~chalmers/discussions.html⟩.)

dacht haben, sollte man nicht als Grund für eine Revolutionierung der Wissenschaft vom Bewußtsein ansehen.[5]

5. Die Perspektive der zweiten Person

Mit dem Übergang von der Perspektive der dritten Person zur Perspektive der ersten Person begibt man sich nur auf Glatteis. Man erhält keine Daten, die uns allen nicht bereits aus der Perspektive der dritten Person zugänglich sind, und wenn man bewußtes Erleben festzunageln versucht, von dem man nur glaubt, es zu haben, riskiert man, sich auf ein fruchtloses Unterfangen einzulassen.

Was ist mit der Perspektive der zweiten Person? Was einige mit diesem Vorschlag im Sinn haben, ist entweder eine Art von *Empathie* oder eine Art von *Vertrauen*, die sich von der zugegebenermaßen merkwürdigen, unnatürlich neutralen Einstellung unterscheiden sollen, die die Heterophänomenologie einnimmt. Betrachten wir zunächst das Vertrauen. Die Neutralität oder den Agnostizismus der Heterophänomenologie hat Alvin Goldman in seinem Aufsatz »Science, Publicity, and Consciousness« (Goldman 1997) kritisiert. Er meint, die Heterophänomenologie sei nicht, wie ich behaupte, die übliche Methode in der Bewußtseinsforschung, weil Forscher »sich in hohem Maße auf die introspektiven Überzeugungen der Versuchspersonen über ihre bewußten Erlebnisse verlassen (oder darauf, daß sie fehlen)« (S. 532). In einer persönlichen Korrespondenz (vom 21. Februar 2001, zugänglich – als Teil meiner Diskussion mit Chalmers – auf meiner Website ⟨http://ase.tufts.edu/cogstud/papers/chalmersdeb3dft.htm⟩) formuliert er diesen Punkt folgendermaßen:

5 Chalmers scheint zu glauben, daß Befragungen seiner Zuhörerschaften – mit dem Ziel, herauszubekommen, wie viele ihre Gefolgschaft gegenüber dem Zombie-Verdacht erklären – wichtige Daten zum Vorschein bringen. Eine ähnliche Datenerhebung würde die neodarwinistische Theorie widerlegen und begründen, daß es ein Leben nach dem Tod gibt.

Der Einwand, den mein Aufsatz [Goldman 1997] enthält, besagt, daß das, was Kognitionswissenschaftler *tatsächlich* tun, keinen praktizierten Agnostizismus darstellt. Statt dessen verlassen sie sich in hohem Maße auf die introspektiven Überzeugungen (oder Mitteilungen) der Versuchspersonen. Meine Behauptung ist also, daß die heterophänomenologische Methode keine angemessene Beschreibung dessen ist, was Kognitionswissenschaftler (die Bewußtsein erforschen) üblicherweise tun. Natürlich kannst Du behaupten (und vielleicht wolltest Du das auch; aber in dem Fall wäre es nicht so richtig deutlich geworden), daß Wissenschaftler dies tun *sollten* und nicht, daß sie es *tatsächlich* tun.

Wenn nötig, würde ich ganz sicher die Rolle eines Reformers spielen, aber Goldman liegt schlicht falsch. Die Einnahme einer agnostischen Einstellung ist heutzutage so fest in der wissenschaftlichen Praxis verankert, daß sie eine Selbstverständlichkeit darstellt – was vielleicht auch der Grund dafür ist, warum er dies übersehen hat. Denken Sie beispielsweise an die Jahrzehnte anhaltende Kontroverse über bildhafte Vorstellung, in der – neben vielen anderen – Roger Shepard, Stephen Kosslyn und Zenon Pylyshyn zentrale Figuren gewesen sind. Initiiert wurde sie durch die brillanten Experimente von Shepard und seinen Studenten, in denen man Versuchspersonen Paare von Strichzeichnungen wie die beiden in Abbildung 2.1 vorlegte und sie aufforderte, die eine Taste zu drücken, wenn die Figuren verschiedene Ansichten ein und desselben Gegenstands sind, und die andere Taste, wenn es verschiedene Gegenstände sind.

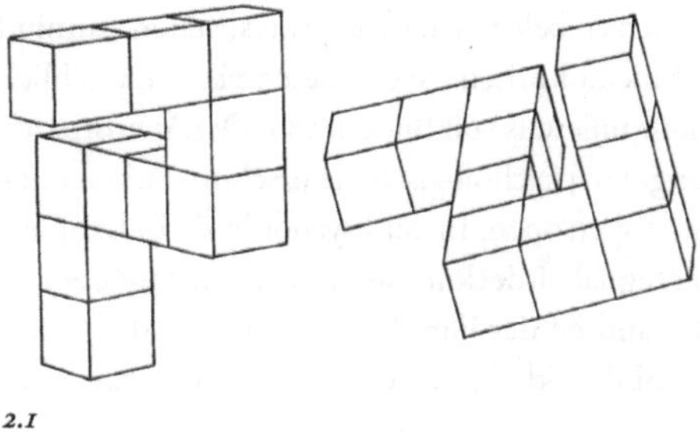

Abbildung 2.1
Shepards Figuren. Haben sie die gleiche Form oder verschiedene Formen?

Die meisten Versuchspersonen behaupteten, die Aufgabe dadurch gelöst zu haben, daß sie eine der beiden Figuren vor ihrem »geistigen Auge« oder in der Vorstellung drehten, um herauszufinden, ob beide zur Deckung gebracht werden können. Hatten die Versuchspersonen wirklich die »mentale Rotation« ausgeführt, die sie ausgeführt zu haben behaupteten? Durch eine Veränderung des Rotationswinkels, der erforderlich ist, um die Figuren durch Rotation zur Deckung zu bringen, und durch die zeitliche Steuerung der Reaktionen konnte Shepard eine bemerkenswert reguläre lineare Beziehung zwischen der Reaktionszeit und dem Rotationswinkel feststellen. Er berichtete, daß geübte Versuchspersonen in der Lage sind, ein derartiges mentales Bild mit einer Winkelgeschwindigkeit von ungefähr 60° pro Sekunde zu drehen (Shepard und Metzler 1971). Entschieden wurde die Streitfrage dadurch jedoch nicht, weil Pylyshyn und andere umgehend alternative Hypothesen aufstellten, die diese auffällige zeitliche Beziehung erklären konnten. Weitere Untersuchungen wurden für nötig befunden und auch durchgeführt, und die Kontroverse generiert auch heute noch neue Experimente und Analysen.[6]

Versuchspersonen *behaupten* immer, sie drehten ihre mentalen Bilder. Wenn der Agnostizismus nicht stillschweigend auf der Tagesordnung stünde, hätten Shepard und Kosslyn ihre Experimente nie durchzuführen brauchen, um die Behauptungen ihrer Versuchspersonen zu belegen, daß das, was sie taten (zumindest wenn man es auf metaphorische Weise beschreibt), tatsächlich ein Prozeß des Manipulierens von Bildern war. Der Agnostizismus ist Teil einer jeden guten psychologischen Forschungsarbeit mit menschlichen Versuchspersonen. In der Psychophysik ist beispielsweise der Einsatz der Signalentdeckungstheorie seit den 1960er Jahren kanonischer Bestandteil der Forschung, und sie verlangt von Wissenschaftlern ausdrücklich, sicherzustellen, daß das Antwortkrite-

6 Siehe Pylyshyn 2002 für einen ausgezeichneten Überblick über den Verlauf dieser Debatte und auch meinen Kommentar (Dennett 2002), beide Aufsätze in *Behavioral and Brain Science*.

rium der Kontrolle der Versuchspersonen unterliegt, auch wenn Versuchspersonen in diesem Punkt keine zuverlässigen Quellen sind. Oder denken Sie an die umfangreiche Forschungsliteratur über Illusionen (sowohl kognitive Illusionen als auch Wahrnehmungsillusionen), in der üblicherweise vorausgesetzt wird, daß die Daten das sind, was Versuchspersonen als wahr behaupten, und in der nie der Fehler begangen wird, »sich in hohem Maße auf die introspektiven Überzeugungen der Versuchspersonen zu verlassen«.

Die Diagnose von Goldmans Fehler liegt hier besonders deutlich auf der Hand: Natürlich verlassen sich Versuchsleiter, die über Illusionen forschen, auf die introspektiven Überzeugungen ihrer Versuchspersonen darüber, wie ihnen Dinge zu sein scheinen (so, wie sie sich in ihren Urteilen ausdrücken), aber gerade das *ist* der Agnostizismus der Heterophänomenologie. Darüber hinaus zu gehen hieße beispielsweise anzunehmen, bei Größenillusionen gäbe es irgendwo in den Gehirnen (oder im Geist) der Versuchspersonen tatsächlich bildhafte Vorstellungen von unterschiedlicher Größe – was natürlich keinem Wissenschaftler auch nur im Traum einfallen würde.

Betrachten Sie die Illusion in Abbildung 2.2. Scheint sich auf den grauen Streifen etwas wie Autoverkehr hin- und herzubewegen? Auf dem Papier bewegt sich zwar nichts, aber scheint es Ihnen doch so zu sein? Gut.

Nun schauen wir in das Gehirn und stellen fest, was im visuellen Kortex vor sich geht. Forscher würden nicht erwarten, im Kortex Erregungsmuster vorzufinden, die tatsächlich synchron mit der scheinbaren Bewegung in Ihrer Erfahrung ablaufen! Sie *könnten* einen solchen »Film im Gehirn« entdecken, und das wäre eine wirklich revolutionäre Entdeckung; aber der Agnostizismus der Heterophänomenologie entbindet Forscher davon, denken zu müssen, daß dann, wenn sie keinen solchen Film entdecken, ihre Versuchspersonen sie anlügen. Ihre Versuchspersonen berichten aufrichtig, wie ihnen das, was sie sehen, zu sein scheint – und diese Überzeugung ist das, was der Erklärung bedarf.

Denken Sie schließlich an Phänomene wie das Déjà-vu. Sach-

Abbildung 2.2
Traffic von Isia Leviant

liche Forschungen dazu haben nie den Fehler begangen, den Agnostizismus gegenüber den Behauptungen von Versuchspersonen aufzugeben, frühere Erfahrungen noch einmal durchlebt zu haben. Einzelheiten sind beispielsweise in der Arbeit von Bower und Clapper (in Posner 1989) oder in jedem guten Handbuch über die Methoden in den Kognitionswissenschaften zu finden.[7]

Was ist aber mit der *Empathie*? Gibt es eine Art der Einstellung, die sich von der sonderbaren Zurückhaltung der heterophänomenologischen Methode auf relevante Weise unterscheidet und sich in unserer Suche nach einem wissenschaftlichen Verständnis des Bewußtseins als fruchtbar erweisen könnte? Varela und Shear beschreiben die Empathie, in der sie das kennzeichnende Merkmal einer Methode sehen, die sie als eine Erste-Person-Methode bezeichnen:

> In der Tat, so faßt er seine Rolle auf: als ein empathischer Resonator mit Erlebnissen, die ihm vertraut sind und die in ihm (selbst) eine Saite zum Schwingen bringen. Diese empathische Haltung ist zum Teil von heterophänomenologischer Art, weil ein Minimum an kritischer Distanz und kritischer Bewertung unerläßlich ist, aber die Intention ist von ganz anderer Art: sich auf vertrautem Boden zu begegnen, als Angehörige derselben Art [...]. Solche Begegnungen wären nicht möglich, ohne daß der Vermittler von Erlebnissen der Art durchdrungen ist, die Gegenstand der Untersuchungen sind, weil nichts Wissen aus erster Hand ersetzen kann. Das ist somit eine radikal andere Art der Validierung als alle bislang besprochenen. (1999, S. 10.)

Man kann schwerlich etwas an der Empfehlung auszusetzen haben, daß der Versuchsleiter »von Erlebnissen der Art durchdrungen« sein sollte, die Gegenstand der Untersuchung sind. Aber, um es kurz zu sagen, können Marsianer marinieren? Wenn nicht, warum nicht? Ist Empathie mehr als lediglich gute, sachkundige Interpretation in der intentionalen Einstellung? Wenn dem so ist, um was handelt es sich? In einem Aufsatz, der auch auf jener Linie liegt, spricht Evan Thompson (in Thompson 2001) von »sinnlicher Empathie« und meint: »Damit diese Art sinnlicher Empathie möglich ist, muß der eigene Körper und der Körper des anderen offensichtlich von ähnlicher Art sein« (S. 18). Für Thompson mag

7 Goldman hat auf diesen Abschnitt mit einer Reihe von E-Mails geantwortet, die ich in einen unter ⟨http:ase.tufts.edu/cogstud/papers/chalmersdeb3dft.htm⟩ zugänglichen Appendix aufgenommen habe.

das offensichtlich sein, aber für mich ist es das nicht. Genaugenommen halte ich es für völlig falsch.

Es mag letztlich wahr sein, daß irgendwelche »Marsianer« zu einer sinnlichen Empathie mit menschlichen Wesen nicht in der Lage wären, aber das ist schwerlich die Art von Überzeugung, auf die sich eine Wissenschaft vom Bewußtsein gründen sollte. Diese Überzeugung sollte, wenn sie denn wahr ist, aus einer gescheiterten Kontaktaufnahme resultieren, die man entdeckt hat, beispielsweise eine auffallende Ungleichheit seitens des Erfolges der marsianischen und irdischen Versuchsleiter/Forscher. Und es sollte eine Tatsache sein, die unsere Theorie erklären kann, und nicht etwas, das schon während der Datenerhebung vorausgesetzt wird. Jedes derartige Gefälle oder jede derartige Diskontinuität, die es wert ist, ernst genommen zu werden, kann durch die Heterophänomenologie entdeckt werden.

Es verdient Beachtung, daß Thompsons Annahme die unbegründete Behauptung Nagels, »wir« wüßten nicht, wie es ist, eine Fledermaus zu sein, zu einem methodologischen Prinzip erheben und zu einem Tabu für wissenschaftliche Untersuchungen machen würde. In diese Richtung sollte sich eine Wissenschaft vom Bewußtsein gewiß nicht entwickeln, zumal von »uns« schon einige herausragende Arbeiten zur Beantwortung der Frage vorgelegt wurden, wie es ist (falls es überhaupt irgendwie ist), eine Fledermaus zu sein! Akins zeigt die Richtung an, die eingeschlagen werden sollte, und deckt im Zuge ihrer Überlegungen auf, daß Nagels Unterstellung, es *gebe* eine von einer Fledermaus eingenommene Perspektive oder einen Standpunkt (in ihrer speziellen Untersuchung handelt es sich um eine Bartfledermaus), bei weitem nicht so unangreifbar ist, wie es eine selbstzufriedene philosophische Tradition gerne hätte. Wenn wir uns diese beunruhigenden Möglichkeiten nicht per Dekret vom Halse schaffen wollen, müssen wir eine neutralere Position einnehmen. Anstatt es zu einem methodologischen Prinzip zu machen, daß sich fremdartige Wesen nicht auf eine Stelle in unserem Forscherteam bewerben dürfen, sollten wir die Stellen für alle Interessenten offenhalten, ungeachtet ihrer »Art von Körper«, und dann sehen, ob sich dies als ein Hindernis erweist.

Meine vorläufige, anfechtbare Schlußfolgerung lautet somit, daß meine Behauptung die bisherige Diskussion unversehrt überstanden hat: Die Methode der Heterophänomenologie erfaßt alle Daten für eine Theorie des menschlichen Bewußtseins auf eine neutrale Art und Weise. Entweder wird sich eine Wissenschaft vom Bewußtsein aus der Perspektive der ersten Person letzten Endes als etwas erweisen, das in der Heterophänomenologie aufgeht, oder aber eine inakzeptable Voreingenommenheit in ihren Startannahmen offenbaren.

3. Den »Zauber« des Bewußtseins erklären

Viele Leute halten das Bewußtsein für ein Mysterium, die wundervollste Zaubervorstellung, die man sich nur vorstellen kann, eine endlose Folge von Spezialeffekten, die sich einer Erklärung entziehen. Ich glaube, daß sie sich irren: Bewußtsein ist ein physikalisches, biologisches Phänomen – wie der Stoffwechsel, die Reproduktion oder die Reparaturfähigkeit –, das in seiner Funktionsweise ungemein raffiniert ist, aber nicht übernatürlich oder letzten Endes sogar mysteriös.

Ein Teil der Schwierigkeit, Bewußtsein zu erklären, besteht darin, daß es starke Kräfte gibt, die uns glauben machen wollen, es sei fabelhafter, als es tatsächlich ist. Wie ich im letzten Kapitel bemerkte, ähnelt das Bewußtsein in dieser Hinsicht einer Zaubershow auf einer *Bühne*, einer Serie von Phänomenen, die unsere Leichtgläubigkeit und auch unseren Wunsch ausnutzen, genarrt, hereingelegt und von Ehrfurcht ergriffen zu werden. Solche Zaubertricks zu erklären ist in mancherlei Hinsicht eine undankbare Aufgabe; die Person, die Leuten erzählt, wie ein Effekt funktioniert, gilt leicht als Spielverderber und Spaßbremse. Ich habe oft den Eindruck, daß meine Versuche, einige Aspekte des Bewußtseins zu erklären, einen ähnlichen Widerstand hervorrufen. Wäre es nicht *netter*, wenn wir alle in der zauberhaften Rätselhaftigkeit all dessen schwelgen könnten? Mehr noch: Würde es Ihnen – so sagen sie – tatsächlich gelingen, Bewußtsein zu erklären, dann würden Sie uns verkleinern, uns in bloße Protein-Roboter – bloße *Dinge* – verwandeln.

1. Die undankbare Aufgabe, Zaubertricks zu erklären

Das ist der Wind, gegen den ich ansegeln muß, aber manchmal bringt die Schwierigkeit der Aufgabe Strategien hervor, die genau diejenige Metaphorik ausnutzen, die ich im Grunde bekämpfen möchte. Lee Siegel macht uns in seinem großartigen Buch *Net of Magic: Wonders and Deceptions in India* auf den grundlegenden Konflikt aufmerksam:

> »Ich schreibe ein Buch über Zauberei«, erkläre ich und werde gefragt: »Echte Zauberei?« Mit *echter Zauberei* meinen Leute Wunder, wundertätige Handlungen und übernatürliche Kräfte. »Nein«, antworte ich: »Zaubertricks, keine echte Zauberei.« *Echte Zauberei* bezieht sich also auf die Zauberei, die nicht echt, nicht real ist, während diejenige Zauberei, die real ist, die tatsächlich vorgeführt werden kann, *keine echte Zauberei* ist. (1991, S. 425.)

Es kann nicht *real* und *echt* sein, wenn es als ein Phänomen erklärt werden kann, das durch ein paar gewöhnliche Tricks zustande kam – billige Tricks, so könnte man sagen. Und genau das behaupten auch viele Leute über das Bewußtsein. Lassen Sie uns also der Parallele mit den Zaubertricks auf der Bühne weiter nachgehen und schauen, wie *einige* Effekte des Bewußtseins erklärt werden könnten – und auch, wie enttäuschend manche dieser Erklärungen sein könnten.

Über mehr als tausend Jahre entzog sich der Indische Seiltrick allen Erklärungsversuchen. Ich beziehe mich nicht auf irgendeinen simplen Trick, bei dem ein Seil in die Luft geworfen und steif wird und an dem dann ein agiler Zauberkünstler hochklettert. Viele Varianten dieses Tricks wurden überall in der Welt vorgeführt. Ich beziehe mich auf den *echten*, legendären Indischen Seiltrick, ein weit verblüffenderes Stück Zauberei:

> Der Zauberkünstler wirft ein Seil in die Luft, wo es verharrt, das obere Ende irgendwie unsichtbar. Ein junger Gehilfe klettert das Seil hoch und löst sich in Luft auf, wird dann aber gehört, wie er den Zauberer verhöhnt. Dieser nimmt sodann ein langes Messer zwischen die Zähne und klettert selbst das Seil hoch und verschwindet ebenfalls. Man hört einen schrecklichen Kampf, sieht ihn aber nicht, und blutige Gliedmaßen, ein Torso und ein gerade abgetrennter Kopf fallen auf den Teppich neben dem Seil herunter. Der Zauberer erscheint wieder, klettert traurig das Seil herab und beklagt sein hitziges Temperament, das ihn dazu verleitet hat, seinen jungen Gehilfen umzu-

bringen. Er sammelt die blutigen Körperteile auf, legt sie in einen großen abgedeckten Korb und bittet das Publikum, mit ihm gemeinsam für den toten kleinen Jungen zu beten, woraufhin der Bursche unversehrt aus dem Korb springt und doch noch alles gut ausgegangen ist.

Das ist die heterophänomenologische Welt des Indischen Seiltricks. So wäre es, den Indischen Seiltrick mitzuerleben. Ist er jemals gezeigt worden? Das weiß man nicht. Tausende, vielleicht Millionen von Menschen haben im Verlauf von Jahrhunderten fest daran geglaubt, sie selbst – oder ihre Brüder, Onkel, Cousins oder Freunde – hätten das großartige Spektakel mit ihren eigenen Augen gesehen. 1875 bot Lord Northbrook jedem, der ihn vorführen kann, das erstaunliche Vermögen von 10000 Pfund Sterling. In den 30er Jahren des letzten Jahrhunderts bot die *Times of India* 10000 Rupien, und viele andere haben ebenfalls hohe Belohnungen ausgesetzt (Siegel 1991, S. 199-200). Das Geld wurde nie in Anspruch genommen, so daß nach dem vernünftigen Urteil der Sachkundigsten unter uns der Indische Seiltrick lediglich eine Art von archetypischer moderner Legende darstellt, ein bloß intentionales Objekt, einen Trick in der Welt der Fiktionen, und keinen echten.

Aber halt: Viele Menschen glauben aufrichtig, daß der Trick vorgeführt worden ist. Offenbar sind einige fest davon überzeugt, eine Vorführung des Tricks *gesehen zu haben*. Wird die Sache nicht dadurch entschieden, daß einige Leute aufrichtig glauben, eine Vorführung des Tricks gesehen zu haben? Was ist ein Zaubertrick anderes als die Erzeugung von aufrichtigen falschen Überzeugungen darüber, das eine oder andere erstaunliche Ereignis miterlebt zu haben? Der Zauberer zersägt die Dame nicht *wirklich*; er *macht uns nur glauben, wir hätten gesehen*, daß er das tut. Falls Sie ein Zauberer auf die eine oder andere Weise glauben macht, Sie hätten gesehen, wie er ein Seil hochklettert, verschwindet, einen Jungen zerstückelt und ihn dann wieder zum Leben erweckt, hat er dann nicht den Indischen Seiltrick ausgeführt? Was mehr sollte nötig sein?

Es scheint darauf anzukommen, wie diese Überzeugung erzeugt wurde. Wenn es einem Zauberer irgendwie gelingen würde, sein gesamtes Publikum zu hypnotisieren, er ihm dann in fesselnden Einzelheiten nur *erzählte*, was er getan hat, schließlich mit den Fingern schnippte und es aus der Hypnose holte, woraufhin es mit stehenden Ovationen das Wunder bejubelte, würden sich viele von uns betrogen fühlen. (Siegel merkt an, daß diese Hypothese über Massenhypnose – mit oder ohne heimlich verabreichte halluzinogene Drogen – häufig von denen vorgebracht wurde, die den Ursprung der Legende zu erklären versuchten.) Zauberei ist wohl immer auch ein wenig Betrug, aber das überschreitet nach unserem Gefühl die Grenze. Das zählt nicht. Es zählt auch nicht, wenn ein Zauberer die Leute einfach besticht, damit sie nach der Vorführung einer Variante des simplen Seil-Kletter-Tricks *verkünden*, sie hätten das legendäre Kunststück gesehen. In diesem Fall lägen (c) sprachliche Äußerungen ohne (b) Überzeugungen vor. Aber was wäre, wenn das gespielte Erstaunen vieler solcher Helfershelfer zur Folge hätte, daß einige ahnungslose Leute im Publikum die gleiche falsche Überzeugung aufrichtig äußern?

Erinnern Sie sich an die bekannten Demonstrationen der Macht des Gruppenkonformismus durch Solomon Asch (in Asch 1958). In einem typischen Experiment von Asch wurden »Versuchspersonen« gefragt, welche von drei Linien mit einer Target-Linie in der Länge übereinstimmt. Angenommen, Linie A hat ganz offensichtlich die gleiche Länge, aber eine Reihe von acht oder neun »Versuchspersonen« – die Komplizen von Asch – behaupten, ehe sich die eine wirkliche Versuchsperson äußern muß, es sei Linie B. Viele Versuchspersonen knicken unter dem sozialen Druck ein und »stimmen zu«, daß Linie B gleich lang ist. Als Asch seine Versuchspersonen eingehend befragte, gaben einige zu, sie seien verleitet worden, eine Beurteilung abzugeben, ohne davon überzeugt zu sein. Andere hingegen beharrten darauf, sie hätten zu dem Zeitpunkt, zu dem sie sich äußern sollten, die Überzeugung gehabt, ihr erster Eindruck sei falsch gewesen. Sie glaubten tatsächlich, was sie durch ihre eklatant falschen Behauptungen ausdrückten. Sollte es einem Zauberer unter Mithilfe einer großen Zahl von Helfershelfern gelingen, in einigen Leuten den Asch-Effekt zu erzeugen, *könnte man darüber diskutieren*, ob ihnen der Indische Seiltrick tatsächlich vorgeführt wurde, weil sie übertölpelt wurden und dadurch zu der Überzeugung gelangten, sie hätten den Trick gesehen – für sie scheint es so zu sein – ; aber gleichwohl wären wir wohl geneigt, dieses Vorgehen als Betrug anzusehen.

Um es auf der High-Tech-Ebene zu formulieren: Wenn ein Zauberer mit zuviel Geld die Computergraphik-Experten bei Industrial Light and Magic damit beauftragte, ein Video mit einer ultrarealistischen Computeranimation eines solchen Tricks zu kreieren, ein Video, das so echt aussieht, daß es an CNN als ein »Live-Mitschnitt« verkauft werden könnte, ohne daß der Sender in der Lage wäre, die Fälschung zu erkennen, würden ebenfalls die meisten, wenn nicht alle der Ansicht sein, daß damit die Aufgabe nicht bewältigt wurde, den Trick auszuführen. Ich bezweifle, daß man mit einem solchen Kunststück das Preisgeld kassieren könnte, auch wenn Millionen Zuschauer überzeugt worden sein sollten, ein reales Ereignis in einem Live-Mitschnitt gesehen zu haben. Was in diesen Szenarien fehlt, ist wirklich nicht leicht zu sagen: Es ist vollkommen in Ordnung, Nebel und Spiegel, Lichteffekte, künstliche Gliedmaßen und Filmblut zu verwenden. Ist es in Ordnung, Dutzende von Assistenten einzusetzen? Ja, wenn sie auf die eine oder andere Weise hinter der Bühne agieren. Aber was ist, wenn sie sich als Zuschauer getarnt unter das Publikum mischen und in den entscheidenden Augenblicken aufspringen und den anderen Zuschauern die Sicht verstellen? An welcher Stelle in der Kausalkette, die zu einer Überzeugung führt, ist ein Eingreifen gerade noch gestattet? Die »Macht der Suggestion« ist ein wirksames Instrument in der Trickkiste des Zauberers, und manchmal spielen die *Worte* des Zauberers eine wichtigere Rolle als alles, was er *vorführt* und *tut*.

Diese Beobachtungen lenken unsere Aufmerksamkeit auf die schnatternde Schar von stillschweigend vorausgesetzten Annahmen, die unser Gespür dafür beeinflussen, was als ein echter Zaubertrick zählt. Es ist nicht sonderlich beschämend, einzuräumen, daß unser Verständnis für das, *worauf* es in einem solchen Fall *ankommt*, in mancherlei Hinsicht wirr oder unklar ist; denn schließlich erwarten wir auch nicht, daß unser stillschweigend vorausgesetztes Verständnis sonderlich belastbar ist. Zauberer können unser Verständnis von Zauberei mißbrauchen; sie riskieren lediglich einen Zuschauerschwund, wenn sie falsch einschätzen, was sie als Zauberei ausgeben können. Schließlich ist es keine Hirnforschung. Es ist nur Showbusineß.

Wenn es jedoch um Hirnforschung geht, kann etwas Ähnliches ablaufen. Wenn wir über Bewußtseinsphänomene nachdenken und uns fragen, wie sie im Gehirn zustande kommen, ist es ganz und gar nicht ungewöhnlich, auf das hyperbolische Vokabular der »Zauberei« zurückzugreifen. Der Geist spielt uns einen Streich. Die Art und Weise, wie das Gehirn Bewußtsein hervorbringt, ist *ziemlich* magisch. Wer beispielsweise hartnäckig behauptet, das Bewußtsein bleibe letztendlich ein Rätsel, pflegt in der betäubenden Unerklärlichkeit derjenigen Effekte zu schwelgen, die als die phänomenale Seite des Bewußtseins bekannt sind. Und wenn einer dieser Effekte erklärt ist, kann man manchmal die gleiche Enttäuschung, den gleichen Widerstand beobachten: Einen Effekt zu erklären heißt, ihn zu verkleinern.

Denken Sie beispielsweise an das Déjà-vu. Einige unheilbare Romantiker halten es für ein Phänomen, das am magischen Ende des Spektrums angesiedelt ist. Ihnen zufolge erleben wir manchmal Ereignisse, von denen wir wissen, daß wir sie schon einmal erlebten – in einem früheren Leben, auf einer anderen Astralebene, in einer anderen Dimension. Und sie fragen sich, welche verblüffenden Einsichten in die zyklische Natur der Zeit, die Seelenwanderung, Präkognition, übersinnliche Wahrnehmung (ESP) sich hier eröffnen ... ziemlich erstaunliche Dinge! Aber man kann leicht sehen, daß das Phänomen des Déjà-vu auf weit schlichtere Weise erklärt werden kann. Man *erinnert* sich nicht wirklich daran, genau dieses Ereignis schon irgendwann einmal erlebt zu haben. Man *glaubt* nur fälschlich, daß man das tut. Wie Janet (in

Janet 1942) vor über einem halben Jahrhundert angenommen hat, könnte es sein, daß das Phänomen des Déjà-vu »aus einer Unterbrechung des Wahrnehmungsprozesses resultiert und dieser sich in eine vergangene sowie eine andere, aktuelle Wahrnehmung aufspaltet«.

Abbildung 3.1 zeigt ein einfaches, durch Janets Vorschlag inspiriertes Diagramm (eine frühere Version davon findet sich in Dennett 1979). Angenommen, das visuelle System sei redundant, enthalte zwei Informationskanäle, A und B, die sich in ihren Funktionen und ihrer Leistungsstärke gleichen oder auch unterscheiden mögen – das ist dabei unerheblich. Auch sei angenommen, daß beide Kanäle ihre Signale durch eine Art von Kontrollpunkt senden, einen Vertrautheitsdetektor (oder alternativ einen Neuheitsdetektor), der alle eingehenden Signale in solche aufteilt, die neu sind, und solche, die er bereits kennt. (Es gibt Belege dafür, daß eine Selektierung von dieser Art bereits recht früh im Zuge der visuellen Informationsverarbeitung – im Hippocampus – stattfindet, so daß es sich hierbei um keine völlig unbegründete Spekulation handelt. Siehe dazu Gray 1995 und meinen Kommentar in Dennett 1995a.)

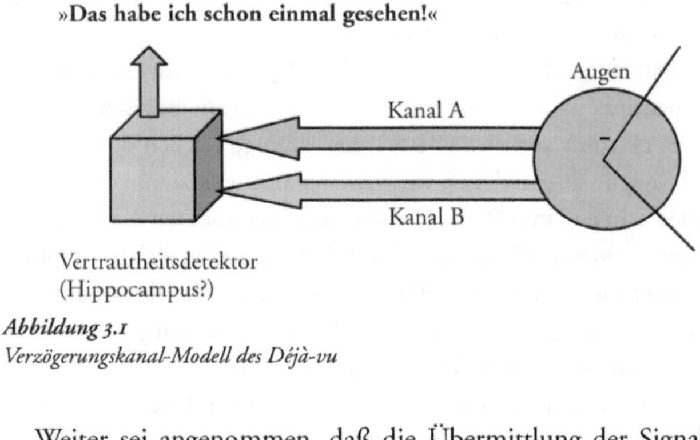

Abbildung 3.1
Verzögerungskanal-Modell des Déjà-vu

Weiter sei angenommen, daß die Übermittlung der Signale durch den Kanal B gelegentlich minimal verzögert erfolgt, so daß das Signal aus Kanal B den Vertrautheitsdetektor ein paar

Millisekunden nach dem Signal aus Kanal A erreicht. Wenn das Signal aus Kanal A eintrifft, registriert das System den frischen »Fußabdruck« im Vertrautheitsdetektor, und fast zeitgleich wird erkannt, daß diese Gedächtnisspur mit dem Signal übereinstimmt, das jetzt aus Kanal B eintrifft, was dann den Vertrautheitsdetektor veranlaßt, das Urteil »Das habe ich schon einmal gesehen« abzugeben. Nicht vor einigen Wochen oder Monaten oder in einem früheren Leben, sondern lediglich vor einigen wenigen Millisekunden. Welche Folgen dieser falsche Alarm zeitigt, hängt von weiteren Details der Psyche der betreffenden Person ab, mit einer Bandbreite von ungläubigem Staunen über begeisterte Zeitreisenphantasien bis hin zu einem bloß müden Lächeln: »Oh, cool. Ich hatte gerade ein Déjà-vu. *Das* habe ich auch schon einmal gesehen.«

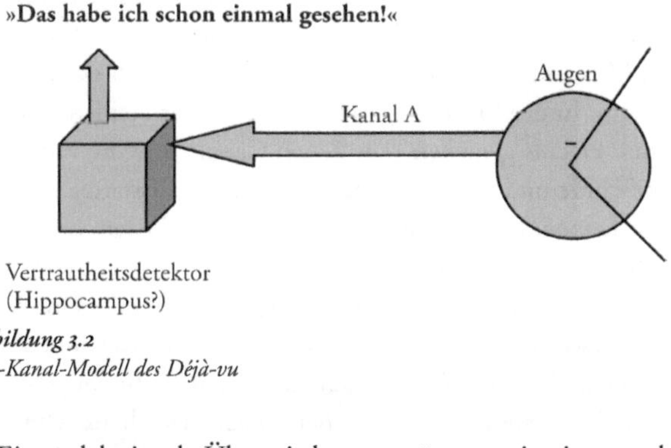

Abbildung 3.2
Ein-Kanal-Modell des Déjà-vu

Eine solch simple Übermittlungsverzögerung in einem redundanten System kann das Phänomen des Déjà-vu erklären. Aber wenn es sich durch das von Janets Vermutung angeregte Zwei-Kanal-Modell erklären läßt, kann diese Aufgabe auch das noch einfachere Ein-Kanal-System übernehmen, das Abbildung 3.2 zeigt. In diesem noch einfacheren Modell kann die eine oder andere Störung – das Absterben eines Neurons, eine Neuromodulatoren-Imbalance oder eine Ermüdung der einen oder anderen Art – irrtümlicherweise ein falsches positives Urteil im Vertrautheitsdetektor auslösen, während die sonstigen Folgezustände so aussehen können, wie auch immer es das andere Modell vorsieht. Der springende Punkt ist, daß »von innen«, aus der Perspektive der ersten Person, die beiden Modelle ununterscheidbar sind. Nichts von dem, was wir darüber feststellen können, wie sich ein Déjà-vu anfühlt oder wie es zu sein scheint, könnte zwischen diesen beiden Modellen unterscheiden. Falls eines von beiden (oder ein drittes oder viertes Modell) zutrifft, müßte die Begründung durch eine Untersuchung der neuronalen Maschinerie in unserem Kopf aus der Perspektive der dritten Person erfolgen. Wir müssen uns hinter die Bühne begeben, um diesen speziellen Fall von Bühnenzauber zu erklären.

Ein anderer verblüffender Effekt ist das »Vervollständigen«, das wir mitunter in unserer visuellen Wahrnehmung zu entdecken glauben. Als ich das erste Mal Bellotos *Ansicht von Dresden* (siehe Abbildung 3.3) an einer recht weit entfernten Wand im North Carolina Museum of Art in Raleigh erspähte, hielt ich es für einen Canaletto. In der Erwartung, ich würde aus der Nähe die bezaubernden Details genießen, mit denen Canaletto seine venezianischen Schiffe und Gondeln verschwenderisch ausstattete, bis hin zu den Leinen, den Schuhschnallen und dem Federschmuck an den Hüten, ging ich schnell auf das Bild zu. Die bunte Menschenmenge, die sich im strahlenden Sonnenschein über die Dresdener Brücke bewegte, stellte einen Augenschmaus an Kostümen und Kutschen in Aussicht. Aber als ich näher kam, verflüchtigten sich die Details, die aus der Ferne gesehen zu haben ich hätte schwören können, vor meinen Augen. Aus der Nähe waren nichts als kunstvoll aufgetragene Farbkleckse zu sehen (Abbildungen 3.4-3.6).

Diese Farbkleckse »suggerieren« Leute mit Armen, Beinen und Kleidern, und mein Gehirn *erlag der Suggestion*. Aber was heißt das? Was hatte mein Gehirn getan? Sandte es ein Team von zwergenhaften Gehirn-Künstlern aus, um Gesichter, Hände und Füße in die geeigneten Abschnitte einiger retinotopischer Karten hineinzuzeichnen? Das ist eine empirische Frage; es ist keine, die ich aus meiner vermeintlich privilegierten Perspektive als dem Sub-

Abbildung 3.3
Bernardo Bellotto, Ansicht von Dresden mit der Frauenkirche auf der Linken, 1747. *Courtesy North Carolina Museum of Art. Erworben mit Finanzmitteln des Staates North Carolina.*

Abbildung 3.4
Ausschnitt aus Bellottos Ansicht von Dresden.

Abbildung 3.5
Ausschnitt aus Bellottos Ansicht von Dresden.

Abbildung 3.6
Ausschnitt aus Bellottos Ansicht von Dresden.

jekt dieser erstaunlichen Erfahrung beantworten könnte. (Es ist wie bei der empirischen Frage, ob der visuelle Kortex oszillierende Gestalten erzeugt, wenn er der Illusion in Abbildung 2.2 im vorangegangenen Kapitel erliegt.) Es ist nahezu sicher, daß in meinem

Gehirn nichts Derartiges geschah. Alles spricht dafür, daß durch das Gehirn keine weitere *piktorale Wiedergabe* angefertigt wurde. Wenn das Gehirn dem Eindruck *erliegt*, bildet es eine Überzeugung oder Erwartung und malt nicht selbst ein Bild, um es sich anzusehen. Woher wissen wir, daß eine solche Erwartung erzeugt wurde? Sie zeigte sich, als sie enttäuscht wurde – was bei mir einen Moment der Überraschung hervorrief. Ich hatte eine Bestätigung und Konkretisierung einiger spekulativer (unwillkürlicher und unbewußter) Vermutungen darüber erwartet, was ich gleich sehen würde, und diese Erwartung wurde schlagartig enttäuscht.[1]

Es handelte sich nicht um eine *reine* Halluzination; Bellotto bot meinem Blick einige Farbtupfer und setzte dabei auf meine Beeinflußbarkeit, die alles Weitere erledigen würde. Der erzielte Effekt ähnelt somit eigentlich eher einer der disqualifizierten Methoden, den Indischen Seiltrick auszuführen: der posthypnotischen Suggestion oder dem Bestechen von Leuten, damit sie falsche Aussagen machen. Aber es handelte sich nicht um einen kompletten Schwindel, weil es ja eine visuelle Darstellung gab. Gleichwohl täuscht das Gehirn – wie ein Zauberer auf der Bühne! Viele Menschen reagieren empört auf diesen Vorschlag. »*Mein* Gehirn nicht!« Eine verständliche Loyalität, aber doch ungerechtfertigt. Genau das wissen Sie aus der eigenen (»Erste-Person-«) Erfahrung *nicht*.

1 Unwillkürliche Reaktionen wie ein Erschrecken oder ein Lachen sind im Rahmen der Heterophänomenologie hervorragende – und viel zu selten genutzte – Daten. Eine derartige Reaktion kann ein Subjekt – trotz seiner bis dahin hartnäckigen Leugnung oder schlicht seiner Unfähigkeit, es sich einzugestehen – davon *überzeugen*, etwas Bestimmtes zu glauben. Ein betagtes Mitglied meiner Familie erblindete in den letzten Stadien seiner Parkinson-Erkrankung, konnte sich fast gar nicht mehr bewegen und nicht mehr sprechen. Oft äußerten Besucher Zweifel, ob er überhaupt noch bei Bewußtsein sei; aber das war er bis zum Ende. Das ließ sich auf schlüssige Weise dadurch zeigen, daß man in das einseitige Gespräch unauffällig einen Scherz – ein Wortspiel oder eine Zweideutigkeit – einflocht und dann sehen konnte, wie sich seine Mundwinkel zu einem unwillkürlichen Lächeln hoben und sich Lachfältchen um die Augenwinkel bildeten. Diese Technik kann ich wärmstens empfehlen; sie kann einem eindringlich vor Augen führen, daß dort noch jemand zu Hause ist, der allem, was man sagt, aufmerksam zuhört.

Wie Siegel schreibt:

> Zaubertricks decken auf, wie fehlerhaft wir uns an einmal Gesehenes erinnern, sie enthüllen, wie das Gedächtnis die gebärende und stillende Mutter der Illusion ist. Das Gedächtnis ist der Assistent, Komplize und Helfershelfer des Zauberers. Wenn ich die Beschreibung eines von mir gezeigten Tricks höre, bin ich darüber verblüfft, was da beschrieben wird, wie das Gedächtnis den Zuschauer um einiges dreister hereingelegt hat als ich. (1991, S. 438.)

2. Die Demontage des Publikums

Es könnte so aussehen, als habe die heterophänomenologische Methode ein ungelöstes – und eklatantes – Problem. Indem sie die Worte der Versuchsperson als konstitutiv betrachtet, scheint das problematischste Element von allen unberührt zu bleiben: das Publikum der Zaubervorführung. Und wie ich bereits andernorts ausführlich dargelegt habe (in Dennett 1991 und vielen späteren Arbeiten), muß dieser imaginierte Schaukasten, das Cartesianische Theater, in dem alles für das Bewußtsein zusammenkommt, demontiert werden. Alles, was der imaginäre Homunkulus im Cartesianischen Theater leistet, muß auf verschiedene unbedeutendere Agenturen im Gehirn verteilt werden, *von denen keine Bewußtsein besitzt.* Wenn aber dieser Schritt vollzogen wird, löst sich das Subjekt auf und wird durch geistlose Teile einer Maschinerie ersetzt, die ihre Aufgaben ohne Bewußtsein erledigen. Kann das die Richtung sein, die eine Theorie des Bewußtseins vernünftigerweise einschlagen sollte?

Hier gehen die Meinungen weit auseinander. Zum einen gibt es diejenigen, die mir darin zustimmen, daß man dann, *wenn man das Subjekt in der Theorie beläßt, im Grunde noch gar nicht begonnen hat.* Eine gute Theorie des Bewußtseins *sollte* einen mit Bewußtsein ausgestatteten Geist wie eine verlassene Fabrik aussehen lassen (erinnern Sie sich an Leibniz' Mühle), ausgestattet mit geschäftig lärmenden Maschinen. Es gibt dort niemanden, der sie beobachtet, überwacht oder sich an ihnen erfreut.

Einige hassen diese Idee. Beispielsweise Jerry Fodor:

Sofern – kurz gesagt – eine Gemeinschaft von Computern in meinem Kopf lebt, sollte es dort auch besser jemanden geben, der die Verantwortung trägt; und, bei Gott, das sollte besser ich sein. (1998, S. 207.)

Wie schon so häufig liefert Fodor auch hier den wertvollen Beitrag, genau die Vorstellung anschaulich zu formulieren und zu verteidigen, die den ganzen Ärger verursacht. In seiner Sorge um den Verlust des Selbst, auf den die Demontage des Cartesianischen Theaters hindeutet, ist er bei weitem nicht allein. Aber er ist der einzige, der diese irrige Befürchtung so klar und humorvoll ausdrücken kann. Robert Wright äußert – etwas anders akzentuiert – die gleiche Sorge:

An dieser Stelle besteht natürlich das Problem in der Behauptung, das Bewußtsein sei mit physikalischen Gehirnzuständen »identisch«. Je länger Dennett et al. mir zu erklären versuchen, was sie damit meinen, desto stärker wird meine Überzeugung, daß sie damit eigentlich meinen, das Bewußtsein existiere nicht. (2000, Kapitel 21, Fn. 14.)

Denken Sie an Siegels ironische Bemerkung über »echte« Zauberei:

»Ich schreibe ein Buch über Zauberei«, erkläre ich und werde gefragt: »Echte Zauberei?« Mit *echter Zauberei* meinen Leute Wunder, wundertätige Handlungen und übernatürliche Kräfte. »Nein«, antworte ich: »Zaubertricks, keine echte Zauberei.« *Echte Zauberei* bezieht sich also auf die Zauberei, die nicht echt, nicht real ist, während diejenige Zauberei, die real ist, die tatsächlich vorgeführt werden kann, *keine echte Zauberei* ist. (1991, S. 425.)

Wright kann nicht anders, als davon auszugehen, daß echtes Bewußtsein etwas anderes – und Großartigeres – ist als physikalische Gehirnzustände. »Bühnenbewußtsein« – die Art von Bewußtsein, die aus den Aktivitäten der Gehirnmaschinerie erzeugt werden kann – ist kein echtes Bewußtsein. Jane Smiley bemerkt in einem Auszug aus ihrem neuen Buch *A Year at the Races* (siehe Knopf 2004), daß manche bezweifeln, ob Pferde Bewußtsein besitzen, und schreibt dann: »Es gibt manche Experten für menschliche Intelligenz wie Daniel Dennett, die behaupten, auch Menschen hätten kein Bewußtsein – daß das menschliche Bewußtsein ein trügerisches Nebenprodukt von Gehirnvorgängen ist.« (Smiley 2004, S. 63.) Natürlich behaupte ich nicht, daß menschliches Bewußtsein nicht existiert; ich behaupte, daß es nicht dem entspricht, was viele oft denken. Das Beharren darauf, das Bewußtsein *müsse* sich als etwas Unerklärliches, Nicht-Reduzierbares oder Transzendentes erweisen, erreicht mitunter einen Siedepunkt – beispielsweise bei Voorhees:

> Daniel Dennett ist der Teufel. [...] Es gibt keinen internen Beobachter, keine zentrale interpretative Instanz, kein anderes Selbst als das abstrakte »Zentrum narrativer Schwerkraft«, das seinerseits nichts anderes als eine nützliche Fiktion ist. [...] Für Dennett ist es kein Fall eines Königs ohne Kleider. Es ist eher so, daß in den Kleidern kein König steckt. (Voorhees 2000, S. 55-56.)

Aber das ist das Schöne daran! In einer angemessenen Theorie des Bewußtseins wird der König nicht nur entthront, sondern entlarvt; es wird gezeigt, daß er nur eine listige Verschwörung unbedeutender Fabrikarbeiter ist, deren Zusammenwirken die »übernatürliche« Macht des Königs erklärt. Zusammen mit dem König wurde das verbannt, was man die königlichen Eigenschaften nennen könnte – wovon die Qualia, deren sich der König erfreute, und die königlichen Erlasse des Bewußten Willens sicherlich die mysteriösesten sind.

Für diejenigen, die diesen Weg des Fortschritts schlicht inakzeptabel finden, gibt es einen passenden Verfechter der alternativen Option: *Falls man das Subjekt* nicht *in der Theorie beläßt, weicht man dem zentralen Problem aus!* Genau das nennt David Chalmers (in Chalmers 1996) das Schwierige Problem. Er meint, jede Theorie, die lediglich alle funktionalen Interdependenzen, die ganze Maschinerie hinter der Bühne erklärt, die Kabel und Flaschenzüge, den Bühnennebel und die Spiegel, löse zwar die »leichten« Probleme des Bewußtseins, lasse aber das unbearbeitet, was er das Schwierige Problem nennt.

3. Das gestimmte Kartenspiel

Es besteht keine Möglichkeit, diese zwei alternativen Positionen näher zueinander zu rücken. Es sind keine Kompromisse in Sicht. Eine der beiden Seiten liegt schlicht falsch. Ich habe zu zeigen versucht, daß unsere Intuitionen – sosehr sie auch für Chalmers' Position sprechen und wie überzeugend sie auch wirken mögen – aufgegeben werden *müssen*. Die verlockende Idee, daß es ein Schwieriges Problem gibt, ist schlicht falsch. Das kann ich nicht beweisen, und manche, die das Schwierige Problem lieben, halten meine Behauptung für derart unglaubwürdig, daß sie – auch ein wenig belustigt – meinen, sie könnten sie nicht ernst nehmen. Deshalb werde ich nicht den taktischen Fehler begehen zu versuchen, eine unvernünftige Überzeugung mit vernünftigen Argumenten aus dem Weg zu räumen. Damit würde ich offensichtlich nur unser aller Zeit vergeuden. Statt dessen werde ich etwas vorstellen, was, wie ich hoffe, eine irritierende Parallele aus der Welt der Kartentricks darstellt: Das gestimmte Kartenspiel (*The Tuned Deck*).

> Viele Jahre lang hat Mr. Ralph Hull, der bekannte Meister der Kartentricks aus Crooksville in Ohio, nicht nur die breite Öffentlichkeit, sondern auch Amateurzauberer, Liebhaber von Kartentricks und professionelle Zauberer mit einer Reihe von Kartentricks verblüfft, die er »Das gestimmte Kartenspiel« zu nennen beliebte. (Hilliard 1938, S. 517.)

Ralph Hulls Trick sieht ungefähr so aus (und hört sich ungefähr so an):

> Leute, ich habe einen neuen Trick für euch. Er heißt »Das gestimmte Kartenspiel«. Diese Karten sind auf magische Weise präpariert [Hull hält die Karten ans Ohr, riffelt sie und hört ihrem Surren aufmerksam zu]. Durch ihre fein gestimmten Schwingungen kann ich die Position jeder Karte *hören* und *fühlen*. Nehmen Sie eine Karte heraus, irgendeine Karte. [...] [Der Kartenstapel wird dann aufgefächert oder auf andere Weise dem Publikum dargeboten. Ein Zuschauer nimmt eine Karte heraus, merkt sie sich und steckt sie an irgendeine Stelle in den Stapel wieder zurück.] Jetzt höre ich auf das gestimmte Kartenspiel – und was sagt es mir? Ich höre die vielsagenden Schwingungen, [...]. [Surr-Surr, die Karten werden an Hulls Ohr geriffelt, er führt verschiedene Kunstgriffe und Rituale aus, nach denen er dann die Karte des Zuschauers – begleitet von einem Tusch – präsentiert.]

Als Aufforderung an seine Zauberkollegen, herauszufinden, wie der Trick funktioniert, pflegte Hull ihn für sie mehrmals vorzuführen. Niemandem gelang es. Zauberer boten an, ihm den Trick abzukaufen, aber er weigerte sich. Gegen Ende seines Lebens beschrieb er den Trick seinem Freund Hilliard, der die Beschreibung dann im Selbstverlag veröffentlichte. Über seinen Trick hatte Hull folgendes zu sagen:

> Jahrelang habe ich diesen Trick vorgeführt, habe ihn Hunderten von professionellen Zauberern und Amateuren gezeigt, und soweit ich weiß, hat niemand jemals das Geheimnis gelüftet. [...] *die Jungs haben alle nach etwas zu Schwierigem gesucht.* (Ebd., Hervorhebung D. C. D.)

Wie in vielen Fällen großer Zauberkunst ist der Trick vorbei, ehe man auch nur realisiert, daß er begonnen hat. Der Trick liegt ganz und gar in seinem Namen »Das gestimmte Kartenspiel«, und speziell in einem Wort – »Das«! Sobald Hull seinen neuen Trick angesagt und seinem ungeduldigen Publikum den Namen des Tricks genannt hatte, war der Trick auch schon vorbei. Nachdem Hull sein Publikum auf diese simple Weise eingestimmt und mit offenkundig irreführendem Gelaber über Schwingungen und Surr-Surr-Surr die Zeit überbrückte, führte er einen einfachen und bekannten Kartentrick des Typs A aus. (An dieser Stelle werde ich den traditionellen Mantel des Schweigens ausbreiten. Die weiteren handwerklichen Details des Zaubertricks, die der Neugierige in jedem guten Buch über Kartentricks nachlesen kann, sind, wie Sie sehen werden, nicht von Bedeutung.) Seine Zuschauer, allesamt clevere Zauberer, konnten erkennen, daß er vermutlich einen Trick des Typs A ausführte. Diese Hypothese ließ sich durch ein hartnäckig unkooperatives Verhalten testen – ein Verhalten, das jeden Versuch vereitelte, einen Trick des Typs A vorzuführen. Wenn sie dann die passende unkooperative Haltung einnahmen, um diese Hypothese zu testen, wurde der Trick von Hull »wiederholt«. Dieses Mal führte er allerdings einen Kartentrick des Typs B vor. Die Zuschauer steckten die Köpfe zusammen, tuschelten und tauschten ihre Erfahrungen aus: Wir haben nachgewiesen, daß er keinen Trick vom Typ A vorführt. Zeigt er vielleicht einen Trick vom Typ B? Sie testeten nun *diese* Hypothese, indem sie sich auf eine Weise unkooperativ verhielten, die das Gelingen des Tricks vom Typ B verhindert. Und weiterhin präsentierte Hull »den« Trick – indem er diesmal natürlich Methode C verwandte. Wenn sie die neue Hypothese testeten, daß es sich um einen Trick vom Typ C handelt, wechselte er zu Methode D – oder vielleicht griff er auf Methode A oder B zurück, weil sein Publikum die Hypothese, daß er Methode A oder B benutzt, bereits »widerlegt« hatte. Auf diese Weise konnte der Trick zigmal wiederholt werden. Und Hull war seinen Hypothesen-Testern immer einen Schritt voraus, weil er erkannt hatte, immer den *einen oder anderen* allseits bekannten Trick aus seinem Repertoire vorführen zu können, und die Tatsache verschleierte, daß er sich dank des schlichten Hilfsmittels des bestimmten Artikels – *Das* gestimmte Kartenspiel – eines Sammelsuriums an verschiedenen Tricks bediente.

> Der übliche Ablauf besteht darin, daß bei jeder Vorführung dieses Tricks schlagartig eine oder mehrere Ideen im Kopf des Zuschauers entstehen, er aber früher oder später unweigerlich von jedem weiteren Versuch, das Rätsel zu lösen, absieht. (Ebd., S. 518.)

Meiner Ansicht nach hat David Chalmers, indem er der Welt erklärte, das »Schwierige Problem« entdeckt zu haben, (unbeabsichtigt) das gleiche Kunststück eines begrifflichen Taschenspielertricks vollbracht. Gibt es *wirklich* ein Schwieriges Problem? Oder ist das, was *das* Schwierige Problem zu sein scheint, schlicht eine große Trickkiste, die das enthält, was Chalmers die Leichten Probleme des Bewußtseins nennt? Sie alle haben prosaische Erklärungen, die keine Revolutionen in der Physik, keine emergenten Neuheiten erfordern. Sie fügen sich – wenn man einige Arbeit investiert – den Standardmethoden der Kognitionswissenschaften. Ich kann nicht beweisen, daß es kein Schwieriges Problem gibt, und Chalmers kann nicht beweisen, daß es doch eines gibt. Er kann an Ihre Intuitionen appellieren, aber das ist keine solide Grundlage für eine Wissenschaft vom Bewußtsein. Wir haben in der Vergangenheit gesehen – und ich habe ein paar einfache Beispiele angeführt –, daß wir eine starke Neigung haben, unser Inventar an »bekannten Effekten« des Bewußtseins aufzublähen. Und darum sollten wir die Möglichkeit einkalkulieren, daß wir, wenn wir glauben, wir hätten alle leichten Probleme zusammengezählt und einen unerklärten Rest entdeckt, in Wirklichkeit von Rechenfehlern genarrt werden. Dieser Rest könnte sich schon, ohne daß wir es bemerkten, in der Menge der profanen Phänomene befinden, für die wir bereits Erklärungen besitzen. Oder zumindest könnte ihm im Zuge der weiteren Erkundung nicht-mysteriöser Erklärungswege noch Rechnung getragen werden.

Der »Zauber« des Bewußtseins entzieht sich – wie Zaubertricks auf der Bühne – einer Erklärung nur so lange, wie wir ihn für bare Münze nehmen. Sobald wir die ganz und gar nicht mysteriösen Arten und Weisen verstehen, in denen das Gehirn harmlose »Benutzerillusionen« hervorrufen kann (Dennett 1991, S. 309-314), zeichnet sich eine Vorstellung davon ab, wie das Gehirn Bewußtsein erzeugt. Ich weiß, daß sich viele dennoch fragen, ob diese Antwort nicht offensichtlich – offensichtlich! – die Hauptillusion übersieht, und zwar das Bewußtsein, das *ich* aus der Innenperspektive kenne, das Bewußtsein, das Descartes mit seinen Meditationen über das *cogito ergo sum* berühmt gemacht hat. Das ist der Zombie-Verdacht, der hier hartnäckig wiederkehrt und von unserer Unfähigkeit zehrt, alle sich im Spiel befindlichen Karten im Auge zu behalten. Dieses »Ich«, von dem sie reden, ist nicht etwas mit Perlen Besetztes außerhalb der physikalischen Welt oder etwas zusätzlich zu dem Arbeitsteam aus umtriebigen Robotern ohne Bewußtsein, aus deren Aktivitäten *Sie* zusammengesetzt sind. Und deshalb sollte es eigentlich auch nicht unterschlagen werden.

4. Sind Qualia das, was unser Leben lebenswert macht?

1. Das Quale, eine scheue Beute

Der Ausdruck »Rest« taucht in der philosophischen Literatur über Qualia häufig auf – ein Zeichen der Popularität von Sherlock Holmes' Taktik, das Verfahren der Elimination zu verwenden, um der scheuen Beute auf die Spur zu kommen. Fast ebenso häufig trifft man auf Metaphern, die nahelegen, Qualia seien etwas Stoffliches, vielleicht eine Flüssigkeit – wenn nicht gar Ektoplasma! Diese Metaphorik findet sich nicht nur bei Philosophen. Rodney Brooks fragt sich mitunter, ob die Robotik und die KI das liefern können, was er gerne den »Saft« des Bewußtseins nennt. Gabriel Love hat, um auf diese merkwürdige Art der Formulierung der Streitfrage Bezug zu nehmen, das Akronym SAUCE geprägt, das für *Subjective Aspect Unique to Conscious Experience* steht (der subjektive Aspekt, der einzig dem bewußten Erleben zukommt). Auf geht's zur Jagd nach der geheimnisvollen Soße.

Als Linkshänder kann ich mich fragen, ob in meiner Sprachproduktion und meinem Sprachverstehen eine Dominanz der linken Gehirnhälfte, eine Dominanz der rechten Gehirnhälfte oder eine Mischform vorliegt, und die einzige Möglichkeit, wie ich die Wahrheit in Erfahrung bringen kann, besteht darin, mich einer objektiven Überprüfung aus der Perspektive der »dritten Person« auszusetzen. Ich habe keinen »Zugang« zu dieser mein Innenleben betreffenden Tatsache über die Arbeitsweise meines Geistes. Sie entzieht sich allen meinen Versuchen, sie durch Introspektion zu entdecken, und die Dominanz könnte, soweit ich weiß, alle paar Sekunden wechseln, ohne daß mir das auf die Sprünge helfen würde. An dieser Tatsache ist nichts Ungewöhnliches; die meisten Ereignisse in meinem Körper – und gewiß auch die meisten in meinem Gehirn – finden statt, ohne daß ich es mitbekomme. In auffälligem Kontrast zu diesem wenig überraschenden Sachverhalt gibt es jedoch einige Ereignisse in meinem Gehirn, von denen ich, sobald sie stattfinden, Kenntnis habe: meine subjektiven Erlebnisse selbst. Und nach Auskunft der Tradition besitzen diese subjektiven Erlebnisse »intrinsische Qualitäten« – im Jargon der Philosophen werden sie Qualia genannt –, zu denen ich nicht nur Zugang haben soll, sondern die einer *objektiven* Erforschung unzugänglich sein sollen. Diese Vorstellung hat trotz ihrer Inkohärenz Jahrhunderte überdauert, aber vielleicht sind ihre Tage endlich gezählt.

Gibt es *Qualia*? Wenn ja, was sind sie genau? Der Ausdruck »Qualia« ist die Pluralform von »Quale«, einem lateinischen Ausdruck für die *Qualität von etwas*, aber Philosophen haben den Ausdruck mit einer Vielzahl an nur schlecht durchdachten Assoziationen ausgestattet und ihm besondere Kräfte unterstellt. Weil der Ausdruck außerhalb der Philosophie des Geistes keinen etablierten Gebrauch hat, bleibt uns tatsächlich nichts anderes übrig, als es den Philosophen zu überlassen, ihn nach ihren Vorstellungen zu definieren – wenn sie es nur täten! Aber es gibt keine weithin akzeptierte Definition. Das stört Philosophen weitaus weniger, als man eigentlich erwarten könnte. Michael Tye führt den Begriff in seinem Aufsatz über Qualia in der *Stanford Encyclopedia of Philosophy* folgendermaßen ein (im Internet auf der Seite ⟨http://plato.stanford.edu/entries/qualia⟩):

> Es gibt die unterschiedlichsten Arten von Gefühlen und Erlebnissen. Ich fahre beispielsweise mit meinem Finger über ein Schmirgelpapier, rieche ein Stinktier, spüre einen stechenden Schmerz in meinem Finger, scheine ein leuchtendes Violett zu sehen, werde extrem wütend. In jedem dieser Fälle bin ich das Subjekt eines mentalen Zustands mit einem äußerst spezifischen subjektiven Charakter. Es ist für mich irgendwie, in einem dieser Zustände zu sein, jeder besitzt eine ihm eigene phänomenale Qualität. Philosophen gebrauchen oft den Ausdruck »Qualia« (in der Singularform »Quale«), um sich auf die introspektiv zugänglichen, phänomenalen Aspekte unseres mentalen Lebens zu beziehen. Faßt man den Ausdruck in diesem üblichen, weiten Sinne auf, ist es schwer zu leugnen, daß es Qualia gibt.

Ja, es ist in der Tat schwer zu leugnen, daß es Qualia gibt. Seit Jahren arbeite ich an dieser Aufgabe – mit nur geringem Erfolg! Es ist vor allem deshalb so schwer, weil dieser »übliche, weite Sinn« ein Komplott aus ungeprüften Voraussetzungen und zirkulären Definitionen ist. In genau welchem Ausmaß muß ein Aspekt »introspektiv zugänglich« sein, um als Quale zu zählen? Welche Aspekte unserer Wahrnehmungen und unseres Erlebens sind die »phänomenalen Aspekte« und welche nicht? Ist beispielsweise der *Genuß*, mit dem wir ein gutes Essen einnehmen, *selbst* ein phänomenaler Aspekt dieses Erlebnisses, oder ist er ein *Effekt* von oder eine *Reaktion* auf einen phänomenalen Aspekt (sagen wir einmal der Köstlichkeit)? Wenn der Genuß auf irgendeine Weise abstumpfte, läge die Köstlichkeit dann weiterhin vor und würde nur leider nicht gewürdigt? (Kann es Schmerzen geben, die man nicht empfindet, und wenn ja, haben sie – oder sind sie – Qualia, oder sind diese Schmerzen nur die gewöhnlichen Ursachen von Qualia?) Was bedeutet der Ausdruck »phänomenal«? »Phänomenale« Aspekte oder Eigenschaften werden üblicherweise »relationalen« oder »funktionalen« Eigenschaften von Erfahrungen gegenübergestellt, aber diese negative Definition ist unbefriedigend – so uninformativ wie die Behauptung, daß die »geistigen« Eigenschaften einer Person die *nicht*-physikalischen Eigenschaften sind. (Ihr Körper besteht aus ungefähr hundertbillionen Zellen. Weil Zellen absterben und manchmal ersetzt werden, schwankt ihre Anzahl zweifellos, sie verändert sich jede Millisekunde. Hin und wieder gibt es eine kurze Zeitspanne, in der die Anzahl der Zellen in Ihrem Körper eine Primzahl ist. Ist das eine Ihrer geistigen Eigenschaften? Wenn nicht, warum nicht?)

Solange der Ausdruck »phänomenal« nicht auf informative und präzise Weise definiert ist, kann man die Behauptungen über phänomenale Aspekte nicht wirklich beurteilen, und wenn der Ausdruck in wechselseitiger Abhängigkeit zum Ausdruck »Qualia« definiert wird, tappen wir weiterhin im dunkeln und wissen nicht, über was wir reden, wenn es um Qualia geht. Auch hilft uns die Auskunft nicht weiter, Qualia seien das, was Zombies nicht haben, auch wenn sich diese Auskunft – während man auf eine befriedigende Definition wartet – als eine Form des *Hinweisens* auf die flüchtige Beute einer zunehmenden Beliebtheit erfreut. Niemand in der Philosophie glaubt, daß es tatsächlich irgendwelche Zombies gibt, aber viele Philosophen meinen, es sei wichtig, über die (logische) Möglichkeit, daß es Zombies *geben könnte*, und über die Implikationen dieser Möglichkeit nachzudenken. Und eine der beliebtesten vermeintlichen Implikationen besagt, daß die Möglichkeit von Zombies einen fatalen Defekt der Heterophänomenologie – als einer Methode der Erforschung des Bewußtseins – aufdeckt.

Das Lieblingsbeispiel für Qualia sind »subjektive Farbeindrücke« wie beispielsweise das satte Gelb, an dem man sich erfreut, wenn man eine reife Zitrone betrachtet, oder der atemberaubende Farbton eines warmen Rosarots, den man während eines herrlichen Sonnenuntergangs am westlichen Himmel sieht. Die Farbqualia sind nicht die objektiven Eigenschaften des Lichts oder die Merkmale, die auf einem Farbfilm oder einem Farbvideo eingefangen werden; sie sollen die rein subjektiven Effekte des Betrachtens der Zitrone, der Photographie oder der Videoaufnahme dieser Zitrone in Ihnen sein. Aber dadurch, daß man Qualia auf diese Weise lediglich in den Geist verlagert, hat man noch längst nicht geklärt, Effekte von welcher Art Qualia genau sein sollen. Sie sind *in Ihnen* und somit potentiell *idiosynkratisch*, aber vermutlich sind nicht alle idiosynkratischen Eigenschaften, die durch Ihre sensorischen Systeme in Ihnen erzeugt werden, Qualia. Wie es Stephen Palmer (in Palmer 1999) in seinem wichtigen Aufsatz in der Zeitschrift *Behavioral and Brain Sciences* ausgedrückt hat, besagt die traditionelle Sichtweise, daß »ich allein Zugang zu diesen Erlebnissen habe« (S. 938). Aber diese einleuchtend klingende Behauptung muß gegen die scheinbar absurde Hypothese verteidigt werden, daß *selbst ich* keinen »Zugang« zu den intrinsischen Qualitäten meiner ureigenen Erlebnisse habe. Was könnte das heißen? Das könnte heißen, daß es intrinsische Qualitäten meiner Erlebnisse gibt, deren Auftreten und Verschwinden – wie beispielsweise auch die räumlichen Eigenschaften der Vorgänge meines Sprachverstehens und meiner Sprachproduktion – meiner unmittelbaren Kenntnis entzogen sind. Das lädt natürlich zu der naheliegenden Erwiderung ein: Dann wären sie keine Eigenschaften *meines Erlebens*! Und was könnte das heißen?

Palmer richtet seine Aufmerksamkeit auf Experimente mit intraindividueller Bedingungsvariation – im Kontrast zu Experimenten mit interindividueller Bedingungsvariation, die notorische Probleme der Vergleichbarkeit von Personen aufwerfen – und merkt an, daß die einzelne Versuchsperson auch in einem Experiment mit intraindividueller Bedingungsvariation einen »Gedächtnisvergleich« vornehmen muß. Palmer räumt die theoretische Möglichkeit ein, daß es intrinsische Qualitäten geben könnte, die sich über einen langen Zeitraum in derart kleinen Schritten verändern, daß der intrasubjektive Gedächtnisvergleich diese Veränderungen nicht entdecken würde. Er gibt zu, daß dann, wenn sich eine Veränderung nur langsam genug vollzieht, selbst eine sehr große Veränderung unentdeckt bleiben könnte. Und wenn es sich um eine hinreichend geringe Veränderung handelte, könne sie sich schnell vollziehen, ohne daß die Versuchsperson sie bemerken würde. Macht nichts, meint er, weil er sich nur mit solchen intrasubjektiven Veränderungen in der Erlebnisqualität beschäftigt, die »sehr groß« ausfallen und sich »schnell« vollziehen. Wie schnell und wie groß? Gerade schnell und groß genug, *um von der Versuchsperson entdeckt zu werden.*

Palmer kommt zu dem Schluß, daß »Experimente mit intraindividueller Bedingungsvariation Veränderungen im Erleben untersuchen, nicht aber aufdecken können, von wo oder wohin es sich verändert« (S. 942). Dann sollte jedoch festgehalten werden, daß Sie sich in der gleichen Situation befinden wie der Versuchsleiter; Sie haben *keinen* auf irgendeine Weise interessanten »Zugang« zu den intrinsischen Qualitäten Ihrer eigenen Erlebnisse, keinen, der sich von dem Zugang durch Beobachter von außen gravierend unterscheidet. Sie haben nur Zugang zu den *für Sie feststellbaren* Relationen zwischen den Erlebnissen. Diese Feststellbarkeit der »schnellen und sehr großen« Veränderungen *durch das Subjekt* gewährleistet, daß jede dieser Veränderungen von Eigenschaften »in den Zuständigkeitsbereich des Funktionalismus« fällt – sie lassen sich anhand der üblichen heterophänomenologischen Methoden auf objektive Weise erforschen.[1]

Damit ist nicht gezeigt, daß es keine intrinsischen Qualitäten des Erlebens gibt, die für die Heterophänomenologie *unzugänglich* sind – Palmer nennt solche Eigenschaften »subisomorph«. Gezeigt ist nur, daß dann, wenn es sie gibt, ihr Vorliegen oder Fehlen etwas ist, das auf indirektem Wege durch wissenschaftliche Untersuchungen und Theorien aus der Perspektive der dritten Person festgestellt werden muß, weil sie keinen für *Subjekte erkennbaren* Unterschied für ihre subjektiven Zustände machen. Es gibt sehr viele subisomorphe Eigenschaften von Erlebnissen, die durch *objektive* Untersuchungen der einen oder anderen Art leicht nachweisbar sind (wie die chemische Beschaffenheit der beteiligten Neuromodulatormoleküle); aber sind das die gesuchten »intrinsischen« Eigenschaften des Erlebens? Ich bezweifle es. (Es steht uns frei, zu glauben, daß unsere Erlebnisse »intrinsische« Eigenschaften haben, die uns unbekannt sind – genauso, wie es uns frei steht, zu glauben, daß es außerhalb unseres Lichtkegels Planeten gibt, die mit sprechenden Kaninchen bevölkert sind. Aber das wären Tatsachen, die für uns keinen Unterschied machen könnten.)

Nun können jedoch selbst »schnelle« und »sehr große« Veränderungen unentdeckt bleiben – wie das Phänomen der *Veränderungsblindheit* zeigt, das ich in *Consciousness Explained* (Dennett 1991, S. 468) vorhersagte und das dann in Dutzenden oder vielleicht Hunderten von Experimenten durch Grimes, Rensink, O'Regan, Simons und viele andere erforscht wurde.

1 Die letzten drei Absätze sind eine überarbeitete Fassung einer Passage aus Dennett 1999.

2. Veränderungsblindheit und eine Frage zu Qualia

In den letzten Jahren habe ich vor philosophisch geschultem Publikum häufig ein Video von einem frühen Experiment von Rensik, O'Regan und Clark (Rensik, O'Regan und Clark 1997) vorgeführt. In diesem Experiment werden Versuchspersonen Paare von jeweils nahezu gleichen Fotos gezeigt, jede der Photographien für 250 Millisekunden. Zwischen den beiden Photographien erscheint – ähnlich kurz (290 Millisekunden) – ein leerer Bildschirm (eine »Maske«). Diese Präsentation wird alternierend so lange wiederholt, bis die Versuchsperson die Veränderung zwischen Bild A und Bild B erkennt und eine Taste drückt. Häufig sehen sich die Versuchspersonen diese abwechselnd gezeigten Bilder zwanzig oder dreißig Sekunden lang genau an. Dutzende Male vollzieht sich die Veränderung genau vor ihren Augen, bevor sie in der Lage sind, die Veränderung auszumachen. In meiner Präsentation können Leute aus dem Publikum die Rolle einer informellen Versuchsperson spielen. Eines der Bildpaare auf dem Video, das ich gezeigt habe, weist eine besonders schwer zu entdeckende Farbveränderung auf. Es handelt sich um das Foto einer Küche, und die Farbe einer der Schranktüren wechselt zwischen Weiß und Braun hin und her (wie in Abbildung 4.1). Es ist keine geringe Veränderung, und sobald man sie bemerkt, kann man kaum glauben, daß sie sich Dutzende Male ohne Niederschlag im eigenen Erleben vollzogen hat.

Nachdem ich die Zuschauer diese Erfahrung habe machen lassen (und letztendlich ihre Aufmerksamkeit auf die blinkende Tür gelenkt habe, weil dreißig Sekunden eine lange Zeit sind, um darauf zu warten, daß sie es spitzkriegen), stelle ich immer die gleiche Frage:

> Nun, haben sich Ihre betreffenden Farbqualia verändert, *ehe Sie bemerkten*, daß die Türverkleidung ihre Farbe verändert? Wir wissen, daß die Zapfen in Ihren Retinae an der Stelle, an der das Licht von der Türverkleidung auftrifft, jede Viertelsekunde auf eine andere Weise reagierten. Und wir können sicher sein, daß diese Unterschiede im Output der Signalumwandler Unterschiede weiter innen in den Bahnen der Farbwahrnehmung in Ihrem Cortex verur-

Abbildung 4.1 a, b
Zwei Bilder, anhand deren sich das Phänomen der Veränderungsblindheit demonstrieren läßt und die denen in dem Video gezeigten ähneln.

sachten. Aber veränderten sich Ihre *Qualia* im Takt mit der Farbveränderung auf dem Bildschirm hin und her – weiß/braun/weiß/braun? Weil eine der definierenden Eigenschaften von Qualia ihre Subjektivität ist, ihre »Erste-Person-Zugänglichkeit«, kennt vermutlich niemand die Antwort besser als Sie – *kann* sie nicht besser kennen. Was antworten Sie also? Veränderten sich ihre Qualia oder nicht?

Das ist eine für einen Heterophänomenologen untypische Frage, weil sie den Ausdruck »Qualia« ins Spiel bringt, einen theoretischen Ausdruck von zweifelhaftem Ruf, der Versuchspersonen zum Theoretisieren einlädt und sie nicht dazu animiert, ihre Erlebnisse ungeschminkt zu artikulieren. (Es kann nicht schaden, diese Frage zu stellen, aber man sollte den Antworten mit Vorsicht begegnen, weil sie – wie wir noch sehen werden – nur schwer disambiguiert werden können.) Es gibt drei mögliche Antworten:

A. Ja.
B. Nein.
C. Ich weiß es nicht,
  (1) weil ich jetzt begreife, daß ich nie so recht wußte, was ich die ganze Zeit mit dem Ausdruck »Qualia« gemeint habe;
  (2) weil ich in diesem Fall keinen Erste-Person-Zugang zu meinen eigenen Qualia habe, obwohl ich weiß, was ich immer mit dem Ausdruck »Qualia« gemeint habe;
  (a) und auch die Dritte-Person-Wissenschaften können keinen Zugang zu Qualia haben!

Versetzen Sie sich in die Situation der Versuchsperson, und überlegen Sie, was Sie antworten würden. (Falls Sie noch keine Fälle von Veränderungsblindheit erlebt haben, sollten Sie sich dank der Beschreibung, die ich Ihnen gegeben habe, vorstellen können, *wie es ist*: Solange Sie die Veränderung nicht bemerken, ist dieses Erlebnis nicht von dem Fall zu unterscheiden, in dem Sie ein gleichbleibendes Bild betrachten, das im Wechsel mit einer Maske kurz aufscheint, und sicherlich wissen Sie, wie das ist.) Alle drei Antworten weisen Schwierigkeiten auf. Wenn Sie dazu neigen, *Ja* zu antworten, sind Sie zu dem Eingeständnis gezwungen, daß sich im Bereich Ihrer Qualia schnelle und sehr große Veränderungen von Ihnen unbemerkt vollziehen können. Sie müssen die Möglichkeit einräumen, daß Ihnen erhebliche, sich plötzlich vollziehende Veränderungen im Bereich Ihrer Qualia häufig, vielleicht sogar üblicherweise, nicht bewußt sind. Das würde die gängige Annahme untergraben, daß Sie hinsichtlich Ihrer Qualia eine besondere Autorität besitzen oder sogar unkorrigierbar sind. Andere, *dritte Personen* oder sogar Marsianer könnten mehr über die Beständigkeit und Unbeständigkeit Ihrer eigenen Qualia wissen.

Vielleicht neigen Sie deshalb dazu, *Nein* zu antworten. In diesem Fall können Sie Ihre Autorität über Ihre Qualia durch die Behauptung bewahren, Ihre Qualia veränderten sich nicht, *weil* Sie keine Veränderung bemerkten, was immer sich in Ihrem Gehirn sonst verändert haben mag. Weil Sie das Subjekt sind, kann Ihr subjektiver Zustand – die Farben scheinen sich zu verändern, oder die Farben scheinen konstant zu bleiben – als etwas angesehen werden, das festlegt, welche Farbqualia Sie haben. Diese Behauptung droht jedoch Qualia zu etwas zu trivialisieren, das durch Ihre Urteile oder Feststellungen schlicht logisch *konstituiert* wird. Auch stellt diese Behauptung eine Preisgabe der zweiten kanonischen Anforderung an Qualia dar: daß sie »intrinsische« Eigenschaften sein sollen. Pointierter formuliert: Falls Sie behaupten, Ihre Qualia veränderten sich genau dann, wenn Sie glauben, daß sie es tun, und blieben anderenfalls konstant, müssen Sie auch die Vorstellung aufgeben, daß Zombies keine Qualia haben. Ein Zombie wäre genauso anfällig für Veränderungsblindheit wie jedes Wesen mit gewöhnlichem Bewußtsein, weil das Verhalten von Zombies nicht von dem Verhalten gewöhnlicher Menschen unterschieden werden kann. Personen einem Experiment zur Veränderungsblindheit auszusetzen liefert einem nicht die geringste Handhabe dafür, die Böcke von den Schafen zu trennen. Ein Zombie *glaubt*, er habe Qualia, und entweder glaubt er, sie veränderten sich, oder er glaubt, sie veränderten sich nicht. Weshalb sollte das Urteil eines Zombies weniger Autorität besitzen als Ihres?

(Und wenn Zombies hinsichtlich ihrer Urteile über Qualia keine Autorität zukommt, woher wissen Sie, daß Sie kein Zombie sind?)

Kommen wir dann also zu Option C. Falls Sie angesichts dieses Problems beschließen, daß *Sie nicht wissen*, ob sich Ihre Qualia veränderten, bevor Sie die Veränderung bemerkten, rücken Sie Qualia in die merkwürdige Position, außerhalb der Reichweite sowohl der objektiven Dritte-Person-Wissenschaften als auch der subjektiven Erste-Person-Erfahrung angesiedelt zu sein. Ich habe festgestellt, daß Leute, wenn ihnen diese drei Antworten zur Auswahl stehen, unterschiedlich votieren; alle drei Antworten haben Anhänger. Die Leute sind zudem üblicherweise überrascht, zu erfahren, daß die anderen beiden Antworten überhaupt Abnehmer finden. Dieser informelle Befund stützt meine seit langem vertretene Behauptung (Dennett 1988), daß Philosophen im Grunde nicht wissen, worüber sie reden, wenn sie über ihre Qualia reden. Angesichts des Phänomens der Veränderungsblindheit stellen viele Leute fest, daß sie – weil sie sich niemals vorgestellt hatten, daß ein solches Phänomen möglich ist – noch nie darüber nachdachten, wie sie es mit ihrer Verwendung des Ausdrucks »Qualia« beschreiben sollten. Sie entdecken eine vordem ungeahnte Schwachstelle an ihrem Begriff von Qualia – der Schwachstelle ziemlich ähnlich, die Physiker an ihrem Begriff des Gewichts feststellten, als sie zum ersten Mal Gewichtskraft von Masse unterschieden.

Der philosophische Begriff von Qualia ist ein einziges Durcheinander. Philosophen sind sich nicht einmal darüber einig, wie er in drastischen Fällen wie diesem angewandt werden sollte. Das sollte uns Philosophen zumindest ein bißchen peinlich sein, zumal in letzter Zeit so viele Wissenschaftler von Philosophen davon überzeugt wurden, Qualia ernst zu nehmen – nur um dann herauszufinden, daß unter Philosophen nicht einmal annähernd Einigkeit darüber besteht, *wann* Qualia – *was immer* sie sind – vorliegen. Ich habe festgestellt, daß viele Wissenschaftler, die sich für neue Freunde der Qualia halten, einen Gebrauch dieses Ausdrucks entwickeln, den kein qualophiler Philosoph, der etwas auf sich hält, tolerieren würde. Palmer ist ein typisches Beispiel. In seiner Erwiderung (Palmer 1999) auf meinen Aufsatz »Intrinsic Changes in Experience: Swift and Enormous« (Dennett 1999) mißversteht er meine Behauptung, wir hätten nur zu den relationalen Eigenschaften unserer Erfahrung Zugang. Er hält sie für »vermutlich inkohärent«, weil er annimmt, ich spräche über solche relationale Eigenschaften wie die Eigenschaften, die Land mit seiner Retinex-Theorie der Farbwahrnehmung untersucht: beispielsweise die »Kontrastverhältnisse zwischen den Helligkeiten benachbarter Bereiche« (S. 978) in einer Bildszene. Ich beziehe mich jedoch vielmehr auf solche relationale Eigenschaften wie diejenigen, die zwischen sensorischen Zuständen und den Überzeugungen bestehen, die diese Zustände üblicherweise in Subjekten verursachen – die funktionalismusfreundlichen Eigenschaften, die sich in informationsverarbeitende Systeme konzeptuell integrieren lassen. Wenn Palmer sagt, »[d]as hellste Rechteck in einem achromatischen Mondrian sieht *weiß* aus, nicht nur doppelt so hell wie das nächstdunklere Rechteck« (ebd.), liegt er zwar richtig, aber nur in einer Hinsicht, die nicht tatsächlich eine Widerlegung meiner Behauptung darstellt. Er nimmt an, daß die Eigenschaft, *weiß auszusehen*, eine intrinsische Eigenschaft ist, aber das ist gerade die Voraussetzung, die ich in Frage stelle. Man kann die Eigenschaft, *weiß auszusehen*, zweifellos als eine intrinsische Eigenschaft deuten. Aber dann müßte sie von der relationalen Eigenschaft, *für Jones zum Zeitpunkt t weiß auszusehen*, strikt unterschieden werden, die aber gerade die Eigenschaft ist, die Philosophen interessiert. Anhand des Beispiels der Veränderungsblindheit läßt sich dieser Punkt besonders gut deutlich machen. Hört die Küchenschranktür zwanzigmal in weniger als zwanzig Sekunden auf, *weiß auszusehen*? Ja, auf dem Bildschirm. Hört sie auf, für Jones weiß auszusehen? Sobald Jones die Veränderung bemerkt, sieht sie in vielen späteren Situationen für ihn nicht mehr weiß aus. Aber was sollte Jones über diese Eigenschaft, *für ihn weiß auszusehen* (die subjektive Eigenschaft), sagen, bevor er die Veränderung bemerkte?

Auch wenn manche Philosophen jetzt vielleicht einräumen, nicht sonderlich sicher zu sein, was sie die ganze Zeit über mit dem Ausdruck »Qualia« meinten, werden andere behaupten, sich völlig sicher zu sein, welchen Begriff von Qualia sie die ganze Zeit über verwandt haben. Wir wollen uns einmal ansehen, was sie sagen. Ich habe in Erfahrung gebracht, daß einige von ihnen *keine Schwierigkeiten* mit der Vorstellung haben, ihre ureigenen Qualia könnten sich radikal verändern, ohne daß sie es bemerken. *Sie* meinen mit dem Ausdruck »Qualia« etwas, zu dem ihr Erste-Person-Zugang variabel und problematisch ist. Sollten Sie einer von diesen Leuten sein, ist die Heterophänomenologie Ihre bevorzugte Methode, weil man mit ihrer Hilfe – im Unterschied zur Perspektive der ersten Person – tatsächlich der Frage nachgehen kann, ob sich Qualia in derartigen Situationen verändern. Eine etwas heikle Angelegenheit wird allerdings sein, wie *entschieden* werden kann, welchen Ereignissen im Gehirn welche Bedeutung zukommt. Im Fall des Phänomens der Veränderungsblindheit wissen wir beispielsweise, daß die farbempfindlichen Zapfen in dem betreffenden Bereich Ihrer Retina in perfekter Synchronie mit dem weißen/braunen Viereck erregt werden. Und vermutlich (das sollte überprüft werden) verändern sich auch andere, dahinterliegende Regionen des Farbwahrnehmungssystems im Takt mit der externen Farbveränderung. Aber im weiteren Verlauf einer solchen Untersuchung werden wir vermutlich auch noch Regionen des visuellen Systems ausfindig machen, in denen sich Veränderungen erst dann synchron zur externen Farbveränderung vollziehen, wenn Sie diese Farbveränderung bemerkt haben. (Solche Effekte hat man in entsprechenden fMRI*-Untersuchungen festgestellt, siehe beispielsweise O'Craven et al. 1997.)

Der schwierige Part wird darin bestehen, zu entscheiden (auf welcher Grundlage?), welche Merkmale welcher Zustände als Qualia deklariert werden sollen und warum. Ich behaupte nicht, daß es dafür keine Gründe geben kann. Ich kann mir leicht vor-

* Funktionelle Kernspintomographie. [A. d. Ü.]

stellen, daß es *gute* Gründe für eine solche Entscheidung gibt; aber wenn es sie geben sollte, handelte es sich um Gründe dafür, einen Dritte-Person-Begriff von Qualia zu akzeptieren (siehe beispielsweise die Diskussion von Chase und Sanborn [in Dennett 1988] oder das Beispiel des Biertrinkers in Dennett 1991, S. 395-396). Es ist klar, welchen Preis Sie dafür bezahlen müssen, daß Ihnen die Dritte-Person-Wissenschaft die *Rechtfertigung* für Ihre Überzeugung darüber liefert, wie es sich mit Ihnen verhält (oder verhielt): Sie müssen einräumen, daß das, *was Sie* mit der Behauptung darüber, wie es sich mit Ihnen verhält (oder verhielt), *meinen*, etwas ist, das Dritte-Person-Wissenschaften entweder bestätigen oder als verfehlt nachweisen können. Sobald wir uns einen solchen Begriff von Qualia zu eigen gemacht haben, werden wir beispielsweise in der Lage sein, die Frage zu beantworten, ob sich Farbqualia im Zustand der Veränderungsblindheit verändern. Und sollten uns einige Versuchspersonen im Rahmen unserer Experimente erzählen, ihre Qualia veränderten sich tatsächlich, während unsere Hirnscanner-Daten jedoch deutlich zeigen, daß sich ihre Qualia nicht verändern, werden wir sie als Versuchspersonen behandeln, die *über ihre eigenen Qualia* eine falsche Überzeugung haben. Und wir werden dann erklären müssen, warum und wie sie zu dieser falschen Überzeugung gelangt sind.

Manche finden diese Sicht der Dinge unbegreiflich. Und vielleicht wollen sie sich aus genau diesem Grund für Option B entscheiden: *Nein*, solange ich die Veränderung nicht bemerke, verändern sich meine Qualia nicht – *können sich nicht* verändern. Die Entscheidung, Qualia derart stark an die Fähigkeit zu binden, ihr Vorliegen feststellen zu können, *stellt sicher*, daß Qualia in den heterophänomenologischen Welten von Versuchspersonen fest verankert, im Grunde sogar *konstitutive* Merkmale ihrer heterophänomenologischen Welten sind. Auf der Grundlage von Option B legt das, was Versuchspersonen über ihre Qualia sagen können, die Daten fest.[2]

2 Betrachten Sie Option B hinsichtlich des einfacheren Falls, der bereits in Kapitel 2 (S. 54-55) zur Sprache kam. Möchten Sie an einem Begriff des visuellen Be-

Sollte uns dieser beständig kreisförmige Eliminationsprozeß dann wieder zurück zu Option A – *Ja* – führen, würde der Heterophänomenologe Ihnen gerne noch einige weitere Fragen stellen: Wenn Sie glauben, daß sich Ihre Qualia veränderten (obwohl sie das zu dem betreffenden Zeitpunkt nicht bemerkten), *warum* glauben Sie das? Haben Sie dafür eine eigene Theorie? Sollte dem so sein, müßte diese Theorie, wie jede andere Theorie auch, evaluiert werden. Falls nicht, ist es Ihnen gerade eingefallen? Ein Bauchgefühl? So oder so ist Ihre Überzeugung ein erstklassiger Kandidat für eine heterophänomenologische Diagnose: Es muß erklärt werden, wie Sie zu dieser Überzeugung gekommen sind. Ganz sicher wollen wir Ihre Behauptung nicht als unkorrigierbar behandeln. Richtig?

Das Dilemma für alle, die sich zu einer Erste-Person-Auffassung hingezogen fühlen, ist das folgende: Sofern Sie Unkorrigierbarkeitsbehauptungen scheuen und vor allem auch anerkennen, daß Dritte-Person-Wissenschaften in der Lage sind, Fragen zu beantworten, die aus der Perspektive der ersten Person nicht beantwortet werden können, unterscheidet sich Ihre Position letztlich nicht von der Heterophänomenologie. Die einzig verbleibende Alternative, C (2a), ist aus einem anderen Grund unattraktiv. Sie können Qualia vor der Inbesitznahme durch die Heterophänomenologie schützen, aber nur um den Preis, sie gänzlich

wußtseins festhalten, dem zufolge Ihrer Überzeugung, Ihr visuelles Bewußtsein sei überall gleichermaßen detailliert, *nicht* durch die Entdeckung widersprochen wird, daß Sie im peripheren Sehfeld keine großen Gegenstände identifizieren können? Sie *könnten* hartnäckig daran festhalten: »Oh, Sie haben nur gezeigt, daß wir Gegenstände an den Rändern unseres Sehfelds nicht sonderlich gut identifizieren können. *Das* zeigt nicht, daß das periphere Bewußtsein nicht so detailliert ist, wie es zu sein scheint! Sie haben nur gezeigt, daß eine *bloße Verhaltenskompetenz*, von der man fälschlicherweise annehmen könnte, sie falle mit dem Bewußtsein zusammen, nicht wirklich etwas über das Bewußtsein aussagt!« Ja, wenn Sie nicht vergessen, Bewußtsein so zu *definieren*, daß es mit nichts im »Verhalten« in Zusammenhang steht, können Sie ohne Furcht vor Widersprüchen behaupten, das Bewußtsein transzendiere den »Behaviorismus«. In Kapitel 7 findet sich eine ausführlichere Darstellung dieses von Zeit zu Zeit zwar beliebten, aber aussichtslosen Zugs.

außerhalb der Reichweite der Wissenschaften (im ganzen) anzusiedeln. Sollten Qualia dermaßen kontaktscheu sein, wären sie nicht einmal aus der Perspektive der ersten Person zugänglich, so daß auch keine *Erste*-Person-Wissenschaft von Qualia möglich wäre.

Ich will nicht bestreiten, daß es Erste-Person-*Tatsachen* gibt, die von der Heterophänomenologie und anderen Dritte-Person-Ansätzen nicht untersucht werden können. Wie mir mein Kollege Stephen White in Erinnerung rief, würden sie jedoch den langweiligen »inerten historischen Tatsachen« gleichen, über die ich andernorts gesprochen habe (z. B. in Dennett 2003). Beispielsweise hat etwas von dem Gold in meinen Zähnen entweder einst Julius Cäsar gehört oder nicht. Eines von beiden ist eine Tatsache, und aller Voraussicht nach wird keine nur irgend mögliche Weiterentwicklung der Wissenschaften uns in die Lage versetzen, die Wahrheit herauszufinden. Aber wenn Erste-Person-Tatsachen inerten historischen Tatsachen gleichen, stellen sie keine Herausforderung für die Behauptung dar, daß die Heterophänomenologie die maximal umfassende Wissenschaft vom Bewußtsein ist, weil von diesen Tatsachen selbst die erste Person, von der sie handeln, nichts wissen kann!

3. Süße Träume und der Alptraum des Mr. Clapgras

Eines der Dinge über Qualia, die häufig vorausgesetzt, aber selten sorgfältig diskutiert werden, wurde mir 1971 in Cincinnati bei einer guten Flasche Chambertin von Wilfrid Sellars auf unvergeßliche Weise deutlich gemacht: Ich hatte ihm gegenüber meine anhaltenden Zweifel an der Nützlichkeit des Begriffs der Qualia geäußert, und er antwortete: »Aber Dan, Qualia sind das, was das Leben lebenswert macht!« (Dennett 1991, S. 383.)

Die grundlegende Idee ist klar genug. Hätten Sie keine Qualia, hätten Sie nichts, woran Sie sich erfreuen könnten (aber Sie würden vermutlich auch nicht leiden). Es wird allgemein angenommen – allerdings selten, wenn überhaupt einmal, ausdrücklich gesagt –, daß es überhaupt keinen Spaß machte, ein Zombie zu sein. Niemand will ein Zombie werden. Ein Zombie zu sein wäre so, wie ein Telephonmast zu sein – überhaupt nicht irgendwie. Es ist nicht irgendwie, ein Zombie zu sein, und somit macht es natürlich auch keinen Spaß, ein Zombie zu sein. Aber ein Zombie würde zumindest nicht leiden. Wenn Qualia das sind, was das Leben lebenswert macht, ist das Leben eines Zombies nicht lebenswert. Sie haben die Idee verstanden.

Es sei denn, Sie haben die Idee *nicht* verstanden. Oder zumindest bezweifle ich, daß Sie es tun. Ich bezweifle, daß irgend jemand, der die Idee von einem Zombie, einem Akteur ohne Qualia, mit all seinen Implikationen *versteht*, ihre irreparable Inkohärenz übersehen könnte. Um die verborgenen Widersprüche in der bloßen Idee von einem Zombie – und somit in der bloßen Idee von Qualia in zumindest einer ihrer gängigsten Varianten – herauszuarbeiten, möchte ich den direkten Weg einschlagen und untersuchen, was der Fall sein müßte, wenn Qualia das sein sollten, was das Leben lebenswert macht, wie Sellars sagte. Um deutlich vor Augen zu haben, worum es genau geht, werde ich ein neues Gedankenexperiment vor dem Hintergrund neuerer Arbeiten in der kognitiven Neurowissenschaft über verschiedene bizarre und mit unseren Intuitionen schwerlich vereinbare Pathologien vorstellen: Die *Prosopagnosie** und das *Capgras-Syndrom***.

Prosopagnostiker besitzen ein normales Sehvermögen, mit einer Ausnahme: Sie können keine Gesichter wiederkennen. Sie können Männer von Frauen unterscheiden, junge Menschen von alten Menschen, Afrikaner von Asiaten, aber wenn sie vor einigen engen Freunden stehen, die das gleiche Geschlecht und das gleiche Alter haben, sind sie nicht in der Lage, zu sagen, wer nun wer ist – bis sie ihre Stimme hören oder eine andere identifizierende Besonderheit entdecken. Wenn man einem Prosopagnostiker eine

* Von *prosop* (griech.: Gesicht) und *agnosia* (griech.: Nichterkennen). [A. d. Ü.]

** Benannt nach dem französischen Psychiater Jean Marie Joseph Capgras, der das Syndrom 1923 als erster beschrieb. [A. d. Ü.]

Reihe von Photographien von Leuten vorlegt – etwa von bedeutenden Politikern und Filmstars, Familienmitgliedern und völlig Unbekannten – und ihn auffordert, er möge die ihm bekannten Gesichter herausgreifen, überläßt er sich in seinen Antworten im allgemeinen dem Zufall. Wer kein Prosopagnostiker ist, mag es schwierig finden, sich vorzustellen, wie es vielleicht sein könnte, etwa direkt in das Gesicht der eigenen Mutter zu schauen und sie nicht erkennen zu können. Vielleicht können manche deshalb auch kaum glauben, daß es eine solche Krankheit wie die Prosopagnosie überhaupt gibt. Wenn ich von diesen Phänomenen erzähle, begegne ich häufig Skeptikern, die sich ziemlich sicher sind, ich würde mir das alles nur ausdenken! Aber wir müssen lernen, derartige Schwierigkeiten als ein Maß für die Schwäche unserer Vorstellungskraft aufzufassen, und dürfen sie nicht als Einsichten in die Unmöglichkeit von etwas werten. Die Prosopagnosie ist eine gründlich erforschte, unkontroverse Krankheit, unter der Tausende leiden.

Zu den interessantesten Tatsachen über einige Prosopagnostiker gehört, daß sie trotz ihres Unvermögens, auf Nachfrage Gesichter bewußt zu identifizieren oder wiederzuerkennen, auf bekannte und unbekannte Gesichter nachweislich unterschiedlich reagieren können. Man kann sogar zeigen, daß sie dabei *ohne ihr Wissen* bzw. *für sie verborgen* genau die Gesichter korrekt identifizieren, die sie auf Nachfrage nicht identifizieren können. Ein solches »verborgenes Wiedererkennen« läßt sich beispielsweise dann nachweisen, wenn man Prosopagnostikern Bilder vorlegt und ihnen dazu fünf zur Auswahl stehende Namen präsentiert. Ihre Wahl erfolgt zufällig, aber wenn sie den richtigen Namen hören, nimmt ihre galvanische Hautreaktion – ein Maß für ihre emotionale Erregung – in einem bestimmten Umfang zu. Oder betrachten Sie folgenden einfachen Test: Welche der folgenden *Namen* sind Namen von Politikern: Marilyn Monroe, Al Gore, Margaret Thatcher, Mike Tyson? Eine einfache Aufgabe, die Sie im Handumdrehen lösen können: Aber Ihre Reaktion auf einen Namen erfolgt merklich verzögert, wenn mit ihm ein falsches Bild assoziiert wird. Das läßt sich nur dann erklären, wenn die Versuchspersonen die Gesichter *auf irgendeiner Ebene* tatsächlich identifizieren. Es scheint also im Gehirn (mindestens) zwei weitgehend voneinander unabhängige visuelle Systeme zur Gesichtererkennung zu geben: das geschädigte »bewußte« System, das den Versuchspersonen bei der Bewältigung der in dem Experiment gestellten Aufgabe nicht behilflich sein kann, und das unbeschädigte »unbewußte« System, das auf die falsche Zuordnung von Namen und Gesichtern mit Erregungszuständen reagiert. Zusätzliche Tests zeigen, daß das geschädigte System »höher« angesiedelt ist – im visuellen Cortex –, während das unbeschädigte System Verbindungen zum »niederen« limbischen System aufweist. Die verschiedenen Varianten der Prosopagnosie sind letztlich weit komplexer, und auch unsere Kenntnisse über die beteiligten Hirnregionen sind weit detaillierter. Aber für unsere Zwecke mag diese starke Vereinfachung genügen, wenn wir uns jetzt der sogar noch befremdlicheren Krankheit zuwenden, die als das Capgras-Syndrom bekannt ist.

Menschen, die unter dem Capgras-Syndrom leiden, gelangen plötzlich zu der Überzeugung, daß ein von ihnen geliebter Mensch – in den meisten Fällen ein Ehepartner, eine Geliebte oder ein Elternteil – heimlich durch einen betrügerischen Doppelgänger ersetzt worden ist! Diese Menschen sind nicht hysterisch oder verrückt; sie sind ansonsten *völlig* normale Leute, die infolge einer Hirnverletzung plötzlich zu dieser spezifischen Überzeugung gelangt sind. Trotz der Extravaganz und vollkommenen Unwahrscheinlichkeit dieser Überzeugung halten sie an ihr derart stark fest, daß es sogar Fälle gegeben hat, in denen der »Betrüger« vom »getäuschten« Kranken umgebracht oder schwer verletzt worden ist. Auf den ersten Blick sieht es sicherlich so aus, als sei es schlicht unmöglich, daß eine Hirnverletzung genau *diesen* merkwürdigen Effekt hat. (Sollten wir auch mit der Möglichkeit rechnen, es könne Leute geben, die nach einem Schlag auf den Kopf glauben, daß der Mond aus Schimmelkäse besteht?) Andrew Young machte allerdings ein bestimmtes Muster ausfindig und stellte die Hypothese auf, das Capgras-Syndrom sei im wesentlichen das »Gegenteil« der pathologischen Grundlagen der Prosopagnosie. Im Fall des Capgras-Syndroms ist das bewußte, corticale System des Gesichtererkennens unversehrt geblieben – weshalb die betreffende Person die Person vor ihr als das Ebenbild der geliebten Person identifiziert –, aber das unbewußte limbische System ist schwer beschädigt, wodurch dem Wiedererkennen der übliche emotionale Widerhall fehlt. Das *Ausbleiben* dieses subtilen Beitrags zur Identifikation ist derart verwirrend (»Etwas fehlt!«), daß es einem *pocket veto** gegen das positive Votum des übrigen Systems gleichkommt: Das emergente Resultat ist die tiefempfundene Überzeugung, gerade einem Betrüger gegenüberzustehen. Statt dem defekten Wahrnehmungssystem die Schuld für die falsche Zuordnung zu geben, gibt der Akteur der Welt die Schuld. Und diese Schuldzuweisung fällt metaphysisch derart extravagant und unwahrscheinlich aus, daß kaum Zweifel an der Macht (letztlich der politischen Macht) bestehen können, die das geschädigte System in uns allen normalerweise hat. Wenn der epistemische Hunger dieses spezifischen Systems nicht gestillt wird, gerät es derart außer sich, daß es die Beiträge der anderen Systeme sabotiert.

Seit Ellis und Young diese Hypothese 1990 das erste Mal vorschlugen, ist sie von Young und anderen weiter ausgearbeitet und bestätigt worden (siehe z. B. Burgess et al. 1996, Ellis und Lewis 2001). Die Sachlage ist natürlich verwickelter, als ich sie hier dargestellt habe. Auf weitere Details werde ich jedoch nicht näher eingehen. Denn dieser kleine Ausschnitt aus der kognitiven Neurowissenschaft, der sich als Dehnübung für unsere Vorstellungskraft eignet, soll eine Einstimmung auf eine weitere – bislang zwar noch nicht entdeckte, aber immerhin vorstellbare – Möglichkeit sein. Es handelt sich um den *frei erfundenen* Fall des bedauernswerten Mr.

* So nennt man in den USA ein Veto, das durch Nichtunterzeichnen einer Gesetzesvorlage seitens des Präsidenten oder eines Gouverneurs ausgeübt wird. [A. d. Ü.]

Clapgras – ein Name, den ich mir ausgedacht habe, um uns an seine Inspirationsquelle zu erinnern: das reale Capgras-Syndrom.

Mr. Clapgras verdient sich seinen bescheidenen Lebensunterhalt als Versuchsperson in psychologischen und psychophysikalischen Experimenten, weshalb er auch eine alles andere als naive Einstellung zu seinen eigenen subjektiven Zuständen hat. Eines Morgens erwacht er, öffnet die Augen und schreit verzweifelt auf: »Aargh! Irgend etwas läuft hier falsch! Die ganze Welt ist einfach ... *eigenartig*, einfach ... *entsetzlich*, irgendwie *verkehrt*! Ich weiß nicht, ob ich weiter in *dieser* Welt leben möchte!« Clapgras schließt seine Augen, reibt sie sich und öffnet sie vorsichtig wieder, nur um erneut einer seltsam abscheulichen Welt ausgesetzt zu sein. Sie ist ihm zwar vertraut, aber doch auch auf eine Weise anders, die sich jeder Beschreibung entzieht. Das sind seine Worte. Seine heterophänomenologischen Gesprächspartner sind verdutzt. »Was sehen Sie, wenn Sie die Augen aufschlagen?«, wird er gefragt. »Einen blauen Himmel mit einigen weißen Schäfchenwolken, etliche gelblich-grüne Knospen an den frühlingshaften Bäumen und einen leuchtend roten Kardinal, der auf einem Zweig sitzt«, antwortet er. Offenbar funktioniert seine Farbwahrnehmung normal; aber der Kontrolle halber wird ihm der normale Ishihara-Test vorgelegt, der dann auch zeigt, daß er nicht farbenblind ist. Auch identifiziert er korrekt einige Dutzend Munsell-Farbchips. Was immer dem bedauernswerten Mr. Clapgras fehlen mag, fast alle sind davon überzeugt, daß es nichts mit seiner Farbwahrnehmung zu tun hat. Ein Forscher jedoch, Dr. Chromaphil, besteht auf einigen weiteren Tests.

Dr. Chromaphil hat Untersuchungen zur Farbpräferenz durchgeführt, zu emotionalen Reaktionen auf Farben, zu den Auswirkungen von verschiedenen Farben auf die Aufmerksamkeit, die Konzentration, den Blutdruck, die Pulsfrequenz, die Stoffwechselaktivität und zu etlichen weiteren subtilen, viszeralen Reaktionen auf Farben. In den vorausgegangenen sechs Monaten hat er eine umfangreiche Menge an Daten über Mr. Clapgras' Reaktionen in diesen Tests zusammengetragen (sowohl idiosynkratische als auch weitverbreitete Reaktionen), und er möchte herausfinden, ob sich irgend etwas verändert hat. Er testet Clapgras aufs neue und stellt ein verblüffendes Muster fest: Alle emotionalen und instinktiven Reaktionen, die Clapgras für gewöhnlich auf Blau zeigte, zeigt er jetzt auf Gelb – und umgekehrt. Seine Präferenz für Rot gegenüber Grün hat sich umgekehrt – wie auch alle seine übrigen Farbpräferenzen. Lebensmittel ekeln ihn an, solange er nicht im Dunkeln ißt. Farbkombinationen, die er bisher angenehm fand, kommen ihm jetzt beißend vor, während er die Kombinationen ihrer »Gegensätze« angenehm findet usw. Die Farbe Pink, die üblicherweise seinen Puls zum Rasen brachte, identifiziert er weiterhin als Pink (allerdings wundert er sich jetzt darüber, wie man *diese* Farbe nur scheußlich finden kann), während ihn ihre Komplementärfarbe, ein Lindgrün, das bislang eine beruhigende Wirkung auf ihn hatte, jetzt aufwühlt. Wenn er Gemälde betrachtet, ist der Bewegungsablauf von Sakkaden* von den früheren Bewegungsabläufen völlig verschieden, was offenbar auf die subtilen, die Aufmerksamkeit fesselnden und den Blick ablenkenden Effekte der Farben auf der Leinwand zurückzuführen ist. Seine Fähigkeit, sich auf Kopfrechenaufgaben zu konzentrieren, die vordem dadurch stark beeinträchtigt wurde, daß man ihn in einen strahlend blauen Raum setzte, wird jetzt dadurch beeinträchtigt, daß man ihn in einen knallgelben Raum setzt.

Kurz gesagt, obwohl Clapgras über keine Schwierigkeiten mit seiner Farbwahrnehmung klagt und in der Tat alle Standardtests zur Farbbezeichnung und Farbdiskriminierung besteht, hat sich in ihm eine umfassende Inversion seiner emotionalen und seine Aufmerksamkeit betreffenden Reaktionen auf Farben vollzogen. Für Dr. Chromaphil ist mit Mr. Clapgras schlicht folgendes geschehen: Es hat sich eine vollständige *Farbqualia*-Inversion vollzogen, während seine hierarchiehohen, rein kognitiven farbbezogenen Fähigkeiten – seine Fähigkeit, Farben zu diskriminieren und zu benennen – intakt geblieben sind.

* Serie unwillkürlicher, schneller, minimaler Augenbewegungen, die auftreten, wenn der Fixationspunkt verändert wird. [A. d. Ü.]

Ein kurzer Exkurs: In Kapitel 2 machte ich darauf aufmerksam, daß sich uns Theoretikern allesamt die Aufgabe stellt, eine Arbeitsteilung theoretisch plausibel zu machen, die es gestattet, daß die ganze Arbeit, die der imaginäre Homunkulus oder Zentrale Zeuge im Cartesianischen Theater erledigen müßte, in Teilaufgaben aufgeteilt und – wie Wirtschaftsleute heutzutage sagen – outgesourct wird: verteilt auf unbedeutendere Spezialisten im Gehirn. Chromaphils Verzeichnis von Effekten liefert einen Ausschnitt der Liste von Aufgaben, die beim *Erkennen und Diskriminieren von Farben* anfallen und mit deren Erfüllung traditionellerweise der Zentrale Zeuge betraut war. Wir gehen davon aus, daß einige dieser Aufgaben von den übrigen getrennt und dann hinsichtlich ihrer bisherigen Resultate invertiert sein könnten. Angesichts dessen, was wir zur Zeit über parallel laufende Arbeitsvorgänge funktionaler Spezialisten in Erfahrung bringen, die andere Aufgaben erledigen (wie räumliche Orientierung, Warnung vor Gefahren und das Wiedererkennen von Gesichtern), ist die Annahme nicht unplausibel, daß einige dieser Aufgaben im Gehirn voneinander räumlich isoliert erledigt werden könnten.

Nun, was sollten wir zu Mr. Clapgras sagen? Hat sich eine Inversion von Clapgras' Qualia vollzogen? Weil es sich um einen frei erfundenen Fall handelt, hat es den Anschein, als könnten wir nach Belieben antworten. Philosophen haben allerdings jahrelang andere imaginäre Fälle ernst genommen, überzeugt davon, die Lösung tiefsinniger philosophischer Probleme hänge davon ab, wie man sie entscheidet. Somit sollten wir diesen Fall nicht einfach als Phantasterei abtun. Zuerst einmal: Handelt es sich um einen *möglichen* Fall? Das könnte davon abhängen, über welche Art von Möglichkeit wir reden. Ist er logisch möglich? Ist er physiologisch möglich? Das sind zwei völlig verschiedene Fragen. Philosophen haben bislang die Neigung besessen, die zweite Art von Möglichkeit als für philosophische Belange absolut irrelevant abzutun, aber vielleicht geben sie ihre hartnäckige Haltung in diesem Fall auf. Mir ist nicht ersichtlich, wie man dahingehend argumentieren könnte, daß dieser Fall logisch unmöglich ist. Clapgras besitzt eine merkwürdige Kombination aus verschont gebliebenen Fähigkeiten und entsetzlichen neuen Arten von Unvermögen. Dispositionen, die normalerweise eng miteinander verbunden sind, sind hier auf beispiellose Weise voneinander getrennt. Aber ist sein Zustand in dieser Hinsicht überhaupt drastischer als die Prosopagnosie oder das Capgras-Syndrom? Ich bin mir nicht sicher, ob Clapgras' Zustand überhaupt physiologisch unmöglich ist. Es gibt gründlich untersuchte Fälle von Subjekten, die Farben wirklich ausgezeichnet in der Wahrnehmung unterscheiden, jedoch nicht benennen können (Farbanomie), oder auch von Subjekten, bei denen eine Farbenblindheit eintritt, sie ihr neues Defizit aber nicht bemerken, munter drauflos plaudern und Farben auf gut Glück benennen, ohne zu erkennen, daß sie nur raten. Clapgras hat – wie auch Personen, die unter dem Capgras-Syndrom leiden – keine Schwierigkeiten mit dem Wiedererkennen und Benennen von Farben. Es sind die subtilen, unbeschreiblichen »Aromen«, die in ihm völlig durcheinandergebracht worden sind: all seine Dispositionen, die dafür verantwortlich sind, daß es sich überhaupt lohnt, Gemälde zu betrachten, Wände zu streichen und Farbkombinationen zu wählen. Die subjektiven Effekte von Farben, die dazu beitragen, das Leben lebenswert zu machen, haben sich in Clapgras verändert – in anderen Worten (falls Sellars richtig liegt), seine *Farbqualia.*

Aber wir sollten – in Anlehnung an den Fall der Veränderungsblindheit – das Problem an Clapgras weitergeben und ihn fragen, ob sich eine Inversion seiner Farbqualia vollzogen hat. Drei Antworten stehen ihm zur Auswahl: *Ja, Nein* und *Ich weiß es nicht.* Was soll er antworten? Im Vergleich mit den vielen Geschichten über invertierte Qualia, die Philosophen mit viel Sorgfalt verbreiten und ausführlich diskutieren, besteht die irritierendste Neuerung in meiner kleinen Geschichte über Clapgras in der Vorstellung, seine Qualia könnten ohne sein Wissen invertiert sein. Dr. Chromaphil muß diese Hypothese seinen skeptischen Kollegen vorschlagen, und Clapgras könnte ihre Zweifel sehr wohl teilen. Denn schließlich hat er nicht nur nicht über Probleme mit seinen Farbqualia geklagt (wie in den üblichen Geschichten), sondern er überzeugt sich von seiner ausgezeichneten Farbwahrnehmung auf die gleiche Weise wie auch die Forscher: indem er die üblichen Farbwahrnehmungstests mit Leichtigkeit besteht. Das sollte Philosophen doch etwas Unbehagen bereiten: *Diese* Tests haben gewiß nichts mit Qualia zu tun – so lautet zumindest eine in der philosophischen Literatur weitverbreitete Annahme. Der üblichen Auffassung zufolge reicht ihre Aussagekraft nicht hin, um die von Qualia aufgeworfenen prekären Fragen zu klären oder Lösungswege abzustecken. Wie meine Variation aber zeigt, hat der Einfallsreichtum der Philosophen die Möglichkeit übersehen, jemand könne zumindest *geneigt* sein, sich zum Zweck der Bestätigung seiner Überzeugung, daß sich die eigenen Qualia nicht verändert haben, auf diese Tests zu verlassen. Ist jemand mit dieser Neigung schlicht konfus? Worauf sollte er sich denn verlassen, wenn nicht auf seine Bereitschaft und Fähigkeit, Farben genauso zu benennen wie bisher auch? Kann er Erinnerungen zu Rate ziehen und *schlicht feststellen*, daß Gelb für ihn früher immer so aussah (oder nicht), wie es jetzt für ihn aussieht? Den Diskussionen, die ich mit Philosophen über dieses Gedankenexperiment geführt habe, entnehme ich, daß an dieser Stelle eine verquere Neigung zu der Annahme besteht, man könne sich einfach die Aufgabe vorlegen, sich etwa *Gelb vorzustellen*, und dann auch *wissen*, ob man genau das gleiche tut wie bisher auch, wenn man sich Gelb vorstellte. Wenn Sie meinen, diese Intuition zu besitzen, sollten Sie sie allerdings sofort aufgeben oder zumindest Ihre Loyalität unter einen Vorbehalt stellen.

Noch einmal: Ich glaube, daß sich Philosophen grundlegend darin unterscheiden, wie bestimmte, definitorisch relevante Fragen über Qualia beantwortet werden sollen. Das gilt vor allem für die Frage:

> Können Ihre Qualia unverändert bleiben, während sich eine Veränderung in Ihren »Affekten« vollzieht?

Denken Sie an den Effekt des Geschmacksverstärkers Mononatriumglutamat. Zweifellos, so scheint es uns, macht es Speisen schmackhafter, stärker gewürzt. Doch welche von etlichen, scheinbar verschiedenen, denkbaren phänomenologischen Effekten weist es auf? Verändert es die Qualia von Speisen (wie Speisesalz, indem es das *Salzig*-Quale hinzufügt, oder wie Zucker, indem er das *Süß*-Quale hinzufügt – ich nehme an, so würden es Qualophile formulieren), oder erhöht es lediglich die Sensitivität gegenüber den Qualia, deren man sich ohnehin erfreuen würde? Fügt es eine neue »intrinsische Eigenschaft« hinzu, oder hilft es dem Subjekt nur dabei, mit den intrinsischen Eigenschaften in Berührung zu kommen, die im Bewußtsein bereits irgendwie *vorhanden* sind? Neuere Forschungen zeigen, daß es spezifische Rezeptorproteine auf den Zungen von Säugetieren gibt, die denen für das Wahrnehmen von Süße ähneln – die *Pikant*- oder *Umami*-Detektoren (Kawamura und Kare 1987; Rolls und Yamamoto 2001; Zhao et al. 2003). Gibt es also ein Umami-Quale? Mit der Aufzeichnung der Kette von Effekten, die die Stimulation der Umami-Rezeptoren in Gang setzt, wird gerade begonnen. Und ganz sicher führen diese Effekte auch dazu, Speisen mit Umami-Geschmack schlichter Hausmannskost vorzuziehen. Aber diese »bloße Verhaltensevidenz« entscheidet die Frage nicht – sie kann sie den Qualophilen zufolge nicht entscheiden. An dieser Stelle stehen nicht (nur) weitere empirische Untersuchungen über den Verlauf dieser Effektketten an, nötig ist vielmehr eine Klärung des Begriffs von Qualia. Eine solche Klärung müßte wohl gesetzlich verordnet werden, weil unter Philosophen keine Einigkeit darüber herrscht, wie der Ausdruck verwandt werden soll: Sollen wir alle Veränderungen in den subjektiven Reaktionen als Veränderungen von Qualia ansehen, oder gibt es irgendeine privilegierte Teilmenge an Veränderungen, an der sich Qualia festmachen lassen? Ist die Vorstellung davon, seine ästhetische Beurteilung eines bestimmten (konstanten) Quale – oder seine Reaktion darauf – zu verändern, Unsinn oder nicht? Solange man solche für eine Definition des Ausdrucks »Quale« relevante Fragen nicht entscheidet, bleibt der Ausdruck nicht nur vage und unscharf; vielmehr bleibt er auffällig mehrdeutig, artikuliert unentschlossen zwei (oder mehr) grundlegend verschiedene Ideen. Solange diese Mehrdeutigkeit nicht auf die eine oder andere Weise beseitigt ist, hat es keinen Sinn, diesen Ausdruck weiter zu verwenden.

Zurück zu dem bedauernswerten Mr. Clapgras. Wenn ich Philosophen nach ihrer Beschreibung seiner mißlichen Lage frage, wenden manche ein, ich hätte seinen Zustand nicht detailliert genug beschrieben. Ich hätte seine Verhaltenskompetenzen beschrieben – er erkennt, diskriminiert und benennt korrekt Farben, reagiert hingegen in vielen anderen Hinsichten »anormal« – und gleichzeitig ganz bewußt vermieden, seinen subjektiven Zustand zu beschreiben. Ich hätte beispielsweise nicht gesagt, ob er, wenn er eine reife Zitrone sieht, ein *intrinsisch subjektives Gelb* oder etwa ein *intrinsisch subjektives Blau* erlebt. Aber genau das ist der Punkt: Ich stelle die Angemessenheit der Annahme in Frage, daß diese Ausdrücke überhaupt irgendwelche realen Eigenschaften seines Erlebens herausgreifen. Wenn weder externe Beobachter – ganz gleich, wie detailgetreu ihre Karten der funktionalen Neuroanatomie sind – noch Clapgras sie feststellen können, sind diese intrinsischen Eigenschaften vielleicht eher ein Artefakt einer überholten theoretischen Vorstellung – des Cartesianischen Theaters – als etwas, dem wir in unseren wissenschaftlichen Untersuchungen des Bewußtseins weiter nachgehen sollten.

Die gravierendste Schwäche der in diesen Zusammenhängen üblicherweise angewandten philosophischen Methoden ist die folgende: Philosophen neigen zu der Annahme, daß alle Kompetenzen und Dispositionen, die gewöhnliche Leute beispielsweise hinsichtlich Farben besitzen, einen monolithischen Block bilden, der gegen jegliche Zersplitterung oder jeglichen Zerfall in voneinander unabhängige Teilkompetenzen und einzelne Dispositionen gefeit ist. Diese Annahme liefert eine bequeme Entschuldigung dafür, sich nicht der Frage zu widmen, ob Qualia an irgendeiner Teilmenge von Dispositionen oder an einer spezifischen Disposition festgemacht werden sollten. George Graham und Terry Horgan (in Graham und Horgan 2000) sprechen beispielsweise von einer »unmittelbaren Kenntnis des phänomenalen Charakters selbst, einer Kenntnis, die die Erfahrungsbasis für die Fähigkeiten des Wiedererkennens und Diskriminierens bildet« (S. 73). Wenn – um wieder auf Wilfrid Sellars zurückzukommen – Qualia das sind, was das Leben lebenswert macht, sind Qualia vielleicht *nicht* die »Erfahrungsbasis« für unsere Fähigkeit, Farben tagtäglich wiederzuerkennen, sie in der Wahrnehmung zu unterscheiden und zu benennen. (Ich werde diesen Punkt im nächsten Kapitel aus einem anderen Blickwinkel beleuchten.)

Jedenfalls steckt die weithin anerkannte Erste-Person-Zugänglichkeit oder Subjektivität von Qualia in Schwierigkeiten. Denn wie die Fälle von Veränderungsblindheit zeigen, ist der Erste-Person-Zugang zu den eigenen Qualia wertlos, wenn wir uns nicht mit seiner Hilfe Autorität für jene eigenen schlichten Urteile verschaffen können, die sich uns unter diesen Bedingungen entziehen. Zum Abschluß dieses Kapitels möchte ich ein weiteres Bündel an Schwierigkeiten für Qualia-Gläubige zur Sprache bringen: Kürzlich ist nachgewiesen worden, daß viele Pflanzen eine Sensitivität gegenüber dem Verhältnis von Rotlicht zu Infrarotlicht besitzen, das auf sie zurückgeworfen wird – ein Indikator dafür, ob ein grüner Konkurrent ihnen Sonnenlicht stiehlt oder nicht. Wenn sie merken, daß ihre Nachbarn oben zu grünen beginnen, adjustieren sie ihre eigene Wachstumspolitik und investieren stärker in vertikales Wachstum, um sich in eine aussichtsreichere Konkurrenzsituation zu bringen. Nun, wie ist es, eine Pflanze inmitten anderer Pflanzen zu sein? Ist es verschieden von dem, wie es ist, eine in herrlicher Isolation wachsende Pflanze zu sein? Ist es irgendwie, ein Baum zu sein? Ich nehme an, daß die meisten von uns geneigt sind, diese Frage zu verneinen. Aber wenn wir dann nach einem Grund für unser Urteil Ausschau halten, werden wir wenig anzubieten haben. Ich glaube, es scheint einfach unwahrscheinlich zu sein, daß Pflanzen »Gefühle« oder »Subjektivität« besitzen – ganz gleich, wie geschickt sie die auf ihre Oberflächen treffende Spektralinformation nutzen. Aber dann müssen wir der Konsistenz halber auch der Überzeugung die Gefolgschaft verweigern, es sei irgendwie, eine Biene, eine Fledermaus oder ein Vogel zu sein – eine Überzeugung, die daher rühren könnte, daß wir den intelligenten Gebrauch würdigen, den diese Tiere von ihrer Spektralinformation machen.

Der Begriff von Qualia wird von allen Seiten durch Untersuchungsperspektiven in Frage gestellt, die von Philosophen schlicht noch nicht berücksichtigt worden sind. Und sie müssen die bequeme Annahme eines geteilten Verständnisses aufgeben, mit der sie sich von der Aufgabe befreien, ihren Fachausdruck zu definieren.

5. Was RoboMary weiß

Frank Jacksons Gedankenexperiment über die Farbwissenschaftlerin Mary ist ein erstklassiges Beispiel für eine Intuitionen-Pumpe, ein Gedankenexperiment, das weniger ein formales Argument darstellt als vielmehr ein kleines Szenario oder ein Bild, das seit seinem ersten Erscheinen 1982 mit bemerkenswerter Nachhaltigkeit philosophische Intuitionen zutage gefördert hat. Dieses Gedankenexperiment hat tatsächlich über die Jahre hin derart viel Aufmerksamkeit erregt, daß zur Zeit *zwei* Anthologien zur Mariologie in Vorbereitung sind – zur Feier und zum Rückblick auf die zwanzig Jahre, die es die Aufmerksamkeit der Philosophen gefesselt hat.[1]

> Mary ist eine brillante Neurowissenschaftlerin, die – aus welchen Gründen auch immer – gezwungen ist, die Welt aus einem schwarzweißen Raum heraus und mit Hilfe eines Schwarzweiß-Monitors zu erforschen. Sie spezialisiert sich auf die Neurophysiologie der Farbwahrnehmung und erwirbt auf diesem Gebiet, so nehmen wir an, ein vollständiges Wissen darüber, was in uns vorgeht, wenn wir reife Tomaten oder den Himmel betrachten und Ausdrücke wie ›rot‹, ›blau‹ usw. verwenden. Sie findet beispielsweise heraus, exakt welche Kombinationen von Wellenlängen des vom Himmel emittierten Lichts die Retina stimulieren und auf exakt welchem Weg diese Stimulierung über das zentrale Nervensystem das Zusammenziehen der Stimmbänder und das Austreten von Luft aus der Lunge veranlaßt, was dann letztlich in der Äußerung der Worte »Der Himmel ist blau« resultiert. [...] Was wird passieren, wenn Mary ihren schwarzweißen Raum verlassen darf oder einen Farbmonitor bekommt? Wird sie etwas *lernen* oder nicht? Es scheint einfach offensichtlich zu sein, daß sie etwas über die Welt und über unser (visuelles) Erleben der Welt lernen wird. Dann ist jedoch unvermeidlich, daß ihr vorheriges Wissen unvollständig war. Da sie über *alle* physikalischen Informationen verfügte, muß es *folglich* mehr zu wissen geben als das, und der Physikalismus ist falsch. (Jackson 1982/2001, S. 127-128.)

Allein wegen der Lautstärke, mit der es vorgetragen worden ist,

1 Eine Version dieses Kapitels wird in einer dieser Anthologien erscheinen (in Alter, im Erscheinen). Ich bin Diana Raffman, Bill Lycan, Victoria McGeer und meinen Studenten für viele – direkt oder auch per E-Mail geführte – Diskussionen über die Details und Schwierigkeiten dieses Arguments dankbar.

und seiner Beständigkeit – zwanzig Jahre ohne irgendwelche Anzeichen von Verschleißerscheinungen – ist dieses Gedankenexperiment gewiß eine der erfolgreichsten Intuitionen-Pumpen, die sich Philosophen in der analytischen Tradition je ausgedacht haben. Aber ist es eine gute Intuitionen-Pumpe? Wie läßt sich das feststellen? Douglas Hofstadters klassischer Rat an Philosophen, die einem Gedankenexperiment begegnen (in Hofstadter und Dennett 1981, S. 375), besagt, es solle so behandelt werden, wie Naturwissenschaftler ein sie interessierendes Phänomen behandeln: Variiere es, drehe es um, untersuche es aus allen Richtungen, in verschiedenen Umgebungen, unter verschiedenen Bedingungen, und vergewissere dich, daß du nicht auf eine Verursachungsillusion hereingefallen bist. Drehe an jedem Knopf, sagte er, und schaue, ob das Ding weiterhin die gleichen Intuitionen pumpt. Und so wird in diesem Kapitel denn auch an diversen Knöpfen gedreht.

1. Mary und die blaue Banane

Vor mehr als zehn Jahren nahm ich eine erste, vorläufige Begutachtung der Knöpfe vor und kam zu einem Urteil, das von fast allen ignoriert worden ist: »Wie es sich für ein gutes Gedankenexperiment gehört, ist es auch den Uneingeweihten unmittelbar einsichtig. Tatsächlich aber ist es ein schlechtes Gedankenexperiment, eine Intuitionen-Pumpe, die uns sogar dazu verleitet, ihre Prämissen falsch zu verstehen!« (Dennett 1991, S. 398.) Tatsächlich ist es weit schwieriger, sich das Szenario korrekt vorzustellen, als man gemeinhin annimmt, weshalb sich viele dann auch etwas Schlichteres vorstellen und von dieser falschen Grundlage aus ihre Schlußfolgerungen ziehen. Im Zuge des Versuchs, die Schwachstellen des Gedankenexperiments aufzudecken, machte ich den Vorschlag, über ein abgewandeltes Ende nachzudenken:

> Und so beschlossen Marys Kidnapper eines Tages, es sei für sie an der Zeit, Farben zu sehen. Um ihr einen Streich zu spielen, präsentierten sie Mary für

ihr allererstes Farberlebnis eine präparierte blaue Banane. Mary warf einen kurzen Blick darauf und sagte: »Hey! Sie wollen mich hinters Licht führen! Bananen sind gelb, aber diese hier ist blau!« Ihre Kidnapper waren sprachlos. Wie hat sie das angestellt? »Ganz einfach«, antwortete sie. »Denken Sie daran, daß ich *alles* – wirklich alles – darüber weiß, was jemals über die physikalischen Ursachen und Wirkungen der Farbwahrnehmung gewußt werden kann. So hatte ich natürlich, bevor Sie die Banane hereinbrachten, bereits bis ins kleinste Detail aufgeschrieben, genau welche physikalische Wirkung ein gelber oder ein blauer (oder ein grüner etc.) Gegenstand auf mein Nervensystem haben würde. Somit wußte ich bereits genau, welche *Gedanken* ich haben würde. (Denn schließlich ist die »bloße Disposition«, über dieses oder jenes nachzudenken, keines Ihrer berühmten Qualia, oder?) Von meinem Blau-Erlebnis war ich ganz und gar nicht überrascht. (Überrascht hat mich hingegen, daß Sie mich mit einem derart billigen Trick hinters Licht zu führen versuchten.) Mir ist klar, daß es *Ihnen schwerfällt, sich vorzustellen*, ich könnte derart viel über meine Reaktionsdispositionen wissen, daß mich die Art und Weise, wie Blau auf mich wirkte, nicht überrascht hat. Natürlich können Sie sich das nur schwer vorstellen. Es fällt jedem schwer, sich die Konsequenzen davon vorzustellen, daß jemand wirklich jedes physikalische Detail eines jeden Gegenstands kennt. (1991, S. 399-400.)

Für gewöhnlich wird – ohne Argument – angenommen, daß die Geschichte nicht diesen Verlauf nehmen kann. In Jacksons eigenen, so überaus überzeugend klingenden Worten: »Es scheint einfach offensichtlich zu sein, daß sie etwas über die Welt und über unser (visuelles) Erleben dieser Welt lernen wird.« (Jackson 1982/2001, S. 128.) Genau das, so behauptete ich, ist ein Fehler, und genau das läuft mit dem Mary-Gedankenexperiment falsch. Die Schlußfolgerung, Mary habe angesichts ihrer ersten Farbwahrnehmung zumindest *irgendeine* Art von Offenbarung, ist einfach derart angenehm, daß sich niemand mit dem Nachweis herumplagen möchte, daß die Geschichte so ablaufen *muß*. Tatsächlich muß sie überhaupt nicht so ablaufen. Meine Variante soll die Tatsache ans Licht bringen, daß – ohne ein überzeugendes *Argument* dafür, daß Mary nicht auf diese Weise reagieren kann – meiner Fortsetzung der Geschichte der gleiche Status zukommt wie Jacksons Version: Zwei kleine Phantasiebilder, die in entgegengesetzte Richtungen weisen, und beiden Versionen fehlt ein Autoritätsnachweis. Ich dachte, ich hätte mein Argument bereits hinreichend deutlich gemacht, aber ein Jahrzehnt weiterer Arbeiten von vielen Philosophen und ihren Studenten über Mary hat mir bewußtgemacht, daß ich meine Einwände geduldiger und klarer hätte vortragen sollen. Ich habe die sonderbare Faszination dieser Intuitionen-Pumpe beträchtlich unterschätzt. Und deshalb stürze ich mich wieder ins Getümmel, werde meine Argumente dieses Mal aber besonnener vortragen und auch kleinste Details berücksichtigen.

Zuerst einmal: Ich habe festgestellt, daß manche Leser – vielleicht die meisten – meine Variante mit der blauen Banane schlicht nicht verstanden haben.[2] Worum ging es? Ich hatte gesagt, daß Mary dank ihrer enormen Kenntnisse in der Farbwissenschaft im voraus – bevor sie die fraglichen Erfahrungen machte – herausgefunden hatte, *wie es für sie genau sein würde*, etwas Rotes, etwas Gelbes oder etwas Blaues zu *sehen*.[3] Ich behauptete das rundheraus – knallte es Ihnen sozusagen *an den Kopf* –, um die Tatsache ins Licht zu rücken, daß man für gewöhnlich ohne Rükkendeckung durch irgendwelche Belege, irgendeine Theorie oder Argumente annimmt, dies sei unmöglich, sondern allein auf der Grundlage einer weit – zumindest bis John Locke – zurückreichenden philosophischen Tradition. Vielleicht kann ein kurzer Dialog präzisieren helfen, worauf ich hinauswill:

2 So nimmt beispielsweise Howard Robinson (in Robinson 1993) an, ich hätte mich unerlaubterweise der Prämisse bedient, daß Mary »jeden einzelnen physikalischen Vorgang« kennt. Wie durch die hier entwickelten Variationen noch deutlich werden wird, setzt meine Behauptung eine derart starke Annahme aber ganz und gar nicht voraus.

3 Robinson (in Robinson 1993) behauptet auch, ich würde dadurch eine *petitio principii* begehen, daß ich eine Unterscheidung nicht anerkenne, die ihm zufolge bestehen soll, und zwar eine Unterscheidung zwischen dem Wissen darüber, »*was man sagen und wie man reagieren würde*«, und dem Wissen davon, »*wie es ist*«. Sollte es eine solche Unterscheidung geben, ist sie meines Wissens bislang noch nicht erläutert und verteidigt worden, weder von Robinson noch von sonst jemandem. Wenn Mary *alles* darüber weiß, was sie sagen und wie sie reagieren würde, ist es alles andere als offensichtlich, daß sie nicht wüßte, wie es sein würde.

TRAD: Was, um alles in der Welt, meinen Sie? *Wie* sollte Mary das bewerkstelligen können?

DCD: Es war nicht einfach. Tatsächlich deduzierte sie es in einem 4765schrittigen Beweis (für Rot; und sobald sie deduziert hatte, wie Rot für sie aussehen würde, schloß sich die Prozedur für Grün mit einem 300schrittigen Lemma an. Die anderen Farben – und ihre ganzen Abstufungen – waren vergleichsweise triviale Ergänzungen dieser Beweise.)

TRAD: Das ist alles reine Erfindung! Es gibt keine solchen Beweise!

DCD: Das ist ein Gedankenexperiment, ich darf mir also alles mögliche ausdenken. Können Sie beweisen, daß es keine solchen Beweise gibt? Welcher etablierten Tatsache oder welchem etablierten Prinzip widerspreche ich, wenn ich mich eines Szenarios bediene, in dem Mary aus all dem, was sie über Farben weiß, deduziert, wie Farben für sie aussehen würden?

TRAD: Schauen Sie; es ist schlicht offensichtlich! *Man kann nicht deduzieren, wie eine Farbe aussieht, wenn man noch nie eine gesehen hat!*

DCD: Das ist zugegebenermaßen ein interessantes Alltagstheorem. Hier ist noch eines: Wenn man gleichzeitig rülpst, niest und furzt, stirbt man. Das klingt für mich irgendwie plausibel. Aber gibt es irgendeinen wissenschaftlichen Rückhalt für eine der beiden Behauptungen?

2. »Ganz gewiß« wird sie überrascht sein

Man könnte das Gedankenexperiment von Mary lediglich dazu verwenden, die Implikationen einer Denkweise ans Licht zu bringen und anschaulich darzustellen, die man bei vielen, vermutlich sogar den meisten Leuten antrifft. Das könnte eine hilfreiche anthropologische Aufgabe sein, eine Untersuchung der freigelegten Alltagspsychologie (wie ich in Kapitel 2 angemerkt habe). Diejenigen, die auf Mary gesetzt haben, glauben jedoch, es zeige eigentlich etwas Gewichtigeres – nicht bloß, daß die ungeprüften Annahmen der meisten Leute den Dualismus implizieren (ich denke, das wußten wir bereits, aber vielleicht auch nicht), sondern daß der Dualismus wahr ist! Es erstaunt mich über alle Maßen, daß Philosophen eine derartige Interpretation eines solchen Gelegenheitsprodukts der Vorstellungskraft auch nur in *Erwägung* ziehen. Ich kam nicht auf die Idee, daß sich Philosophen noch immer in diesem Ausmaß auf die Aussagekraft ihrer ureigenen, selbstgezüchteten Intuitionen verlassen. Es ist fast so, als ob man meinen würde, die Falschheit der Kopernikanischen Theorie lasse sich durch die Bemerkung beweisen, es »scheine einfach offensichtlich zu sein«, daß sich die Erde nicht bewegt, die Sonne hingegen schon.

In ihrem kürzlich erschienenen Artikel »Mary Mary, Quite Contrary« ist es George Graham und Terry Horgan (fortan G&H) auf äußert hilfreiche Weise gelungen, genau diejenige unbegründete Intuition präzise herauszuarbeiten, die ich seit 15 oder mehr Jahren einzukreisen und zu diskreditieren versuche – die Intuition, die man durch »Sie wird verdammt noch mal überrascht sein!« ausdrücken könnte. G&H starten mit einer Unterscheidung zwischen den zwei wichtigsten materialistischen Antworten auf Mary: dem »dünnen« und dem »dicken« Materialismus. Der dünne Materialismus, zu dessen wenigen Vertretern ich zähle, leugnet, daß Mary nach der Freilassung irgend etwas lernt. Der dicke Materialismus unternimmt den Versuch, den Materialismus trotz des Zugeständnisses zu retten, daß Mary nach ihrer Entlassung aus der farblosen Gefangenschaft verblüfft, erfreut, überrascht oder so ähnlich reagieren würde. G&H gehen so vor, daß sie zuerst kurz festhalten, der dünne Materialismus sei ein Rohrkrepierer und bedürfe keiner Widerlegung, weil »er schon von anderen umfassend kritisiert worden ist« (S. 63). Die einzigen von ihnen aufgezählten Kritiker sind McConnell (McConnell 1994) und Lycan (Lycan 1996). Weil ich McConnell in dem gleichen Journal ziemlich ausführlich geantwortet habe (Dennett 1994a) und Lycan meine Version des dünnen Materialismus überhaupt nicht kritisiert, finde ich diese Kritik nicht gerade umfassend. Allerdings sollte ich einräumen, daß sich G&H, indem sie meine Version des dünnen Materialismus ignorieren, lediglich dem Mainstream anschließen. Genau deshalb ist die vorliegende Abhandlung auch nötig.

G&H liefern eine detaillierte Beschreibung der besten Kampagne zugunsten eines dicken Materialismus – Michael Tyes PANIC. Und sie denken sich eine eigene Variation des Originalmotivs aus: Mary Mary, die Tochter der Mary aus der Originalfassung und eine Vertreterin von Tyes Version des dicken Materialismus. Tyes PANIC-Theorie zufolge ist der »phänomenale Charakter dasselbe wie der bereitstehende, abstrakte, nichtbegriffliche intentionale Gehalt [**P**oised **A**bstract **N**onconceptual **I**ntentional **C**ontent].« (Tye 1995, S. 134.) Damit ist ungefähr gemeint, daß es ein Gehalt ist, der »sich direkt auf unser Überzeugung/Wunsch-System auswirken kann« und sich auf nicht-konkrete, nicht-konzeptualisierte diskriminierbare Eigenschaften bezieht. G&H behaupten, aus Tyes Ansatz folge, daß Mary Mary *nicht überrascht sein würde.* Sie meinen, daß »letztendlich [...] Tyes Version des dicken Materialismus einfach *zu dünn* [ist]. Und dieses Problem droht für jeden Ansatz zu entstehen, der phänomenale Gehalte in materialistischer Manier behandelt« (S. 77).

Früher dachte ich, Tyes Alternative zu meiner Version des dünnen Materialismus räume den Qualophilen, den Freunden des phänomenalen Gehalts, zuviel ein, aber dank G&H kann ich ihn jetzt in meiner mitgliederschwachen Gemeinde als einen Vertreter des dünnen Materialismus *malgré lui* willkommen heißen – als einen, der weit sorgfältiger als ich deutlich gemacht hat, welche Arten funktional charakterisierbarer Komplexe das Wie-es-ist, die sogenannte *Phänomenalität* des bewußten Erlebens *konstituieren.* G&Hs Analyse von Mary Marys mißlicher Lage findet meinen ungeteilten Beifall. Diese Analyse führt unweigerlich zu der Schlußfolgerung, daß Mary, weil sie bereits alle Tatsachen kennt, über alle nötigen Informationen verfügt, um *alle* wahrnehmbaren, der Rede werten Eigenschaften ihres Wahrnehmungsdebüts in einer farbigen Welt zu antizipieren, nicht überrascht sein würde (und man auch nicht erwarten sollte, daß sie es sein würde) – ungeachtet dessen, was Tye selbst behauptet. G&H schreiben – kurz zusammengefaßt – folgendes:

> Erstens, psychologisch signifikant an den PANIC-Eigenschaften ist gerade die funktionale/repräsentationale Rolle, die sie in der menschlichen kognitiven Ökonomie spielen – etwas, das Mary dank ihrer wissenschaftlichen Allwissenheit bereits vollständig begriffen hat. [...] Zweitens, an phänomenalen Begriffen (gemäß Tyes Theorie) ist psychologisch signifikant, daß es *auf Fähigkeiten basierende* Begriffe sind [...]. [...] Aber sie weiß über diese Fähigkeiten bereits umfassend Bescheid; sie weiß auch, auf welche Weise ihnen PANIC-Zustände förderlich sind, auch wenn sie diese Fähigkeiten nicht selbst besitzt. Auch hier sind keine Überraschungen zu erwarten.
>
> Drittens ist die psychologische Besonderheit von Überzeugungen und Wissenszuständen, in denen phänomenale Begriffe Anwendung finden, (gemäß Tyes Theorie) vollständig parasitär zu der auf Fähigkeiten basierenden Natur phänomenaler Begriffe. Somit versteht sie bereits gänzlich die *Natur* dieser Überzeugungen und Wissenszustände [...]. [...] Demnach hat Mary Mary als treue Anhängerin von Tyes PANIC-Theorie des phänomenalen Bewußtseins keinen stichhaltigen Grund für die Erwartung, nach ihrer Entlassung aus ihrer monochromen Situation überrascht zu sein oder ein unvorhergesehenes Vergnügen zu empfinden. (G&H, S. 71-72.)

Kurz gesagt, Tye sollte sich meiner Vorhersage anschließen, daß Mary Mary – wie ihre Mutter Mary – ganz und gar *nicht* überrascht sein oder ein besonderes Vergnügen empfinden würde. Sie kennt das alles schon, hat dank ihrer enormen Vorstellungskraft bereits alles vorweggenommen. Es gibt für sie nichts mehr zu lernen. Wo liegt also das Problem? Warum schließen sich G&H Tye und mir nicht an? (Ich nehme spaßeshalber einmal an, daß Tye jetzt auf meiner Seite steht.) Weil – und jetzt kommt die extrareine, zweifach destillierte Intuition, auf die ich es abgesehen habe – »sie, wie wir behaupten, ganz gewiß sowohl überrascht sein als auch ein besonderes Vergnügen empfinden würde« (S. 72). »Ganz gewiß«. Wie ich in »Get Real« (Dennett 1994a) in einem meiner vielen Kommentare zu Ned Block anmerkte: »Wann immer Block ›ganz gewiß‹ sagt, halten Sie nach etwas Ausschau, das man eine mentale Blockade nennen könnte« (S. 549). Block ist vielleicht einer derjenigen Philosophen, die mit dem »ganz gewiß«-Operator den größten Schindluder treiben. Aber auch andere bauen routinemäßig auf ihn, und jedesmal sollte eine kleine Alarmglocke läuten. Hier läuft der ungewollte Taschenspielertrick ab, ein Trick, bei dem die Kritiker die falsche Prämisse mit einer kleinen, heimlichen Bewegung und einem Augenzwinkern verschwinden lassen. G&H halten einen Moment inne, um sich zu fragen, weshalb sie sich so sicher sind, und das ist ihre Antwort:

> Was Mary Mary überraschen und besonderes Vergnügen bereiten wird, [...] ist (wie uns scheint) die nicht antizipierte *Erfahrungsbasis* ihrer Fähigkeiten zum Wiedererkennen/Diskriminieren, die ihren Begriffen zugrunde liegen, und der wahrgenommene Reichtum ihres Erlebens; sie hatte nie gedacht, daß polychromatische Erlebnisse *so* sein würden. (G&H, S. 72.)

Ich weiß, daß es für viele den Anschein hat, als gebe es zusätzlich zu den ganzen PANIC-Details diesen speziellen »Reichtum«, diese »*Erfahrungsbasis*«. Meine Behauptung ist hingegen, daß sie sich darüber schlicht irren. Und ich habe auch eine Diagnose der Herkunft dieser tiefsitzenden Theoretiker-Illusion vorgelegt. In meinem Aufsatz »Quining Qualia« (Dennett 1988) diskutierte ich das Beispiel der auseinandergerissenen *Jell-O*-Schachtel. Die eine Hälfte dieser Pappschachtel besitzt die Formeigenschaft M, und die andere Hälfte ist der einzige *in der Praxis taugliche* M-Detektor. Die Form mag sich unseren *Beschreibungen entziehen*, aber sie ist nicht buchstäblich unbeschreiblich oder einer Analyse unzugänglich; sie besitzt nur einen extrem hohen Informationsgehalt. Es ist ein Fehler, praktische Unbeschreibbarkeit zu etwas metaphysisch Gewichtigerem aufzublähen, und ich habe immer wieder angemahnt, man solle diese unvernünftige Intuition aufgeben, so verlockend sie auch sein mag. G&H können sich nicht dazu durchringen, diese Intuition aufzugeben. Was jedoch schwerer ins Gewicht fällt: Sie können sich nicht dazu durchringen, anzuerkennen, daß ihre ganze Überlegung somit lediglich darauf hinausläuft, ihre beständige Treue gegenüber einer Behauptung zu vermelden, die – ob sie nun wahr oder falsch sein sollte – für falsch gehalten worden ist und eine Rechtfertigung folglich gut gebrauchen könnte. Sie liefern keine Rechtfertigung für diese Behauptung, statt dessen kommen sie wieder und wieder auf sie zurück:

> Auch wenn phänomenale Zustände in der menschlichen psychologischen Ökonomie vielleicht tatsächlich eine PANIC-Rolle spielen, ist ihr phänomenaler Charakter nicht auf diese Rolle reduzierbar. Er ist etwas Zusätzliches, etwas Überraschendes und Wunderbares. (G&H, S. 73.)

Tatsächlich? Gerade das habe ich lang und breit bestritten.

> Es ist sein größerer Reichtum, der überrascht und woran man ein besonderes Vergnügen hat, und ihn läßt Tyes Theorie aus. (Ebd.)

Dieser »größere Reichtum« ist gerade das, was nachgewiesen werden muß, statt ihn einfach vorauszusetzen. Schließlich soll die Pointe des Mary-Beispiels darin bestehen, daß Mary – obwohl sie dank ihres perfekten Wissens in der Lage ist, *vieles* von dem zu antizipieren, wie es sein wird, Farben zu sehen – nicht *alles* antizipieren kann. Weil manche von uns behauptet haben, es gebe keinen Grund dafür, abzustreiten, daß Mary dieser ganze »größere Reichtum« vorab zugänglich *ist*, begehen G&H mit dieser ungeschützten Behauptung eine *petitio principii*. Es genügt einfach nicht, sich allein auf die offensichtliche Tatsache zu stützen, daß Mary unter normalen Bedingungen – in der Tat unter allen Bedingungen, außer unter den enorm unwahrscheinlichen, hochgradig ungewöhnlichen Bedingungen in diesem Gedankenexperiment – etwas lernen würde.

> Aber sie *wird* nach ihrer Entlassung aus ihrer monochromen Umgebung überrascht sein und ein unvorhergesehenes Vergnügen empfinden – was sie vermutlich dazu bewegen würde, ihre bis dahin vertretene materialistische Theorie zu verwerfen. (G&H, S. 74.)

So die Behauptung. Nun mag der dünne Materialismus letzten Endes falsch sein, aber die bloße Äußerung »Ganz gewiß nicht« ist kein Argument gegen diese Position. Ich habe behauptet, daß der Reichtum, den wir so schätzen und auf den wir uns zum Zweck der Verankerung unserer inneren ostensiven Akte und unserer Akte des Wiedererkennens stützen, *aus* der komplexen Menge an denjenigen dispositionalen Eigenschaften *besteht* und *durch sie er-*

klärt wird, die Tye PANIC-Eigenschaften genannt hat. G&H begehen den Fehler, anzunehmen, daß es zusätzlich dazu noch eine Ebene der »unmittelbaren Kenntnis« »phänomenaler Eigenschaften« gibt. Sie sagen es geradeheraus:

> Es gibt auch eine unmittelbare Kenntnis des phänomenalen Charakters selbst, eine Kenntnis, die die Erfahrungsbasis für diese Fähigkeiten zum Wiedererkennen/Diskriminieren bildet. (G&H, S. 73.)

Und auch:

> Sie behauptet, ein besonderes Vergnügen zu empfinden. [...] Auto-Phänomenologie legt eindringlich nahe, *sehr* eindringlich, damit richtig zu liegen: Der intrinsische phänomenale Charakter von Farbwahrnehmungen ist von diesen Fähigkeiten zum Wiedererkennen/Diskriminieren verschieden und bildet die Grundlage für diese Fähigkeiten. (G&H, S. 77.)

Wie wir in Kapitel 4 gesehen haben, verhält es sich gerade umgekehrt. Diese Fähigkeiten sind ihrerseits die Grundlage für die (trügerische) Überzeugung, daß die eigenen Wahrnehmungen einen »intrinsischen phänomenalen Charakter« aufweisen. Und wir »Erste-Personen« haben keinerlei privilegierten Zugang zu den Arbeitsvorgängen, die beim Ausüben dieser Fähigkeiten ablaufen. Das ist übrigens auch der Grund dafür, weshalb wir keine Autophänomenologie betreiben sollten. Sie stellt eine Versuchung dar: Sie verleitet uns dazu, unsere eigenen Erste-Person-Überzeugungen nicht als Daten, sondern als unbestreitbare Wahrheiten zu behandeln.

> Vor dem Hintergrund seiner [Tyes] Geschichte müssen Marys heterophänomenologische Behauptungen nach ihrer Entlassung evidentermaßen als rational unangemessen angesehen werden – und somit als Behauptungen, die eine Art von Fehler oder Illusion zum Ausdruck bringen. Das grundlegende Problem ist das offensichtliche Scheitern des Versuchs, die offenkundigen phänomenalen Tatsachen theoretisch angemessen unterzubringen. (G&H, S. 77.)

Sie meinen, das grundlegende Problem bestehe darin, mit den »offenkundigen« Tatsachen fertig zu werden, aber es ist nur dann ein Problem, wenn Mary tatsächlich etwas lernen würde. Für meinen Ansatz ist es kein Problem (und ebensowenig für Tyes Ansatz, falls er sich den Vertretern des dünnen Materialismus anschließen sollte). Sie würde nichts lernen, und sie würde auch nicht überrascht sein. Es gibt keine derartigen offenkundigen phänomenalen Tatsachen. Wenn Sie wie viele meiner Studenten gestrickt sind, wird Sie an dieser Stelle tiefe Ungläubigkeit plagen. *Natürlich* lernt Mary nach ihrer Entlassung etwas! Sie *muß*! Ach? Dann legen Sie mir bitte ein Argument vor, das auf Prämissen beruht, die wir alle akzeptieren können, und das diesen Nachweis erbringt. Ich bin jedoch nicht einmal dem Ansatz eines solchen Arguments je begegnet. »Es ist doch wohl klar!« sagen manche und meinen, es seien keine Gründe erforderlich, und führen dann auch keine an. Ich fordere sie ein.

In seiner Erwiderung auf eine frühere Fassung des letzten Absatzes ist Bill Lycan dieser Aufforderung nachgekommen:

> Warum einige von uns glauben, daß Mary tatsächlich etwas lernen würde, könnte folgendermaßen einsichtig gemacht werden: Was man weiß, wenn man weiß, w. e. i. [wie es ist], etwas Blaues wahrzunehmen, kann man sprachlich nicht vollständig ausdrücken; zumindest ist es sehr schwierig, Worte zu finden (Worte, die keinen Vergleich ausdrücken). Man nimmt Zuflucht bei dem frustrierten Demonstrativpronomen: »Es ist wie ... *dies.*« Der Grund dafür, weshalb die in physikalischen Belangen allwissende Mary nicht weiß, wie es ist, besteht darin, daß das Unsagbare und/oder das nicht eliminierbare Demonstrativpronomen nicht aus einer Menge von unpersönlichen wissenschaftlichen Informationen deduziert oder auch nur durch Induktion oder Abduktion geschlußfolgert werden kann. (Persönliche Mitteilung.)

Ich könnte mir denken, daß Lycan im Namen vieler spricht, die fest davon überzeugt sind, Mary würde etwas lernen. Somit verfügen wir jetzt über eine explizite Lesart einer Hintergrundannahme der Unsagbarkeit und über eine Darstellung der Rolle, die sie in dem von mir eingeklagten Argument spielt. Nun, was soll man von dem Argument halten? Zuerst einmal: Es ist nicht zu leugnen, daß die von Lycan vorsichtig getätigten Aussagen hochgradig theoretische Behauptungen sind und keine basalen logischen Intuitionen oder unmittelbare, schlichte Erfahrungsurteile. *Was man weiß, wenn man weiß, wie es ist, etwas Blaues wahrzunehmen, kann man sprachlich nicht vollständig ausdrücken.* Ich nehme an, eine Erläuterung des hier in Anspruch genommenen Begriffs der Unsagbarkeit würde ungefähr folgende Richtung einschlagen:

> Es ist nicht der Fall, daß es eine beliebig lange Kette von Sätzen einer natürlichen Sprache ohne Demonstrativpronomen gibt, die auf adäquate Weise das Wissen davon ausdrückt, wie es ist, etwas Blaues wahrzunehmen.

Man möchte den Nachweis dafür gerne sehen. (Das ist ironisch gemeint. Auf der Liste all der Dinge, über die man eine formale Theorie konstruieren wollen könnte, rangiert die *Unsagbarkeit* ziemlich weit unten. Aber es könnte der Mühe wert sein, über die Schwierigkeiten eines jeden derartigen Unternehmens nachzudenken.) Man würde vermutlich die Unsagbarkeit dessen, wie es ist, eine Blau-Empfindung zu haben, beispielsweise – wenn Sie gestatten – damit kontrastieren wollen, daß sich das, wie es ist, ein Dreieck wahrzunehmen, problemlos ausdrücken läßt. Jemandem, der noch nie ein Dreieck gesehen oder berührt hat, kann man wahrscheinlich mit einigen wenigen, klug gewählten Worten sagen, was ihn genau erwartet. Und wenn er dann sein erstes Dreieck wahrnimmt, sollte er keine Schwierigkeiten damit haben, es auf der Grundlage dieser knappen Beschreibung als ein solches zu identifizieren. Er würde nichts lernen. Mit Blau und Rot verhält es sich anders – das ist zumindest die Alltagsweisheit, die dem Beispiel Jacksons zugrunde liegt. (Er wäre mit einem Gedankenexperiment über die Geometerin Mary, die davon abgehalten wurde, Dreiecke zu sehen und zu berühren, nicht sonderlich weit gekommen.) Aber wenn mit ein paar Dutzend Worten auf adäquate Weise vermittelt werden kann, wie es ist, Dreiecke zu sehen, und in einigen tausend Worten, wie es ist, Paris in einer Mainacht bei Mondschein zu sehen (eine empirische Schätzung auf der Grundlage des unterschiedlichen Erfolgs der von Schriftstellern unternommenen Versuche): Kann man sich wirklich so sicher sein, man könne jemandem, der noch nie Farben gesehen hat, mit einigen Millionen oder Milliarden von Worten nicht vermitteln, wie es ist, Rot oder Blau zu sehen? Was an der Wahrnehmung von Rot oder Blau macht eine Bewältigung dieser Aufgabe unmöglich? (Und sagen Sie jetzt nicht nur: *daß sie unbeschreiblich ist.*)

Durch die drastische Ausgestaltung des Gedankenexperiments ist uns die Verpflichtung auferlegt, diese Frage ernst zu nehmen. Denken Sie daran, daß Mary *alles* über Farben weiß, was man überhaupt nur in physikalischer Hinsicht über sie in Erfahrung bringen kann, und sie hat nach Voraussetzung auch das nötige Konzentrationsvermögen und die erforderliche Auffassungsgabe, um Zehnmilliarden Worte lange Abhandlungen darüber, wie es ist, Rot zu sehen, mit derselben Leichtigkeit zu bewältigen wie 25 Worte lange oder noch kürzere Abhandlungen über Dreiecke. Lycan meint, »zumindest [sei] es sehr schwierig, Worte zu finden (Worte, die keinen Vergleich ausdrücken)«. Aber es geht nicht um ein Gedankenexperiment über Schwierigkeiten, es handelt sich um ein Gedankenexperiment über Unmöglichkeiten. Die Tatsache, daß es viele schwierig finden, sich vorzustellen, irgendeine Beschreibung davon, wie es ist, Rot zu sehen, könne die Aufgabe bewältigen, ist als Begründung unerheblich. Angesichts einer solch gewaltigen Aufgabe greift man zwar gewiß auf das zurück, was Lycan treffend »frustrierte Demonstrativpronomen« nennt. Aber von der unbestreitbar wahren Behauptung, daß es *sehr schwierig* ist, sich Weisen der Beschreibung dessen, wie es ist, auszudenken, ohne dabei bei derartigen privaten Demonstrativpronomen Zuflucht zu suchen, zu der starken Behauptung, solche privaten Demonstrativpronomen könnten strenggenommen nicht eliminiert werden, ist es ein weiter Weg. Und in einem Argument gegen die *Möglichkeit*, daß Mary schlußfolgert, wie es für sie sein würde, Rot zu sehen, könnte nur strikte Nicht-Eliminierbarkeit überhaupt Relevanz besitzen.

Ich bleibe also dabei. Die Standardannahme, daß Mary etwas lernen würde und *nicht* herausfinden *könnte*, wie es für sie genau sein würde, Farben zu sehen, ist ein kleines Stück Alltagspsychologie, für das – bislang – allein die Tradition spricht. (Das ist eine Aufforderung an Philosophen, mich eines Besseren zu belehren und ein Argument zu entwickeln, das auf der Grundlage von unproblematischen, geteilten Prämissen den Nachweis erbringt, daß Mary nicht herausfinden kann, wie spezifische Farben für sie aussehen würden.)

3. Das müssen Sie erlebt haben!

Eine weitere unbegründete Intuition, die sich die Mary-Intuitionen-Pumpe versteckt zunutze macht, tritt in verschiedenen Varianten auf – Varianten, die allesamt auf unglückselige Weise von Locke und Hume abstammen (denken Sie an Humes fehlenden Blauton). Es handelt sich um die Idee, die »Phänomenalität«, der »intrinsische phänomenale Charakter« oder der »größere Reichtum« – was immer das alles sein mag – könne nicht aus unbedeutenderen Bestandteilen zusammengesetzt sein oder aus ihnen abgeleitet werden. Nur tatsächliche Erlebnisse (von Farben beispielsweise) können einem zu dem Wissen verhelfen, wie es ist, derartiges zu erleben. In derart deutliche Worte gepackt, kann man gar nicht übersehen, daß hier eine *petitio principii* begangen wird. Zumindest dachte ich das einmal. Aber scheinbar stimmt das gar nicht, denn nach wie vor werden Versionen dieser Idee artikuliert. Zwei davon stammen von Tye und Lycan:

> Nun, in Fällen des Wissens via phänomenaler Begriffe erfordert das Wissen, wie es ist, in einem phänomenalen Zustand des Typs P zu sein, die Fähigkeit, den phänomenalen Gehalt von P mit Hilfe dieser Begriffe zu repräsentieren. Aber man kann keinen prädikativen phänomenalen Begriff besitzen, solange man sich nicht tatsächlich in Zuständen dieser Art, auf die er Anwendung findet, befunden hat. (Tye 1995, S. 169.)[4]

> Wie Nagel betont, muß man, um zu wissen, w. e. i., die Erfahrung entweder selbst – in der ersten Person, aus der Innenperspektive – gemacht haben oder

4 Tye hatte zuvor schlicht angemerkt, daß »der Besitz des phänomenalen Begriffs *Rot* erfordert, daß man Rot erlebt hat. [...] Der Besitz besteht (äußerst grob formuliert) darin, daß einem ein Zustand zur Verfügung steht, der eine kausale Geschichte aufweist, in der dieser Zustand mit den relevanten Erlebnissen verknüpft ist [...].« (S. 167.)

von jemandem, der diese Erfahrung gemacht hat und der einem in psychologischer Hinsicht äußerst ähnlich ist, erzählt bekommen, w. e. i. (Lycan, im Erscheinen.)[5]

Die Rolle dieser Annahme zeigt sich deutlich in den vielen Versuchen in der einschlägigen Literatur, sicherzustellen, daß Mary nicht schummelt, keine Farbwahrnehmungen irgendwie in ihre Zelle schmuggelt. Worauf muß man besonders achtgeben, wenn man Mary daran hindern möchte, einen heimlichen Schluck vom Quell der Farben zu nehmen? Jackson nimmt an, daß Mary die ganze Zeit über weiße Handschuhe tragen muß, sich keine Spiegel in ihrer Zelle befinden usw. Aber es herrscht schon seit langem Einigkeit darüber, daß die von Jackson in seine Originalfassung eingebauten Hindernisse nicht ausreichen. Mary könnte sich beispielsweise eines Tages völlig arglos ihre geschlossenen Augen reiben und dadurch einige farbige »Phosphene« erzeugen (probieren Sie es aus – ich hatte gerade ein schönes sattes Indigo genau in der Mitte meines Sehfeldes). Oder sie könnte ihr enormes Wissen dazu verwenden, eine transkraniale Magnetstimulation ihrer farbempfindlichen kortikalen Regionen vorzunehmen, und damit noch farbenprächtigere Effekte produzieren, die sie dann sichten und ordnen könnte. Sollte in ihr Gehirn eine ausgeklügelte Alarmanlage eingebaut werden, damit jeder Traum »in Farbe«, in dem sie sich völlig arglos und zufällig verliert, jäh abgebrochen wird? Ist es einer Person tatsächlich möglich, in Farbe zu träumen, wenn sie im Wachzustand noch nie Farben gesehen hat? (Was glauben Sie? Einige könnten zur Antwort neigen: »Nee. Die Far-

5 Lycans zweite Alternative stellt eine überraschende und von ihm nicht weiter kommentierte Konzession dar. Wenn man es erzählt bekommen kann, warum kann es Mary nicht ganz einfach von gewöhnlichen Leuten, die sich an Farben erfreuen und ihr in psychologischer Hinsicht sehr ähnlich sind, erzählt werden? Ich glaube nicht, daß Nagel dieses Zugeständnis macht; und sollte Lycan es machen, wäre das Spiel vorbei. Der dünne Materialismus hätte gewonnen. Im Kontext der oben zitierten Passage malt sich Lycan eine Variante des Gedankenexperiments aus, in der Mary farbenblind geboren wurde. Das erklärt den Aussetzer: Diejenigen, die ihr davon erzählen könnten, sind ihr »in psychologischer Hinsicht« nicht »sehr ähnlich«.

ben müssen durch ihre geöffneten Augen *dort hineingelangen*, um für einen späteren Einsatz beim Träumen zur Verfügung zu stehen.« Das ist die unverhüllte Locksche Prämisse, und vermutlich würde ihr heute niemand mehr in dieser primitiven Fassung erliegen.) Das Gedankenexperiment setzt stillschweigend voraus, daß Marys Farbwahrnehmungssystem trotz ihrer dürftigen visuellen Umgebung nach wie vor intakt ist. Tatsächlich ist das – vor dem Hintergrund unseres Wissens über die schnelle Neuzuordnung von ungenutzten kortikalen Ressourcen in anderen Zusammenhängen – eine nicht-triviale empirische Annahme. Das Gedankenexperiment ist allerdings auch in der Annahme unrealistisch, man könne schlicht dadurch alle Spektralinformationen des Lichts eliminieren, daß man alles weiß (welche Weißschattierung?) oder schwarz anstreicht (Akins 2001). Aber legen wir diese eigentlich wichtigen empirischen Komplikationen einmal um des Arguments willen beiseite: Wir sollen mit der Annahme einverstanden sein, daß »in ihr drin« bereits alles Nötige vorhanden ist, um Farben wahrzunehmen; es ist nur noch nicht stimuliert worden. Ein Traum könnte die erforderlichen Vorgänge vermutlich ebenso leicht auslösen wie irgendein wahrgenommener externer Stimulus. Es gibt zweifellos unzählige Möglichkeiten, wie die üblichen kausalen Muster umgangen und Farberlebnisse auch ohne Farben in der externen Welt produziert werden können.

Was die Erfolgsaussichten des Gedankenexperiments noch düsterer aussehen läßt: Es gibt zweifellos unzählige Möglichkeiten, wie die üblichen kausalen Muster so adjustiert werden können, daß ein Gehirnzustand *von nahezu der gleichen Art wie* die Zustände erzeugt wird, die gewöhnlichen Farberlebnissen zugrunde liegen, der sich jedoch von diesen Zuständen auf eine Weise unterscheidet, die sowohl für die Verständlichkeit des Szenarios als auch dafür, was es zeigen soll, von entscheidender Bedeutung ist. Was anfänglich wie eine eingängige und klar verständliche »intuitive« Situationsbeschreibung aussieht, wird durch die lästigen Komplikationen, die durch die Wissenschaft ins Spiel kommen, durcheinandergebracht. Gemäß der Originalfassung des Gedankenexperiments soll das subjektive, interne *Farberlebnis* – wie auch immer erzeugt – als Voraussetzung für das Wissen gelten, wie es ist, Rot wahrzunehmen. Aber nachdem wir jetzt gesehen haben, daß es andere Wege zu solchen Erlebnissen gibt als die üblichen Wege im Wachzustand und bei geöffneten Augen, können Farberlebnisse nicht mehr so leicht von anderen mentalen Zuständen unterschieden werden, die viele der Effekte von Farberlebnissen aufweisen, ohne allerdings eindeutig Farberlebnisse zu sein. Was ist beispielsweise der Unterschied zwischen der Vorstellung, man erlebe etwas Rotes, und einem Roterlebnis? Sollte es Ihnen tatsächlich gelingen, sich vorzustellen, etwas Rotes zu erleben, gelingt es Ihnen *dadurch* auch, Rot zu erleben? Wenn dem so sein sollte, ist die Zirkularität des Gedankenexperiments nicht zu übersehen. Wir bekommen erzählt, Mary könne sich in ihrer Zelle nicht vorstellen, wie es ist, etwas Rotes zu sehen – welche Versuche sie auch anstellen mag.

Nehmen wir aber einmal an, sie findet sich mit dieser Einschränkung nicht ab. Sie versucht ihr Bestes, grübelt stundenlang, und erzählt uns eines Tages, sie habe gerade Glück gehabt und es geschafft: »Hey«, sagt sie, »ich hing gerade einem Tagtraum nach und stieß zufällig darauf, wie es ist, Rot zu sehen. Und als ich bemerkte, was ich da gerade tat, überprüfte ich meine Vorstellung natürlich im Lichte meines ganzen bisherigen Wissens und konnte bestätigen, daß ich mir tatsächlich vorstellte, wie es ist, Rot zu sehen!« Weil wir ihr mißtrauen, führen wir mit ihr einen Test durch, bei dem wir ihr auf einem Bildschirm drei verschiedenfarbige Kreise zeigen. Unverzüglich identifiziert sie den roten Kreis als rot. Was würden wir daraus schließen?

A. Jackson irrte sich; ohne eine Rot-Wahrnehmung gemacht zu haben, *kann* Mary herausfinden, wie es ist, Rot zu sehen; oder

B. Mary *fand* nicht *heraus*, wie es ist, Rot zu sehen. Sie mußte auf den (hochintelligenten, von theoretischen Annahmen geleiteten) Gebrauch ihrer *Vorstellungskraft* zurückgreifen, um zu dem Wissen zu gelangen, wie es ist, Rot zu sehen. Indem sie sich Rot *vorstellte*, machte sie in Wirklichkeit Jacksons Punkt deutlich. Wie ihr Fall zeigt, kann man nicht wissen, wie es ist, bevor man nicht tatsächlich erlebt hat, wie es ist.

Wir sind an einem heiklen Punkt angelangt: Es liegt eine schlichte Variation der Geschichte vor, die diese Geschichte entweder eindeutig widerlegt oder eindeutig bestätigt – was davon abhängt, wie man das Geschehen interpretiert. Sollte Jackson allein B im Sinn gehabt haben, hätten wir Philosophen eine Menge Zeit und Kraft auf etwas verwandt, das rückblickend eine recht triviale definitorische Angelegenheit zu sein scheint: Nichts darf als ein Wissen davon *gelten*, wie es ist, Rot zu sehen, das nicht zugleich auch als ein Roterlebnis zählt. Viele Philosophen meinen, zu diesem peinlichen Ergebnis könne es gar nicht kommen, weil sie so fest davon überzeugt sind, daß Mary diese Heldentat schlicht nicht vollbringen kann. Ich bin entschieden anderer Meinung.

Bevor wir diesen unglückseligen Dissens näher unter die Lupe nehmen, wollen wir uns noch eine weitere Variation ansehen, und zwar eine, die für Philosophen, wie ich meine, die eigentlich naheliegende Variation sein müßte: Sumpf-Mary.[6] Auch wenn ich dabei meinen Würgereflex und meinen Kicher-Reflex unterdrücken muß – das ist sie:

Sumpf-Mary: Sie soll – wie die uns bereits vertraute Mary – gleich aus dem Gefängnis entlassen werden. Sie ist, was Farben angeht, noch jungfräulich und brennt darauf, die »auf sie wartende zusätzliche und extreme Überraschung, das unvorhergesehene Vergnügen oder die höchste Verwunderung« zu erleben (G&H, S. 82). Genau in diesem Moment ordnet ein Blitz-

6 Der Vorschlag zu dieser Kreuzung stammt von Gabriel Love. Auf diese Idee kam er vermutlich beim Nachdenken über eine andere Kreuzung: In dem Aufsatz »The Trouble with Mary« hat Victoria McGeer (McGeer 2003) auf eloquente und überzeugende Weise dargelegt, was geschieht, wenn man Mary und Zombies kreuzt. Ich habe mein Mißtrauen gegenüber allen derartigen Gedankenexperimenten in Dennett 1994a zum Ausdruck gebracht. Auszüge davon finden sich (in überarbeiteter Form) in Dennett 1996a.

schlag ihr Gehirn neu an, versetzt es durch einen kosmischen Zufall in genau den Gehirnzustand, in den sie *nach* ihrer ersten Wahrnehmung einer roten Rose übergehen würde. (Ansonsten bleibt sie natürlich unversehrt; es handelt sich um ein Gedankenexperiment.) Wenn sie also einige Sekunden später entlassen worden ist und zum ersten Mal einen farbigen Gegenstand sieht (jene rote Rose), sagt sie genau das, was sie angesichts der Wahrnehmung ihrer *zweiten* oder *soundsovielten* roten Rose sagen würde: »Ja klar, eine rote Rose. Kenne ich schon, alter Hut.«

Ich will versuchen sicherzustellen, daß die Pointe dieser Variante nicht verlorengeht. Ich diskutiere *nicht* den Fall, in dem ein Blitzschlag Mary zur halluzinatorischen Wahrnehmung einer roten Rose verhilft. Das ist natürlich eine weitere »Möglichkeit«, aber es ist nicht die Möglichkeit, die ich hier einführen möchte. Ich nehme statt dessen an, daß der Blitzschlag Sumpf-Marys Gehirn in den dispositionalen Zustand – den Zustand, bestimmte Fähigkeiten zu haben – versetzt, in den *ihr Gehirn* durch eine Wahrnehmung *versetzt worden wäre*, hätte sie eine solche (halluzinatorisch oder nicht) gemacht. Nach dem kosmischen Zufall mag Sumpf-Mary *glauben*, eine rote Rose gesehen, Rot erlebt, sich in einem Gehirnzustand desjenigen Typs befunden zu haben, der Wahrnehmungen von Rot zugrunde liegt. Aber sie hat keine rote Rose gesehen. Es ist nur so, als sei es so gewesen. Vielleicht *erinnert sie fälschlich oder scheint sich bloß zu erinnern* (genau wie der Sumpfmensch, siehe Davidson 1987), eine rote Rose gesehen zu haben. Oder vielleicht sind – obwohl ihr jegliche derartigen episodischen Erinnerungen fehlen – ihre Fähigkeiten ansonsten allesamt so geartet, *als ob* es solche Episoden in der Vergangenheit gegeben hätte. (Schließlich kann man seine ersten Farbwahrnehmungen vergessen und gleichwohl über phänomenale Begriffe verfügen, oder nicht?) *Ex hypothesi* machte sie keine derartigen Wahrnehmungen, was immer sie jetzt glauben mag; alle trügerischen Erinnerungen an Farben wurden durch den Blitzschlag unerlaubterweise in ihre Gedächtnis-Box gesteckt. Hey, es ist doch (ganz gewiß) *logisch* möglich. Sumpf-Mary gleicht Mary aufs Haar, sie ist ein Atom-für-Atom-Duplikat von Mary in jedem Augenblick ihres Lebens außer für das kurze Blitzschlag-Intermezzo, das das zufällige (aber nicht übernatürliche) Kunststück vollbringt, auf einen Schlag das zustande zu bringen, was eine Wahrnehmung dieser Rose auf gewöhnlicheren kausalen Wegen bewerkstelligen würde. Daraus folgt, daß diejenigen, die meinen, es gebe »bestimmte Begriffe, die [...] nur auf der Grundlage besessen und angewandt werden können, daß man die betreffenden bewußten Erfahrungen selbst gemacht hat« (G&H, die hier von Tye sprechen, S. 65), kontingenterweise richtigliegen mögen. Aber es ist logisch möglich, sich diese beneidenswerte Fähigkeit auf irgendeine zufällige Weise zu erwerben. (Diese Worte kommen mir nur schwer über die Lippen, aber ich mache das Spiel nach Kräften mit.)

Uns liegen jetzt zwei Wege zu Marys Klugheit nach ihrer Entlassung vor: der bewährte Weg, die »betreffenden Erfahrungen selbst zu machen«, und der logisch mögliche Weg des kosmischen Zufalls, den Sumpf-Mary geht. Den zweiten Weg kann man vergessen; ihn zu diskutieren lohnt sich nicht. Was sich hingegen zu diskutieren *lohnt*, ist ein dritter Weg zu diesem Gipfel, kein Pseudowunder, sondern ein Aufstieg mittels ehrlicher, harter Arbeit: Mary setzt ihr ganzes Wissen über Farben ein und *findet heraus*, wie es genau ist, Rot (und Grün und Blau) zu sehen, und ist daher kein bißchen überrascht, wenn sie ihre erste Rose sieht. Weil manche Philosophen glauben, Mary könne das schlicht nicht zustande bringen, möchte ich zu zeigen versuchen, genau wie ihr das gelingen könnte. Dabei werde ich mich einer kleinen Simplifizierung bedienen: Ich werde ein letztes Mal an den Knöpfen drehen und die Farbwissenschaftlerin Mary in einen Roboter verwandeln.

4. RoboMary

Ich starte – der Verständlichkeit halber – mit einer bewußt schlichten Version und baue erst nach und nach diejenigen Komplikationen ein, auf die die Zweifler so großen Wert legen. In Anlehnung an das kooperative Reverse Engineering numeriere ich die Knöpfe an meiner Intuitionen-Pumpe und füge kurze Kommentare darüber an, inwiefern ihre Knöpfe mit den Knöpfen anderer Varianten der ursprünglichen Intuitionen-Pumpe übereinstimmen oder sich von ihnen unterscheiden.

1. RoboMary ist ein gewöhnlicher Mark-19-Roboter – mit einer Einschränkung: RoboMary wurde ohne Farbwahrnehmung in Betrieb genommen. Sie verfügt über Schwarzweißvideokameras, aber ihre übrige Hardware eignet sich zur Farbwahrnehmung – die zur Standardausstattung von Mark-19-Robotern gehört.

RoboMary besitzt somit, genau wie Mary, die »normale« *interne* Ausstattung für »Farbwahrnehmung«. An ihrer Peripherie wird sie jedoch vorläufig – von »Geburt an« – daran gehindert, den geeigneten Input zu erhalten. Die Schwarzweißkameras von Mary sind eine hübsche Entsprechung der Isolation der menschlichen Mary, und wir können RoboMary in den psychophysikalischen und neurowissenschaftlichen Zeitschriften, die sie mit ihren Schwarzweißkameraaugen liest, nach Belieben blättern lassen.

2. Während sie auf ein Paar Farbkameras wartet, die ihre Schwarzweißkameras ersetzen sollen, lernt RoboMary soviel sie nur kann über die Farbsichtigkeit von Mark-19-Robotern. Sie kann sich sogar farbige Gegenstände und auch normal farbsichtige Mark-19-Roboter in ihre Gefängniszelle bringen lassen und deren interne und externe Reaktionen mit ihren eigenen Reaktionen vergleichen.

Etwas in dieser Art könnte auch Mary tun, wenn auch auf etwas mühsamere Weise – sie müßte während der Durchführung der ganzen Experimente, die für die Zusammenstellung dieses bewundernswert vollständigen Kompendiums an physikalischen Informationen nötig sind, Schwarzweißfernsehen schauen. Das regt zu einer bescheidenen Verbesserung der Originalfassung von Jackson an, in der Marys Augen – und insbesondere die Zapfen in der Retina – normal sein sollen und die ganze Farbbarrikade mit Hilfe von Gefängnismauern, der Konfiszierung von Spiegeln, weißen Handschuhen usw. errichtet werden muß. Wie viele Kommentatoren festgestellt haben, wäre eine solche Welt gleichwohl eine ergiebige Quelle für chromatischen Input – Schatten und derartiges, ganz zu schweigen von verschiedenen »Weißschattierungen«. Jacksons Originalfassung wäre um einiges stimmiger, hätte er einfach festgesetzt, daß Camcorder mit Schwarzweißokularen vor Marys Augen geschnallt sind, so daß sie ihr Leben lang in die Welt schaut wie jemand, der seinen Urlaub in Europa auf Video aufzeichnet.

3. Sie lernt alles über das Millionen von Farbabstufungen umfassende Farbkodierungssystem, das alle Mark-19-Roboter besitzen.

Wir wissen nicht, ob alle Menschen das gleiche Farbkodierungssystem besitzen. Tatsächlich können wir sogar ziemlich sicher sein, daß es nicht so ist, aber was soll's? Das ist nur ein verkomplizierendes Detail. Wenn Mary *alles* weiß, kennt sie auch alle Varianten der Farbkodierung beim Menschen, auch ihre eigene.

4. Dank ihres enormen Wissens entwirft sie einen Kode, der sie in die Lage versetzt, den Input aus ihren Schwarzweißkameras zu kolorieren (à la Ted Turners Kabelsender) – in Entsprechung zu den umfangreichen Daten, die sie darüber zusammengetragen hat, was Gegenstände in der Welt farbig macht und wie Mark-19-Roboter Farben üblicherweise kodieren. Wenn sie jetzt also mit ihren Schwarzweißkameras eine reife Banane betrachtet, »sieht sie für sie gelb aus«, weil ihre kolorierende Prothese das reguläre Farbnummernprofil reifer Bana-

nen schnell nachgeschlagen und bei den entsprechenden Pixeln in jedes Frame digital eingetragen hat.

Somit sieht eine reife Banane jetzt für sie gelb aus? Ist das nicht schlicht die Roboter-Version der Phosphene und der transkranialen Magnetstimulation, alles Mogelpackungen, mit deren Hilfe Farberlebnisse in RoboMary hineinkommen? Oder ist es einfach ein drastisches Bild der immensen Kenntnisse der »Farbphysiologie«, an denen sich RoboMary – wie auch Mary – erfreut? Was dürfen beide jeweils mit ihrem Wissen anfangen? Lassen Sie uns den Knopf in beide Richtungen drehen und schauen, was passiert. In der ersten und einfachsten Variante ist festgelegt, daß RoboMary – genau wie Mary – in ihrem Bemühen, vorwegzunehmen, wie es sein wird, Farben zu sehen, *ihre Vorstellungskraft* nach Belieben *einsetzen* darf. Und genau das tut sie auch – schließlich ist keine zusätzliche Hardware beteiligt: Sie denkt – von uns schlicht festgesetzt – bloß darüber nach, wie es unter verschiedenen Bedingungen sein könnte, Farben zu sehen. (Wir können davon ausgehen, daß sie über Dutzende von verschiedenen Kolorierungskodierungen nachdenkt.)

5. Sie fragt sich, ob das ersatzweise in ihr installierte Kolorierungsprogramm eine hohe Wiedergabetreue besitzt. Also gleicht sie während der Forschungs- und Entwicklungsphase die Zahlen in ihren Registern (die Register, die die Informationen über die Gegenstände vor ihren Kameras vorübergehend speichern) mit den Zahlen der gleichen Register anderer Mark-19-Roboter ab, die die gleichen Gegenstände mit ihren Farbkameraaugen betrachten. Sie nimmt, wenn nötig, Anpassungen vor und entwickelt allmählich eine anständige Beschreibung der Farbsichtigkeit von üblichen Mark-19-Robotern.

Im Fall von RoboMary ist klar ersichtlich, welchen Gebrauch sie von ihrem Wissen über Farben und über die Farbsichtigkeit von Mark-19-Robotern machen kann. Es ist aber natürlich alles andere als offensichtlich, auf welche Weise Mary von ihrem Wissen

Gebrauch machen kann. Das zeigt jedoch nur, wie tückisch die ursprüngliche Intuitionen-Pumpe ist. Sie behindert selbst den Versuch, uns die Aufgabe, vor der Mary steht, vorzustellen – die Aufgabe, herauszufinden, wie es ist, Rot zu sehen.

> 6. Der große Tag ist da. Als sie schließlich ihre Farbkameras installiert bekommt, ihre Kolorierungssoftware deaktiviert und ihre Augen öffnet, bemerkt sie ... nichts. Tatsächlich muß sie sich erst vergewissern, ob die Farbkameras überhaupt angeschlossen sind. Sie hat nichts gelernt. Sie wußte bereits genau, wie es für sie sein würde, Farben zu sehen.

Bevor wir uns der Version zuwenden, in der es RoboMary untersagt ist, ihre Farbregister auf diese Weise zu adjustieren (wodurch in ihr vorzeitige Farberlebnisse produziert werden), sollte ich auf einen Einwand eingehen, den wohl viele gewichtiger finden:

> Roboter *haben* keine Farberlebnisse! Roboter haben keine *Qualia*! Dieses Szenario behandelt nicht auch nur annähernd den gleichen Gegenstand wie die Geschichte der Farbwissenschaftlerin Mary.

Ich vermute einmal, viele würden sich diesem Einwand gerne anschließen. Aber sie sollten sich wirklich zurückhalten, wollten sie nicht Gefahr laufen, auf eklatanteste Weise eine *petitio principii* zu begehen. Der zeitgenössische Materialismus – zumindest in der von mir vertretenen Version – stimmt der Behauptung fröhlich zu, daß *wir* eine Art von Robotern sind – aus Robotern gemacht, die ihrerseits aus Robotern gemacht sind. Diejenigen, die mein Szenario von vornherein als irrelevant abtun, argumentieren nicht für die Falschheit des Materialismus. Sie setzen sie vielmehr voraus und veranschaulichen ihre Voraussetzung mit ihrer Version der Geschichte über Mary. (Das ist vielleicht als Anthropologie interessant, gibt aber wohl kaum Aufschluß über die wissenschaftliche Erforschung des Bewußtseins.)

5. Die blockierte RoboMary

Lassen Sie uns den Knopf jetzt in die andere Richtung drehen und überlegen, wie RoboMary vorgehen müßte, wenn es ihr untersagt ist, an ihren Farbwahrnehmungsregistern herumzuhantieren. Ich weiß nicht, wie es Mary auf stimmige Weise unmöglich gemacht werden könnte, ihr Wissen dazu zu verwenden, ihr eigenes Gehirn in die betreffenden Vorstellungs- und Wahrnehmungszustände zu versetzen. Aber ich kann die Software leicht beschreiben, die RoboMary daran hindern würde. Um derartige Selbststimulationsgaunereien zu verhindern, richten wir es so sein, daß RoboMarys Farbwahrnehmungssystem – der Speicherbereich, in dem vorübergehend die Kodes für jedes Pixel in Marys Sehfeld verwaltet werden (ob tatsächlich gesehen oder nur vorgestellt) – auf Graustufenwerte beschränkt ist. Das ist einfach: Wir sorgen für eine Kodierung der Graustufenwerte (von Weiß über viele Graustufen bis hin zu Schwarz) etwa durch Zahlen bis Tausend und filtern (durch Subtraktion) alle Werte für Farbabstufungen in dem Millionen Abstufungen umfassenden, subjektiven Spektrum der Mark-19-Roboter einfach heraus. Und wir sorgen dafür, daß dieses Unterprogramm absolut verläßlich läuft. Welche Versuche sie auch anstellen mag, RoboMary kann ihr »Gehirn« nicht so manipulieren, daß es in irgendeinen der Farbwahrnehmungszustände gewöhnlicher Mark-19-Roboter übergeht. Sie besitzt ihr ganzes, mühsam erworbenes Wissen über dieses Farbwahrnehmungssystem, kann dieses Wissen aber nicht einsetzen, um ihre eigenen Register so einzustellen, daß sie mit denen ihrer Artgenossen übereinstimmen.

Das entmutigt sie jedoch ganz und gar nicht. Sie entwickelt durch Nutzung einiger Terabytes an freiem (nicht belegtem) RAM ein Modell von sich selbst. Und *von außen, auf genau die Art und Weise, in der sie ein Modell der Farbsichtigkeit eines anderen Wesens entwickeln würde*, findet sie heraus, genau wie sie in jeder nur möglichen Farbsituation reagieren würde.

Ich habe festgestellt, daß es vielen schwerfällt, sich vorzustellen, wie detailliert und umfangreich dieses Dritte-Person-Wissen sein würde, so daß wir uns zur Veranschaulichung einige Details gönnen sollten. Sie bekommt eine reife Tomate und knallt sie direkt vor ihren Schwarzweißkameras auf den Boden. Das verschafft Mary einige mittlere Graustufenwerte, die sie dann in eine Reihe verschiedener Folgezustände übergehen lassen. Sie führt automatisch den üblichen »Form-durch-Schattierung-Algorithmus« aus, wodurch sie zu den gewöhnlichen Überzeugungen über die Wölbungen der zerquetschten Tomate vor ihr usw. gelangt. Und durch visuell gestütztes Abtasten kommt sie zu vielen Überzeugungen über ihre weiche Konsistenz. Sie informiert sich in einem Sachlexikon über die übliche Farbpalette von Tomaten, und sie weiß, daß diese Grauwerte bei diesen Lichtverhältnissen zur Eigenschaft passen, rot zu sein. Aber natürlich kommt nichts direkt über Farben bei ihr an, weil sie nun einmal Schwarzweißkameras besitzt; und zudem kann sie ihr Buchwissen nicht zu einer Adjustierung ihrer Werte nutzen, weil ihr Farbsystem blokkiert ist. Somit kann sie sich – wie angekündigt – nicht selbst direkt in einen Zustand des *Wahrnehmens einer roten Tomate* und nicht einmal in einen *Zustand des Sich-Vorstellens einer roten Tomate* versetzen. Sie sieht sich die (grau erscheinende) Tomate an und reagiert auf zig verschiedene Weisen im Rahmen von vielleicht Hunderten oder Tausenden von temporären Einstellungen ihrer kognitiven Maschinerie. (Forscher richten ihre Aufmerksamkeit selten auf mehr als ein oder zwei Folgeerscheinungen eines Wahrnehmungszustandes, den sie in ihren Versuchspersonen hervorrufen konnten. Sie neigen dazu, das zu ignorieren, was ich die Schwierige Frage [*Hard Question*] genannt habe – *und was passiert dann?* [Dennett 1991, S. 255.] Es passiert eine Menge.) Wir können den enorm umfangreichen Zustand ihrer *gesamten Reaktionen* auf den blockierten Farbzustand den *A-Zustand* nennen. Sie vergleicht dann den A-Zustand mit dem Zustand, in den das Modell von ihr übergeht. Ihr Modell ist nicht blockiert, es geht sofort in den Zustand über, in den jeder gewöhnliche Mark-19-Roboter übergehen würde, sähe er eine rote Tomate. Und weil es sich um ein Modell von ihr selbst handelt, geht es folglich in den Zustand B über, in den Zustand, in den sie übergehen würde, wäre ihr Farbsystem nicht blockiert. RoboMary vermerkt alle Unterschiede zwischen Zustand A – dem Zustand, in den sie aufgrund ihres blockierten Farbsystems versetzt wurde – und Zustand B – dem Zustand, in den sie versetzt worden wäre, wäre ihr Farbsystem nicht blockiert gewesen. Und sie nimmt, weil sie ein solch gescheites, unermüdliches und nahezu allwissendes Wesen ist, alle erforderlichen Adjustierungen vor und *versetzt sich selbst in den Zustand B*. Der Zustand B ist *per definitionem keiner* der ihr verbotenen Zustände der Farbwahrnehmung (oder auch des Vorstellens einer Farbe); er ist der Zustand, der normalerweise (in einem Wesen, das ihr exakt gleicht) durch einen derartigen, ihr verbotenen Farbwahrnehmungszustand verursacht wird. Aber jetzt kann sie wissen, wie es genau ist, eine rote Tomate zu sehen, weil es ihr gelungen ist, sich selbst in genau einen solchen dispositionalen Zustand zu versetzen. (Das ist natürlich das Schwerstarbeitgegenstück zu dem an ein Wunder grenzenden Kunststück, das im Fall von Sumpf-Mary durch den kosmischen Zufall eines Blitzschlags vollbracht wurde.)

Nach Abschluß dieser enorm aufwendigen Arbeit ist ihre epistemische Situation von derjenigen epistemischen Situation ununterscheidbar, in der wir ihr gestatten, ihren Input zu kolorieren. Wenn die Sperre ihres Farbsystems aufgehoben und sie mit Farbkameras ausgestattet ist, warten keine Überraschungen auf sie. Wenn sie ihr Modell ihrer selbst bis ins letzte Detail fertiggestellt hat, kann sie es sogar einrichten, daß dieses Modell die Stelle ihres blockierten eigenen Farbsystems einnimmt – ein Ersatzfarbsystem, von dem sie in einem Umfang Gebrauch machen kann wie der fiktive Dennett von seinem Ersatzcomputergehirn in »Where Am I?« (Dennett 1978, Kap. 17). Denken Sie daran: RoboMary kennt alle physikalischen Tatsachen; und das ist eine Menge.

Zu guter Letzt: Ich habe festgestellt, daß manche Philosophen meinen, ich hielte mich in meinem Zugang zu Qualia nicht an die

Spielregeln: Ich respektiere nicht die Standardregeln für philosophische Gedankenexperimente. »Aber Dan, Dein Ansatz ist so *kontraintuitiv*!« Ach! Gerade das ist ja auch der Witz. Natürlich ist er kontraintuitiv; niemand hat je behauptet, daß die wahre materialistische Theorie des Bewußtseins auf eine fade, uninteressante Weise intuitiv plausibel sein würde. Ich habe schon immer nachdrücklich darauf hingewiesen, daß sie *sehr* kontraintuitiv sein könnte. Das ist an dieser Stelle das Problem mit einer »rein« philosophischen Methode: Sie stellt nicht die Ressourcen dafür bereit, kontraintuitive Theorien zu entwickeln oder sie auch nur ernst zu nehmen. Aber weil es ein ziemlich sicherer Tip ist, daß die wahre materialistische Theorie hochgradig kontraintuitiv sein wird (wie die Kopernikanische Theorie – zumindest anfangs), läuft das darauf hinaus, daß sich eine »reine« Philosophie der Wahrheit gerade verschließen und sich so lange auf konservative begriffliche Anthropologie zurückziehen muß, bis der Fortschritt der Wissenschaft sie aus ihrem Elend befreit. Philosophen haben die Wahl: Sie können mit Alltagsbegriffen herumhantieren (die Philosophie der Alltagssprache lebt – als eine Art von aprioristischer Anthropologie – fort), oder sie können die Behauptung ernst nehmen, daß einige dieser Alltagsbegriffe Illusionen erzeugen. Und diese Sicht der Dinge nimmt man dadurch ernst, daß man Theorien *in Erwägung zieht und prüft*, die Revisionen dieser Begriffe vorschlagen.

6. Erklären wir bereits das Bewußtsein?

1. Der mühsame Weg zu einem Konsens

Am Ende der Dekade des Gehirns (1990 von Präsident Bush ausgerufen) fangen wir allmählich an zu erkennen, wie das menschliche Gehirn Bewußtsein zustande bringt.[1] Dehaene und Naccache (in Dehaene und Naccache 2001)[2] meinen feststellen zu können, daß zur Zeit Ergebnisse aus vielen, ziemlich verschiedenen Ecken im Modell des »global neuronal workspace« zusammenlaufen. Noch müssen viele unterschiedliche Schwerpunktsetzungen verhandelt und zweifellos einige Detailfehler behoben werden, aber es bestehen hinreichend viele Gemeinsamkeiten, auf denen man aufbauen kann. Ich stimme den beiden zu und werde versuchen, diese sich abzeichnende Sichtweise in etwas anderen Worten zu beschreiben, und dabei einige zentrale Punkte hervorheben, die häufig Widerstand hervorrufen – in der Hoffnung, damit die weitere Konsolidierung zu beschleunigen. (Am Vorabend der Dekade des Gehirns hatte Baars [Baars 1988] bereits einen »sich formierenden Konsens« in ganz ähnlichen Worten beschrieben: Er sagte, Bewußtsein werde durch eine »dezentralisierte Gemeinschaft von Spezialisten« zustande gebracht, »die mit einem Arbeitsspeicher – mit der Bezeichnung ›global workspace‹ – ausgestattet ist, dessen Gehalte dem System insgesamt zur Verfügung gestellt werden können« [S. 42]. Sollte, worauf Jack und Shallice [in Jack und Shallice 2001] aufmerksam machen, Baars' funktionale Neuro-

1 Dieses Kapitel erschien ursprünglich als ein abschließender Überblicksartikel über die Abhandlungen in einem 2001 erschienenen Sonderband von *Cognition* zur kognitiven Neurowissenschaft des Bewußtseins, herausgegeben von Stanislas Dehaene (wiederabgedruckt bei MIT Press, 2001). Einige kurze Abschnitte in diesem Kapitel finden sich wortgetreu (oder nahezu wortgetreu) bereits in früheren Kapiteln des vorliegenden Buches. Ich habe keine Änderungen vorgenommen, um den Zusammenhang nicht zu zerstören, in dem sie ursprünglich veröffentlicht wurden.

2 Alle nachfolgenden 2001er Zitate stammen aus Arbeiten in diesem Band.

anatomie mittlerweile überholt sein, zeugt das von dem Fortschritt, den wir in der Zwischenzeit gemacht haben.)

Ein Konsens mag sich abzeichnen, aber der verführerische Reiz der nicht beschrittenen Wege ist nach wie vor stark, und ein Teil meiner Aufgabe in diesem Kapitel wird darin bestehen, einige Rückfälle zu diagnostizieren und therapeutische Gegenmaßnahmen vorzuschlagen. Diejenigen, die weiterhin vehement gegen diesen Konsens opponieren, werden natürlich glauben, ich sei derjenige, der eine Therapie nötig hat. Das sind diffizile Fragen. Dehaenes und Naccaches Kurzfassung des Modells des »global neuronal workspace« lautet folgendermaßen (dieser Kurzfassung habe ich einige erläuternde Bemerkungen zu zentralen Termini angefügt – gedacht als freundliche Ergänzungen, die im weiteren Verlauf näher ausgeführt werden sollen):

> Zu jedem beliebigen Zeitpunkt sind viele modulare [1] neuronale Netzwerke parallel aktiv und verarbeiten unbewußt Informationen. Eine Information [2] wird jedoch bewußt, wenn die Neuronenpopulation, die die Information repräsentiert, durch [3] Top-down-Prozesse der Aufmerksamkeitsverstärkung in einen umfassenden Zustand kohärenter Aktivität versetzt wird, an der viele, im Gehirn verteilte Neuronen beteiligt sind. Die weitreichende Konnektivität dieser »Workplace-Neuronen« kann, wenn diese Neuronen für eine Mindestzeitspanne aktiv sind, [4] die Information einer Vielzahl von Prozessen zugänglich machen – einschließlich Wahrnehmungskategorisierungen, dem Speichern im Langzeitgedächtnis, Bewertungsprozessen und intentionalem Handeln. Wir postulieren, daß diese globale Verfügbarkeit von Informationen im »workplace« [5] das ist, was wir subjektiv als bewußten Zustand erleben. (S. 1.)

(1) Modularität kommt in Graden; auch gibt es verschiedene Arten von Modularität. Hier wird nur betont, daß es sich um Spezialisten-Netzwerke mit geringer Informationsverarbeitungsleistung handelt.

(2) Es gibt keinen etablierten Ausdruck für ein Ereignis im Gehirn, das ein Träger von Informationen über einen Gegenstand ist oder einen Gehalt hat (z. B. Informationen über Farbe irgendwo auf der Retina, Informationen über ein Phonem, das man gehört hat, Informationen über die Vertrautheit oder Neuheit von anderen Informationen, die gerade aufgenommen werden etc.). Wann

immer ein Spezialisten-Netzwerk oder eine unbedeutende Struktur etwas diskriminiert, irgendeinen Gehaltbestandteil fixiert, entsteht »eine Information« im Sinne von Dehaene und Naccache. Zu den Ausdrücken, die annähernd synonym verwandt werden, gehören »Signal«, »Gehalt-Fixierung« (Dennett 1991), »microtaking« (Dennett und Kinsbourne 1992), »wortloses Narrativ« (Damasio 1999) und »Repräsentation« (Jack und Shallice 2000).

(3) Wir sollten uns davor in acht nehmen, den Ausdruck »top-down« [»von oben nach unten«] allzu wörtlich zu verstehen. Weil es kein spezielles oberstes Organisationsgremium im Gehirn gibt, heißt das nur, daß eine solche Aufmerksamkeitsverstärkung nicht nur »bottom-up« [»von unten nach oben«] durch interne Merkmale des Verarbeitungsstroms reguliert wird, in dem diese Verstärkung abläuft, sondern auch durch *Seiten*einflüsse, durch konkurrierende, kooperierende und parallel laufende Aktivitäten, deren emergentes Endergebnis wir in einen Topf werfen und Top-down-Einfluß nennen könnten. Auf einem Kampfplatz gegeneinander opponierender Prozesse (wie in einer Demokratie) ist die »Spitze« dezentralisiert und nicht durch einen bestimmten Ort definiert. Gleichwohl gibt es inmitten dieser verschiedenen konkurrierenden Prozesse wichtige Verzweigungen und Schwellen, die auffallend verschiedene Auswirkungen haben können. Und gerade diese Unterschiede erklären die vortheoretischen Intuitionen über den Unterschied zwischen bewußten und unbewußten mentalen Ereignissen am besten. Wenn wir achtgeben, können wir den Ausdruck »top-down« als eine harmlose Anspielung verwenden und dabei ein anschauliches, aus grauer Vorzeit stammendes Bild einer verworfenen cartesianischen Theorie zur Markierung der wirklichen Unterschiede nutzen, die diese Theorie nicht einfing. (Das wird in meiner Diskussion des Aufsatzes von Jack und Shallice [Jack und Shallice 2001] weiter unten näher ausgeführt.)

(4) Wie lang muß diese Mindestzeitspanne sein? Lang genug, um die Information einer Vielzahl von Prozessen zugänglich zu machen – das ist alles. Man sollte der Versuchung widerstehen,

sich auszumalen, es gebe einen *weiteren* Effekt, der sich im Laufe der Zeit aufbauen muß, weil ...

(5) Die vorgeschlagene, einvernehmlich vertretene These besagt nicht, daß diese globale Verfügbarkeit die *Ursache* eines weiteren Effekts ist oder etwas völlig anderes bewerkstelligt – das Entfachen der Glut bewußter Qualia oder den Zutritt zum Cartesianischen Theater oder etwas Derartiges –, sondern daß sie, allein aus sich selbst, ein bewußter Zustand *ist*. Das ist der am schwersten verständliche und am schwersten akzeptierbare Bestandteil der These. Tatsächlich schrecken einige, die dem Rest des Konsenses zustimmen, an diesem Punkt zurück und fühlen sich genötigt anzunehmen, die globale Verfügbarkeit müsse irgendwie einen Effekt zeitigen, der über die durch eine solche globale Verfügbarkeit gewährleisteten, bloß computationalen und funktionalen Fähigkeiten hinausgeht. Ich werde geltend machen, daß diejenigen, die diese Intuition mit sich herumtragen, gerade in dem Moment kapitulieren, in dem der Sieg zum Greifen nahe ist. Denn diese »bloß funktionalen« Fähigkeiten sind genau die Fähigkeiten, die man erst auf der Grundlage von Bewußtsein besitzen können soll.

Genau an dieser Stelle sind Wissenschaftler dazu verleitet – oder auch dazu genötigt – worden, unverkennbar *philosophische* Thesen über das Bewußtsein zu verteidigen, und zwar auf beiden Seiten der Debatte. Manche haben die philosophischen Fragen mit Vergnügen aufgegriffen, andere nur widerwillig und mit einem unguten Gefühl – mit ungleichen Folgen. Im vorliegenden Aufsatz möchte ich einige Argumente und Argumentationsversuche beleuchten, einige davon untermauern, andere hingegen kritisieren, hauptsächlich aber zu zeigen versuchen, wie verhältnismäßig unbedeutend wirkende Entscheidungen über Wortwahl und Gewichtungen gemeinsam dazu beitragen können, die Vorstellungen von Theoretikern in die Irre zu führen. Gibt es ein »Schwieriges Problem« (Chalmers 1995, 1996), und wenn ja, worin besteht es? Und was könnte eventuell als Fortschritt in Richtung einer Lösung dieses Problems zählen? Auch wenn ich bislang standhaft verteidigt habe (was ich auch hier wieder tun werde), daß Chalmers' »Schwieriges Problem« eine Theoretiker-Illusion ist (Dennett 1996c, 1998a) – etwas, das eine Therapie nahelegt und kein reales Problem darstellt, das mit Hilfe einer revolutionären, neuen Wissenschaft gelöst werden müßte –, sehe ich es hier als meine Aufgabe an, zuerst das Durcheinander zu beseitigen und erst in einem zweiten Schritt Stellung zu beziehen. Wir wollen, ehe wir irgendwelche Treueschwüre abgeben, erst einmal so gut wie möglich verstehen, worum es hier genau geht und worum nicht.

Dehaene und Naccache (Dehaene und Naccache 2001) geben einen hilfreichen Überblick über die neueren Belege zugunsten dieses Konsenses. Viele dieser Belege werden in den anderen Beiträgen in diesem Band* ausführlicher analysiert, und ich möchte ihren Überblick zunächst durch einige aus ferner Vergangenheit stammende Vorgriffe ergänzen. Die zentralen Ideen sind nicht neu, wenngleich sie oft übersehen und unterschätzt worden sind. In einem Kommentar zu Oliver Selfridges bahnbrechendem Pandemonium, dem ersten Modell einer kompetitiven, nicht-hierarchischen computationalen Architektur, formulierte der Mathematiker John McCarthy (derjenige, der den Ausdruck »künstliche Intelligenz« [*artificial intelligence*] prägte) 1959 die grundlegende Idee der Hypothese des »global workspace« klar und deutlich:

> Ich möchte kurz etwas über einige Vorzüge des Pandemonium-Modells als eines konkreten Modells bewußten Verhaltens sagen. Wenn man ein Gehirn untersucht, sollte man einen Unterschied zwischen demjenigen Aspekt des Verhaltens machen, der bewußt zugänglich ist, und denjenigen Verhaltensweisen, die zweifellos ebenso wichtig sind, jedoch unbewußt ablaufen. Wenn man das Gehirn als ein Pandemonium – eine Ansammlung von Dämonen – auffaßt, kann vielleicht das, was in diesen Dämonen vor sich geht, als der unbewußte Bestandteil des Denkens betrachtet werden, und das, was sie einander in aller Öffentlichkeit zurufen, als der bewußte Bestandteil des Denkens. (McCarthy 1959, S. 147.)

* Gemeint ist der Sonderband von *Cognition*, siehe Fn. 1. [A. d. Ü.]

Und in einem klassischen Aufsatz machte der Psychologe Paul Rozin geltend, daß

> Spezialisierungen [...] die Bausteine für hierarchiehöhere Intelligenz bilden. [...] Zum Zeitpunkt ihrer Entstehung werden diese Spezialisierungen in demjenigen funktionalen System fest verdrahtet, dem sie laut Konstruktionsplan zu Diensten sind, und sind somit anderen Programmen oder Systemen des Gehirns unzugänglich. Ich behaupte, daß diese Programme im Zuge der Evolution anderen Systemen allmählich *zugänglicher* werden, im Extremfall die Ebene des Bewußtseins erreichen und auf den ganzen Bereich des Verhaltens oder der mentalen Funktionen angewandt werden können. (Rozin 1976, S. 246.)

Sowohl für McCarthy als auch für Rozin besteht der springende Punkt darin, daß die Zugänglichkeit der spezialisierten Dämonen *füreinander* (und nicht für irgendeine eingebildete übergeordnete Exekutive oder für ein Zentrales Ego) die dramatische Steigerung an kognitiver Kompetenz, die wir mit Bewußtsein verbinden, im Prinzip erklären kann: die Verfügbarkeit für bewußte Reflexion, der Nichtautomatismus (kurz gesagt), die Aufgeschlossenheit, die es einem Akteur mit Bewußtsein erlaubt, über alles in seinem Blickfeld nach Belieben nachzudenken. Diese Idee stand auch im Mittelpunkt dessen, was ich das Vielfache-Entwürfe-Modell (*Multiple Drafts Model*) genannt (Dennett 1991) und als eine Alternative zu dem traditionellen und nach wie vor weitverbreiteten Modell des Cartesianischen Theaters vorgelegt habe. Diesem Cartesianischen Modell zufolge gibt es einen Ort im Gehirn, zu dem die Arbeitsergebnisse aller unbewußten Module zum Zweck ihrer letztendlichen bewußten Würdigung durch das Publikum gesendet werden. Das Vielfache-Entwürfe-Modell stellte jedoch kein hinreichend anschauliches und für die Vorstellungskraft eingängiges Gegenmittel gegen die cartesianische Metaphorik bereit, mit der wir alle aufgewachsen sind. Deshalb habe ich kürzlich eine, wie ich finde, hilfreichere Leitmetapher vorgeschlagen: »Ruhm im Gehirn« (*fame in the brain*) oder »zerebraler Ruhm« (*cerebral celebrity*) (Dennett 1994a, 1996a, 1998a).

Die grundlegende Idee besagt, daß das Bewußtsein dem Ruhm stärker ähnelt als dem Fernsehen. Es ist *kein* spezielles »Repräsentationsmedium« im Gehirn, in das Ereignisse mit einem Gehalt umgewandelt werden müßten, um einem bewußt zu werden. Wie Kanwisher (in Kanwisher 2001) auf hilfreiche Weise hervorgehoben hat: »Die neuronalen Korrelate des Bewußtseins von einer bestimmten wahrgenommenen Eigenschaft finden sich in genau der neuronalen Struktur, die die Eigenschaft wahrnehmungsmäßig analysiert.« (S. 90.) Anstatt das Medium zu wechseln oder sich irgendwohin aufzumachen, um bewußt zu werden, können vordem nicht bewußte Gehalte genau da, wo sie sich bereits befinden, etwas erlangen, das Ruhm *ziemlich ähnlich ist* – und zwar im Wettbewerb mit anderen Gehalten, die nach Ruhm streben (oder nur das Potential dafür besitzen, Ruhm zu *erlangen*). Und das ist diesem Ansatz zufolge das, was Bewußtsein ist.

Natürlich kann Bewußtsein nicht buchstäblich *Ruhm* im Gehirn sein, weil berühmt zu sein heißt, ein geteilter intentionaler Gegenstand *bewußter mentaler Zustände* von vielen Leuten zu sein. Und auch wenn es hilfreich ist, das Gehirn als eine Zusammensetzung aus Horden von Dämonen (oder *Homunkuli*) zu betrachten, würden wir, wenn wir diese Dämonen in unserer Vorstellung mit all den Eigenschaften versehen würden, die sie bräuchten, um einigen ihrer Brüder zu zerebralem Ruhm zu verhelfen, diese subhumanen Komponenten mit zuviel menschlicher Psychologie ausstatten – und in das Modell (als einer Theorie des Bewußtseins) natürlich einen offenkundigen infiniten Regreß einbauen. Der drohende infinite Regreß läßt sich auf eine Weise verhindern, in der derartige Gefahren häufig erfolgreich abgewendet werden können: nicht indem man die grundlegende Idee aufgibt, sondern indem man sie abschwächt. Solange Ihre *Homunkuli* dümmer sind und weniger wissen als der intelligente Akteur, der aus ihnen zusammengesetzt ist, kann das Ineinanderschachteln von Homunkuli in Homunkuli ein Ende haben, indem es letztendlich an einem Punkt mit derartig wenig beeindruckenden Akteuren anlangt, daß diese durch Maschinen ersetzt werden können (Dennett 1978).

Bewußtsein ist also eher politische Macht als Ruhm – ein passender Slangausdruck ist *clout* (Macht, Einfluß, Schlagkraft). Wenn Prozesse um die Kontrolle über den Körper konkurrieren, dominiert derjenige mit der größten Macht die Szenerie so lange, bis ihn ein anderer mit noch größerer Macht ersetzt. In einigen Oligarchien besteht unter Umständen die einzige Möglichkeit, zu Macht zu kommen, darin, *mit dem König bekannt zu sein* – demjenigen, dem es allein zusteht, Macht und Privilegien zu verteilen. Unsere Gehirne sind demokratischer, tatsächlich sogar ein wenig anarchistisch. Im Gehirn gibt es keinen König, kein Cartesianisches Theater, keine Überwachung des staatlichen Fernsehprogramms; aber gleichwohl üben Gehalte im Laufe der Zeit stark unterschiedlich große politische Macht aus. In den Worten von Dehaene und Naccache (Dehaene und Naccache 2001) ausgedrückt, wird dieser politische Unterschied durch einen »Nachhall« in einer »anhaltenden Verstärkungsschleife« geschaffen, wobei die unterlegenen Konkurrenten bald in Vergessenheit geraten, unfähig, genügend Beachtung durch Spezialisten auf sich zu ziehen, um einen *sich selbst aufrechterhaltenden* Nachhall zustande zu bringen.

Eine Theorie des Bewußtseins muß erklären, wie einige wenige Gehalte zu dieser politischen Macht – mit all ihren *Folgen* – gelangen, während die meisten anderen, nachdem sie ihre bescheidenen Taten in den laufenden Projekten des Gehirns vollbracht haben, in Vergessenheit geraten. Warum ist dies eine Aufgabe für eine Theorie des Bewußtseins? Weil es das ist, was bewußte Ereignisse tun. Sie hängen herum und sonnen sich im Rampenlicht. Mit dieser Formulierung können wir uns allerdings nicht zufriedengeben. Es gibt nicht buchstäblich einen Scheinwerfer der Aufmerksamkeit, so daß wir diese verführerische Metapher letztlich durch eine Erklärung der funktional bestimmten Kräfte des *Erregens* von Aufmerksamkeit ersetzen müssen, ohne dabei eine bestimmte, einzigartige Quelle vorauszusetzen, die Aufmerksamkeit *schenkt.* Das heißt, daß wir zwei Fragen nachgehen müssen: Nicht nur (1): Wie wird dieser Ruhm im Gehirn erlangt? Sondern auch (2): *Und was passiert dann?* – die ich die Schwierige Frage genannt habe (Dennett 1991, S. 255). Man mag Aktivität in der einen oder anderen neuronalen Struktur als eine notwendige und hinreichende Bedingung für Bewußtsein betrachten, aber man muß dann auch die Bürde auf sich nehmen, zu erklären, wie *diese* Aktivität die politische Macht der an ihr beteiligten Ereignisse sicherstellt. Und das heißt, daß man sich sehr genau ansehen muß, wie die relevanten Kompetenzunterschiede durch Statusveränderungen im Gehirn möglich gemacht werden könnten.

Hurley (in Hurley 1998) liefert auf etwas andere Weise überzeugende Argumente dafür, die Schwierige Frage ernst zu nehmen: Das Selbst (und seine Surrogate, unter anderem die Cartesianische *res cogitans* und das Kantische transzendentale Ich) kann nicht durch Subtraktion ermittelt werden, nicht dadurch, daß man die verschiedenen Schichten der »Wahrnehmungs- und Bewegungsschnittstelle« zwischen dem Selbst und der Welt abschält. Wir müssen das traditionelle »Sandwich-Bild« verwerfen, wonach das Selbst durch verschiedene »Input«- und »Output«- Schichten von der Außenwelt getrennt ist. Im Gegenteil: Das Selbst ist etwas Umfangreicheres und Greifbareres, etwas in der Welt Sichtbares, etwas, das nicht nur über das Gehirn »verteilt« ist, sondern sich in die Welt hinaus ausbreitet. Unsere Handlungen und Wahrnehmungen werden nicht durch einen physikalischen oder metaphysischen Flaschenhals gezwängt – ungeachtet der Nützlichkeit solcher Begriffe wie »Stand*punkt*«. Der bloße Gehalt von Wahrnehmungen kann sich, wie Susan Hurley anmerkt, bei konstantem Input durch Veränderungen des Output ändern (ebd., S. 289).

Dieses gegenseitige Durchdringen von Effekten und Gehalten läßt sich ertragreich erforschen, und die Aufsätze (in dem Sonderband von *Cognition*, der der kognitiven Neurowissenschaft vom Bewußtsein gewidmet ist [in dem dieses Kapitel als ein Überblicksartikel erscheint]), zeigen verschiedene Wege für weitere

Forschungen auf. An diesen Aufsätzen beeindruckt mich besonders, daß sich die Autoren allesamt – auf ihre jeweilige Art und Weise – der Verpflichtung, die Schwierige Frage anzugehen, bewußter sind als viele Theoretiker vor ihnen. Das Ergebnis ist ein klareres, konturierter gezeichnetes Bild des Bewußtseins im Gehirn, in dem es keine irgendwo lauernden Geister mehr gibt. Wenn wir unsere *philosophischen* Zweifel an der Vorstellung vom Bewußtsein als einer Art umfassenden Ruhmes oder umfassender Macht beiseite schieben (seien sie nun ausgeräumt oder nicht), können wir uns auf eine verhältnismäßig unverzerrte Weise den empirischen Fragen nach den notwendigen – oder auch nur den üblichen – Mechanismen und Wegen widmen, wie es zu diesem interessanten funktionalen Status kommt. (Sofern wir unsere Zurückhaltung nicht aufgeben, uns aber daran erinnern möchten, was wir beiseite gelegt haben, können wir diesen Status im Anschluß an Jack und Shallice [Jack und Shallice 2001] einen *Typ-C*-Status nennen.)

Parvizi und Damasio (in Parvizi und Damasio 2001) behaupten beispielsweise, daß ein Spezialistenteam von Proto-Selbst-Bewertern im Mittelhirn einen zwar üblichen, aber nicht notwendigen Bewertungsprozeß ausführen, der einer Art Selektierung gleichkommt und entweder einem Gehalt zu nachhallendem Ruhm verhilft oder ihn in Vergessenheit geraten läßt. Dabei neigen diese Proto-Selbst-Bewerter dazu, denjenigen Gehalten zu Ruhm zu verhelfen, die für die momentanen Bedürfnisse des Körpers am wichtigsten sind. Driver und Vuilleumier (in Driver und Vuilleumier 2001) beschäftigen sich intensiv mit dem »Schicksal erloschener Stimuli«. Sie untersuchen einige der Arten und Weisen, wie aus mannigfaltigen Konkurrenzkämpfen – wie beispielsweise in dem von Desimone und Duncan (Desimone und Duncan 1995) vorgeschlagenen Alles-oder-nichts-Modell – nicht nur einzelne Gewinner hervorgehen, sondern diese Kämpfe auch jede Menge ziemlich starke Halbfinalisten oder bloße Mitläufer haben, deren Einflüsse verfolgt werden können, auch wenn sie nicht die offizielle – tatsächlich operationalisierte – Ruhmesplakette erringen: die anschließende sprachliche Artikulierbarkeit. (Darauf komme ich weiter unten noch ausführlicher zurück.) Kanwisher (in Kanwisher 2001) weist darauf hin, daß die bloße »Aktivierungsstärke« so lange kein Kennzeichen des Bewußtseins ist, solange wir nicht erkennen, welcher Gebrauch von dieser Stärke gemacht wird (»Und was passiert dann?«). Und sie schlägt vor, daß »die neuronalen Korrelate der *Gehalte* des visuellen Bewußtseins im ventralen Pfad repräsentiert sind, während man die neuronalen Korrelate der mit Bewußtsein verbundenen, allgemeiner anwendbaren *inhaltsunabhängigen* Prozesse (Aufmerksamkeit, Bindung etc.) vorwiegend im dorsalen Pfad findet« (S. 98). Das legt nahe (wenn ich ihre Behauptung richtig verstehe), daß das Erlangen oder Ausbleiben von Ruhm – wie in der großen, weiten Welt – davon abhängig sein kann, was zur gleichen Zeit *anderswo* passiert.

Jack und Shallice (in Jack und Shallice 2001) schlagen eine komplementäre Balance zwischen dem präfrontalen Cortex und dem anterioren cingulären Cortex vor, eine Art dualer Pfad – Hauptstraße vs. Nebenstraße. Der Schwierigen Frage schenken sie dabei besondere Beachtung: Was kann passieren, was muß passieren, was passiert vielleicht, wenn Prozesse des Typs C ablaufen? Oder anders formuliert: Wofür sind Prozesse des Typs C notwendig, wozu dienen sie normalerweise, wofür sind sie nicht notwendig? Von besonderer Bedeutung sind die Arten und Weisen, wie aufeinanderfolgende Sieger die Aussichten ihrer jeweiligen Nachfolger (auf Ruhm, auf Einfluß) grundlegend verändern, indem sie Ad-hoc-Strukturen erzeugen, die den Konkurrenzkampf vorübergehend regulieren. Solche auf der Ebene des Konkurrenzkampfes zwischen »Informationen« beschriebenen Effekte können den Startpunkt einer Erklärung bilden, wie man (ein Akteur, ein Subjekt) »den Raum möglicher Antworten formen« kann (Frith 2001, zu einer Diskussion siehe Jack und Shallice 2001). Diese Fähigkeit einer Information, den Konkurrenzkampfkontext für beliebige sie beerbende Informationen zu verändern, ist in der Tat eine dem Ruhm ähnliche Fähigkeit. Dieser ungeheuer große Einfluß unterscheidet diese Information nicht nur rückblickend von ihren damaligen Konkurrenten, sondern leistet auch – was ebenso wichtig ist – einen Beitrag zur Erzeugung einer verhältnismäßig dauerhaften Exekutive, die keinen bestimmten Ort im Gehirn einnimmt, sondern eine Art von politischer Koalition darstellt, die ersichtlich für einige Zeit *die Kontrolle über* die nachfolgenden Konkurrenzkämpfe innehat. Die Unterschiede zwischen solchen Folgen können beachtlich ausfallen, was besonders auf die kürzlich nachgewiesenen Effekte zutrifft, die – wie Dehaene und Naccache anmerken – die »Unmöglichkeit für Subjekte [d. h. Exekutiven]« aufzeigen, »die unbewußte Information strategisch zu nutzen« (Dehaene und Naccache 2001, S. 11) (etwa in Beispielen wie denen in Debner und Jacoby 1994 und Smith und Merikle 1999; zu einer Diskussion siehe Merikle et al. 2001).

Bewußtsein ist – wie auch Ruhm – keine *intrinsische* Eigenschaft und auch nicht nur eine *dispositionale* Eigenschaft. Es ist ein Phänomen, das einer Aktualisierung seines Potentials bedarf, und aus diesem Grund kann man in der Erforschung des Bewußtseins keine Fortschritte erzielen, solange man nicht die Schwierige Frage angeht und sich die Folgen ansieht. Betrachten Sie die folgende kleine Geschichte: Jim hat einen beachtlichen ersten Roman geschrieben, der bereits von einigen Kennern mit Begeisterung gelesen worden ist. Für das Erscheinen seines Bildes auf dem Titelblatt des *Time Magazin* sind bereits alle Vorbereitungen abgeschlossen, Oprah hat ihn für ihre Fernsehshow engagiert, es sind Lesungen im ganzen Land geplant, und Hollywood hat bereits Interesse an seinem Buch bekundet. So sieht es am Dienstag aus. Am Mittwoch morgen wird San Fransisco durch ein Erdbeben zerstört, und einen Monat lang richtet sich alle Aufmerksamkeit nur darauf. Ist Jim berühmt? Er wäre es, hätte es dieses verflixte Erdbeben nicht gegeben. Vielleicht *wird* er nächsten Monat, wenn sich alles wieder normalisiert hat, aufgrund früher vollbrachter Taten berühmt. Aber in dieser Woche war ihm kein Ruhm vergönnt – trotz der Tatsache, daß die Titelgeschichte bereits gesetzt und in den Druck gegeben wurde, nur um im letzten

Moment wieder zurückgezogen zu werden, sein Name bereits im *TV Guide* als Oprahs Gast angekündigt war und sein Roman stapelweise in den Schaufenstern der meisten Buchläden auslag. Es lagen alle *dispositionalen Eigenschaften* vor, die normalerweise für Ruhm hinreichend sind, aber weil ihre normalen Effekte ausblieben, blieb auch der Ruhm aus. Das gleiche (wie ich behauptet habe) trifft auf das Bewußtsein zu. Die Vorstellung, eine Information könne für einige wenige Millisekunden ohne irgendeine der üblichen Folgen bewußt sein, ist genauso versteckt inkohärent wie die Vorstellung, jemand könne für wenige Minuten ohne auch nur irgendeine der üblichen Folgen berühmt sein. Das Potential für Ruhm lag vor, aber Jim erlangte nicht wirklich Ruhm. Und gewiß besaß er keine *andere* Eigenschaft (eine geheimnisvolle Glut, eine charismatische Aura, einen dreifach verstärkten »tierischen Magnetismus« oder was auch immer), die ihn von den gleichermaßen völlig unbekannten Leuten in seiner Umgebung unterschieden hätte. Wirklicher Ruhm ist nicht die *Ursache* der ganzen üblichen Folgen; er *ist* nichts anderes als die üblichen Folgen.

Es ist unerläßlich, sich klarzumachen, daß genau dies auch auf das Bewußtsein zutrifft. Denn an dieser Stelle werden die Vorstellungen von Theoretikern oft in die Irre geführt: Es ist ein Fehler, nach einer *zusätzlichen* irrlichternden Eigenschaft des Bewußtseins Ausschau zu halten, deren sich manche Ereignisse im Gehirn vielleicht trotz der Tatsache erfreuen könnten, daß sie nicht in den Genuß der Früchte des Ruhmes im Gehirn kommen. Genau eine solche Suche unternimmt Block (in Block 2001). Er versucht, die »Phänomenalität« als etwas zu isolieren, das sich von Ruhm (»globale Verfügbarkeit«) unterscheidet, es aber gleichwohl verdient, als eine Spielart des Bewußtseins bezeichnet zu werden. »Phänomenalität ist Erleben«, erklärt er, aber was heißt das? Er gibt zu, zur Aufrechterhaltung der Unterscheidung zwischen Phänomenalität und globaler Verfügbarkeit etwas postulieren (und dafür auch Belege auftreiben) zu müssen, das er »Phänomenalität ohne Reflexivität« nennt – ein Erleben, von dem man nicht weiß, daß es vorliegt.

> Wenn wir bildgebende Verfahren dazu verwenden möchten, die neuronalen Korrelate der Phänomenalität ausfindig zu machen, müssen wir die phänomenale Seite der Gleichung festnageln. Hierfür müssen wir eine Entscheidung darüber herbeiführen, ob diejenigen Versuchspersonen, die sagen, sie sähen nichts, phänomenale Erlebnisse haben oder nicht.*

Aber was bleibt dann von der Behauptung übrig, daß Phänomenalität Erleben ist? Was ist *die Erlebnisseite* (im Unterschied zu was?) einer nicht umfassend verfügbaren Diskrimination? Wie die verschlungenen Wege von Blocks Odyssee erkennen lassen, muß ständig die einfachere Hypothese abgewehrt werden: Es gibt *potentiellen* Ruhm im Gehirn (in Entsprechung zu dem dispositionalen Status des bemitleidenswerten Romanautors Jim), und dann gibt es auch Ruhm im Gehirn, und diese beiden Kategorien genügen, um mit der Vielfalt an Phänomenen, die uns begegnen, fertig zu werden. Ruhm im Gehirn ist genug.

3. Gibt es auch ein Schwieriges Problem?

Die natürlichste Reaktion der Welt auf diesen Vorschlag besteht in einer freimütig geäußerten Ungläubigkeit: Er *scheint* das wichtigste Element auszulassen – das Subjekt! Viele neigen zu dem Einwand: »Es mag tatsächlich heftige Konkurrenzkämpfe zwischen ›Informationen‹ um politische Macht im Gehirn geben, aber Sie haben die Erste Person ausgelassen, die den Empfang für die Sieger ausrichtet.« Der Fehler hinter diesem schlechten Einwand besteht darin, nicht bemerkt zu haben, daß die Erste Person in Wirklichkeit bereits in die vielfältigen weiteren Effekte des politischen Einflusses, der sich in den Konkurrenzkämpfen erringen läßt, eingegangen ist. Manche Theoretiker haben in der Vergangenheit diesem Fehler dadurch Vorschub geleistet, daß sie schlicht davor zurückschreckten, der Schwierigen Frage nachzugehen. Damasio (in Damasio 1999) ist unseren zwei Fragen anhand der

* Dieses Zitat stammt aus einer unveröffentlichten Vorversion von Block 2001. [A. d. Ü.]

Bearbeitung von zwei eng miteinander verknüpften Problemen nachgegangen: Wie »erzeugt« das Gehirn »den Film im Gehirn«, und wie erzeugt das Gehirn »den *Anschein* eines Eigentümers und Zuschauers *innerhalb des Films*«? Und er hat festgestellt, daß einige Theoretiker, insbesondere Penrose (in Penrose 1989) und Crick (in Crick 1994), den taktischen Fehler begangen haben, sich fast ausschließlich auf das erste der beiden Probleme zu konzentrieren, wodurch sie die Bearbeitung des zweiten Problems auf unbestimmte Zeit verschoben haben. Merkwürdigerweise hat diese Taktik auf manche Beobachter eine beruhigende Wirkung. Sie stellen mit Erleichterung fest, daß diese Modelle anscheinend nicht die Existenz des Subjekts leugnen, sondern lediglich dieses Geheimnis *bisher* noch nicht in Angriff genommen haben. Ein Aufschieben scheint besser als ein Leugnen zu sein.

Ein Modell, das sich hingegen von Anfang an dazu verpflichtet, die Schwierige Frage anzugehen, übernimmt auch die Verpflichtung, eine Erklärung des Subjekts im Sinne »eines kollektiven, dynamischen, keiner Supervision bedürftigen Phänomens« zu liefern, wie es Dehaene und Naccache (in Dehaene und Naccache 2001) ausdrücken. Damit läuft man Gefahr, daß der Eindruck entsteht, das Subjekt werde ausgelassen, genau weil die ganze Arbeit, die das Subjekt vermutlich geleistet hätte, hätte es das Schauspiel genossen, bereits auf verschiedene Agenturen im Gehirn aufgeteilt worden ist und dem Subjekt nichts mehr zu tun bleibt. Wir haben das Problem des Bewußtseins nicht wirklich gelöst, solange nicht genau diese Exekutive in Subkomponenten zerlegt ist, die ihrerseits *offensichtlich* nur aus unbewußt und ohne Supervision arbeitenden (konkurrierenden, sich einmischenden, trödelnden ...) einfachen Arbeitern bestehen. Somit lassen diejenigen, die an Antworten auf die Schwierige Frage arbeiten, das Bewußtsein – entgegen dem ersten Anschein – nicht *aus*, sondern sie erklären das Bewußtsein, indem sie es *hinter* sich lassen. Das heißt, der einzige Weg hin zu einer Erklärung des Bewußtseins besteht darin, sich durch eine Erklärung der Effekte des Bewußtseins über das Bewußtsein hinauszubegeben. Es ist jedoch schwer, sich gegen das hartnäckige

Gefühl zu wehren, es müsse etwas geben, das ein solcher Ansatz ausläßt, etwas, das irgendwie *zwischen* den Ursachen des Bewußtseins und seinen Effekten angesiedelt ist.

Ihr Körper ist aus einigen Billionen Zellen zusammengesetzt, jede davon weiß absolut nichts von dem, was *Sie* wissen. Wenn wir das bewußte Subjekt erklären wollen, muß auf die eine oder andere Weise der Übergang von ahnungslosen Zellen zu Organisationen aus Zellen, die Wissen besitzen, vollzogen werden, ohne dabei irgendwelche magische Zutaten beizumischen. Manchen Theoretikern zufolge steht man angesichts dieser Anforderung vor einem garstigen Dilemma (z. B. Brook 2000). Legt man eine Theorie des wissenden Subjekts vor, die ihren Gegenstand wie eine leerstehende, vollautomatische Fabrik aussehen läßt – kein Subjekt in Sicht –, werden viele Beobachter den Eindruck haben, man hätte das Thema gewechselt oder den Gegenstand verfehlt. Wenn andererseits die eigene Theorie doch Aufgaben für das Subjekt vorsieht, wenn ein Bedarf an einem Subjekt als einem Zeugen besteht, hat man die Bearbeitung der Aufgabe, das zu erklären, was erklärt werden muß, aufgeschoben – auch wenn das Gefühl, das Gehirn sei doch bewohnt, einen falschen Trost spenden kann. Eine der heutzutage, wie ich finde, faszinierendsten Meinungsverschiedenheiten, die es schaffen, Intellektuelle in zwei Lager zu spalten, ist die zwischen denjenigen, die es offensichtlich – *offensichtlich* – finden, eine Theorie sei dadurch, daß sie das Subjekt ausläßt, als eine Theorie des Bewußtseins völlig untauglich (in Chalmers' Worten, sie weicht dem Schwierigen Problem aus), und denjenigen, für die es genauso offensichtlich ist, daß eine Theorie untauglich ist, die das Subjekt *nicht* ausläßt. Meiner Ansicht nach liegen die ersteren klar falsch, aber auch ihnen mangelt es gewiß nicht an innerer Überzeugung, wovon die folgenden Aussagen jüngeren Datums beredt Zeugnis ablegen:

> Sofern – kurz gesagt – eine Gemeinschaft von Computern in meinem Kopf lebt, sollte es dort auch besser jemanden geben, der die Verantwortung trägt; und, bei Gott, das sollte besser ich sein. (Fodor 1998, S. 207.)

An dieser Stelle besteht natürlich das Problem in der Behauptung, das Bewußtsein sei mit physikalischen Gehirnzuständen »identisch«. Je länger Dennett et al. mir zu erklären versuchen, was sie damit meinen, desto stärker wird meine Überzeugung, daß sie damit eigentlich meinen, das Bewußtsein existiere nicht. (Wright 2000, Kapitel 21, Fn. 14.)

Daniel Dennett ist der Teufel. [...] Es gibt keinen internen Beobachter, keine zentrale interpretative Instanz, kein anderes Selbst als das abstrakte »Zentrum narrativer Schwerkraft«, das seinerseits nichts anderes als eine nützliche Fiktion ist. [...] Für Dennett ist es kein Fall eines Königs ohne Kleider. Es ist eher so, daß in den Kleidern kein König steckt. (Voorhees 2000, S. 55-56.)

Das ist nicht nur mein Problem. Vor diesem Problem stehen alle, die eine wahrhaft naturalistische, materialistische Theorie des Bewußtseins entwerfen und verteidigen. Damasio hat dieses pädagogische (oder vielleicht diplomatische) Problem dadurch zu lösen versucht, daß er – indem er wortgewandt über das Selbst schreibt, erklärt, das Subjekt sehr ernst zu nehmen und ihm sogar seinen rechtmäßigen Platz in der Theorie des Bewußtseins *zurückzugeben* – den Anschein erweckt, der Gegenseite auf halbem Weg entgegenzukommen, während er still und leise das Selbst demontiert, es in »Proto-Selbste« zerlegt, die er in funktionalen, neuroanatomischen Begriffen als ein Netzwerk von Hirnstammkernen beschreibt (Parvizi und Damasio 2001). Dieses Bemühen um eine gewinnende Neubeschreibung, das ich begrüße, enthält manche eloquent formulierte Sätze, die jedoch in dem Sinne leicht mißverstanden werden können, daß sie denjenigen, die befürchten, das Subjekt werde übersehen, zuviel zugestehen. Insbesondere ein Abschnitt trifft den Kern der Kontroverse. Parvizi und Damasio diskreditieren einen früheren Ansatz, der »aus einer Zeit stammt, in der Bewußtseinsphänomene ausschließlich in Verhaltensbegriffen, Dritte-Person-Begriffen theoretisch angegangen wurden. Der kognitiven Erste-Person-Beschreibung der Phänomene wurde wenig Beachtung geschenkt, also dem Erleben des Subjekts, das Bewußtsein besitzt« (ebd., S. 136). Beachten Sie, daß die beiden *nicht* sagen, sie würden jetzt eine Erste-Person-Perspektive einnehmen. Sie sagen, sie würden jetzt der »Erste-Person-*Beschreibung*«

von Subjekten mehr Beachtung schenken. Tatsächlich halten sie sich strikt an die Grundregeln und Annahmen dessen, was ich *Heterophänomenologie* genannt habe – ein dezidiert *Dritte-Person-*Zugang zum Bewußtsein (Dennett 1991, Kapitel 4, »A Method for Phenomenology«, S. 98). Wie nimmt man Subjektivität aus der Perspektive der dritten Person ernst? Indem man die *Berichte* von Subjekten als Mitteilungen ihres subjektiven Erlebens ernst nimmt. Dieses Verfahren schränkt uns nicht auf die Erforschung menschlicher Subjektivität ein. Wie zahlreiche Autoren festgestellt haben, lassen sich Situationen herstellen, in denen sich manche Verhaltensweisen von Tieren, die keine Sprache sprechen, als »Kommentare« – wie es Weiskrantz (in Weiskrantz 1998) ausgedrückt hat – interpretieren lassen. Und Kanwisher (in Kanwisher 2001) weist darauf hin, daß beispielsweise in Newsomes Experimenten das Verhalten von Affen ein »angemessener Ersatz für einen derartigen Bericht« ist.

Für Wissenschaftler ist es schon immer gute wissenschaftliche Praxis gewesen, sich selbst als informelle Versuchspersonen in ihren eigenen experimentellen Aufbau zu begeben. Auf diese Weise lassen sich Intuitionen darüber erhärten, wie sich der experimentelle Aufbau anfühlt, und es läßt sich nachprüfen, ob man irgendwelche Randbedingungen, die mit den Interpretationen der Experimente interferieren könnten, übersehen oder unterschätzt hat. (Kanwisher führt hierfür ein schönes Beispiel an: Er lädt den Leser ein, die Rolle einer Versuchsperson im Rahmen eines Experiments mit rascher serieller visueller Reizdarbietung (*rapid serial visual display,* RSVP) einzunehmen, und bemerkt sozusagen von innen das Merkwürdige der Wahlaufgabe mit geschlossenem Antwortformat: Man ertappt sich bei dem Gedanken, das Wort »Tiger« passe so gut wie jedes andere Wort auch usw.). Aber Wissenschaftlern ist schon immer klar gewesen, daß die Erkenntnisse, die sie aus den an sich selbst durchgeführten Pilotstudien gewonnen haben, durch genau kontrollierte Experimente mit naiven Versuchspersonen bestätigt werden müssen. Solange man dieser Verpflichtung nachkommt, lassen sich egal welche Erkenntnisse, die man in Erste-Person-Untersuchungen sammeln mag, leicht in die Dritte-Person-Heterophänomenologie integrieren. Vorgebliche Entdeckungen, die mit dieser Verpflichtung nicht im Einklang stehen, mögen die eigene wissenschaftliche Arbeit anregen, anleiten, motivieren oder erhellen, aber *sie* sind keine Daten – die Überzeugungen der Versuchspersonen über sie sind die Daten. Wenn also eine Phänomenologin durch ihre eigene Erfahrung (in der ersten Person) – gleichgültig wie es zu einer solchen Erfahrung gekommen, welche Transformationen sie auch durchlaufen oder welchen Reflexionen sie unterzogen worden sein mag – zu der Überzeugung gelangt, es gebe eine Eigenschaft des Bewußtseins, die erklärt und in die Theorie aufgenommen werden muß, ist diese Überzeugung selbst ein schöner Befund, der einer Erklärung durch sie oder durch andere bedarf. Aber die Wahrheit ihrer Überzeugung darf in wissenschaftlichen Untersuchungen nicht vorausgesetzt werden. So etwas wie eine Erste-Person-Wissenschaft gibt es nicht. Wenn man also eine *Wissenschaft* vom Bewußtsein haben möchte, muß es eine Dritte-Person-Wissenschaft vom Bewußtsein sein – und das schadet gewiß nicht, wie die vielen (in dem Sonderband von *Cognition*) diskutierten Ergebnisse belegen.

Diese »Moral« ist in den hitzig geführten Debatten um die »Perspektive der ersten Person« massiv mißverstanden worden. Deshalb möchte ich hier die Gelegenheit ergreifen, darauf hinzuweisen, daß alle Untersuchungen, über die die Artikel (in dem Sonderband von *Cognition*) berichten, in Übereinstimmung mit den Grundsätzen der Heterophänomenologie durchgeführt worden sind. Legen sich die hier versammelten Forscher unnötigerweise selbst Fesseln an? Gibt es andere, fundiertere Weisen der wissenschaftlichen Erforschung des Bewußtseins? Das wurde kürzlich von Petitot und Kollegen (in Petitot et al. 1999) behauptet. Sie haben eine »naturalisierte Phänomenologie« vor Augen, die irgendwie über die Heterophänomenologie hinausgehen und der Perspektive der ersten Person irgend etwas entnehmen soll, das nicht in der hier favorisierten Manier aufgefangen werden kann. Ihre Anthologie enthält einige äußerst interessante Arbeiten, nicht ersichtlich ist jedoch, daß eine davon eine Form wissenschaftlicher Forschung ausfindig macht, die auf irgendeine Weise auch nur den Eindruck erweckt, diese Dritte-Person-Verpflichtung zu transzendieren. In einem Aufsatz wird eine solche Behauptung ausdrücklich gemacht – es handelt sich um den Aufsatz von Thompson, Noë und Pessoa über Vervollständigung bei der Wahrnehmung bzw. dem »Ausfüllen« (siehe auch Pessoa, Thompson und Noë 1998). Er berichtigt einige Fehler in meiner heterophänomenologischen Behandlung desselben Phänomens, ist jedoch, ungeachtet der gegenteiligen Behauptungen der Autoren, selbst ein ehrenwertes Stück Heterophänomenologie (siehe Dennett 1998b und ihre Erwiderung im gleichen Band). Chalmers hat die gleiche unbegründete Behauptung gemacht:

> Auch gehe ich davon aus, daß Erste-Person-Daten nicht vollständig in Begriffen von Dritte-Person-Daten über Hirnprozesse *und derartiges* ausgedrückt werden können. [Hervorhebung D. C. D.] [...] Das heißt, daß keine reine Dritte-Person-Beschreibung von Hirnprozessen und *Verhaltensweisen* [Hervorhebung D. C. D.] die Daten, die wir erklären möchten, genau ausdrücken wird, auch wenn solche Beschreibungen eine zentrale Rolle in der Erklärung spielen mögen. »Als Daten« sind diese Erste-Person-Daten also nicht auf Dritte-Person-Daten reduzierbar. (Chalmers 1999, S. 8.)

Diesen schnellfüßigen Überlegungen gelingt es, die Heterophänomenologie und ihre Aussichten vollständig zu übergehen. Die Heterophänomenologie ist ausdrücklich keine Erste-Person-Methodologie (wie bereits der Name deutlich macht), aber sie handelt auch nicht direkt von »Hirnprozessen und derartigem«. Sie ist eine sorgfältig durchdachte, objektive Extrapolation aus Mustern, die sich im Verhalten von Versuchspersonen, insbesondere in ihrem Produzieren von Texten und ihrem kommunikativen Verhalten, feststellen lassen. Und insofern handelt sie genau *von* den hierarchiehöheren kognitiven und emotionalen Dispositionen, die uns davon überzeugen, daß unsere Mitmenschen Bewußtsein haben. Durch den leichtfüßigen Übergang vom ersten kursiv hervorgehobenen Ausdruck zum zweiten (in dem obigen Zitat) vollführt Chalmers einen (vielleicht unbeabsichtigten) Taschenspielertrick und läßt dabei die Heterophänomenologie ohne Anhörung von der Bühne verschwinden. Seine Schlußfolgerung ist ein *non sequitur*. Er hat nicht nachgewiesen, daß Erste-Person-Daten nicht auf Dritte-Person-Daten reduzierbar sind, weil er nicht einmal den einzigen ernstzunehmenden Versuch berücksichtigt hat, zu zeigen, *wie* Erste-Person-Daten auf Dritte-Person-Daten »reduziert« werden können (auch wenn ich diesen Ausdruck nicht verwenden würde).

Der Dritte-Person-Zugang steht nicht im Widerspruch zu den subjektiven Nuancen der Erfahrung, und er ist auch nicht unbedingt darauf aus, sie zu ignorieren. Er beharrt einfach darauf, daß diese subjektiven Nuancen in *irgend etwas* verankert werden müssen – wirklich in irgend etwas –, das in wiederholbaren Experimenten ausfindig gemacht und bestätigt werden kann. Merikle und Kollegen (in Merikle et al. 2001) vertreten beispielsweise eine Position, wonach »Bewußtsein, nach subjektiven Maßstäben, auf der Grundlage von Selbstberichten der Person festgestellt wird, die etwas wahrnimmt«. Ihnen zufolge besagt eine der Annahmen dieses Ansatzes, daß »Informationen, die bewußt wahrgenommen werden, einen Wahrnehmenden in die Lage versetzen, auf die Welt zu reagieren und auf die Welt einzuwirken«. Wovon setzt sich diese Annahme ab? Von einer Auffassung – wie etwa die von Searle (in Searle 1992) und Chalmers (in Chalmers 1996) –, der zufolge das Bewußtsein die Rolle, derartige Leistungen zu ermöglichen, auch nicht spielen *könnte*, weil ein »Zombie« in der Lage sein könnte, all das zu tun, was eine Person mit Bewußtsein tut. Er könnte jeden Test bestehen, jeden Effekt berichten, ohne Bewußtsein zu besitzen. Eine der unvermeidlichen Implikationen der Heterophänomenologie oder eines jeden Dritte-Person-Zugangs zur Subjektivität besteht darin, daß man die Vorstellung, es könne einen Zombie geben – ein von Philosophen erdachtes Wesen, das in seinem Verhalten von einer Person mit Bewußtsein objektiv ununterscheidbar ist, jedoch kein Bewußtsein besitzt –, als eine Schimäre verwerfen muß.[3]

Manche werden, wie ich festgestellt habe, durch die Beobachtung von dem Zauber dieser Schimäre befreit, daß die Zombies der Philosophen all die in den Aufsätzen (in dem Sonderband von *Cognition*) beschriebenen funktionalen Unterschiede an den Tag legen würden. Der einzige Unterschied zwischen Zombies und gewöhnlichen Leute besteht laut denjenigen, die diese Unterscheidung ernst nehmen, darin, daß Zombies *Unbewußtseinsströme* haben, wo gewöhnliche Leute Bewußtseinsströme haben! Betrachten Sie in diesem Zusammenhang die Wortstamm-Ergänzungsaufgabe von Debner und Jacoby (in Debner und Jacoby 1994), die in Merikle et al. 2001 diskutiert wird. Wenn Versuchspersonen dazu aufgefordert werden, einen Wortstamm mit einem anderen als demjenigen Wort zu vervollständigen, das ihnen kurz als Priming-Reiz dargeboten (und dann maskiert) wurde, können sie dieser Aufforderung nur nachkommen, wenn sie sich des Priming-Wortes bewußt sind. Sie bevorzugen tatsächlich das Priming-Wort als Vervollständigung, wenn es ihnen derart kurz präsentiert wurde, daß sie es nicht bewußt wahrgenommen haben. Zombies würden natürlich den gleichen Effekt zeigen – wobei sie das Ausschlußverfahren nur in solchen Fällen befolgen könnten, in denen das Priming-Wort den Konkurrenzkampf erfolgreich bestanden und es bis in ihre *Un*bewußtseinsströme geschafft hätte.

4. Aber was ist mit den »Qualia«?

Dehaene und Naccache schreiben:

> [D]er Fluß von neuronalen Zuständen im »workspace«, der mit einem Wahrnehmungserlebnis verbunden ist, entzieht sich präziser verbaler Beschreibungen oder einer Speicherung im Langzeitgedächtnis. Außerdem sind seine De-

3 Zu einem Überblick über dieses unglückselige Thema siehe das *Journal of Consciousness Studies* 2 (1995), »Zombie Earth: A Symposium«, das kurze Abhandlungen vieler Autoren enthält.

> tails, auch wenn die grundlegende Organisation dieses Repertoires von allen Angehörigen einer Art geteilt wird, das Resultat eines epigenetischen Entwicklungsprozesses und für ein Individuum daher spezifisch. Somit sind die Gehalte des Wahrnehmungsbewußtseins komplexe, dynamische, facettenreiche neuronale Zustände, die nicht zur Gänze im Gedächtnis gespeichert oder anderen mitgeteilt werden können. Diese biologischen Eigenschaften könnten sich vielleicht dazu eignen, Intuitionen von Philosophen über die »Qualia« bewußten Erlebens zu untermauern, auch wenn noch umfangreiche neurowissenschaftliche Forschungen nötig sein werden, bevor sie gründlich verstanden sind. (2001, S. 30.)

Genau dieser Informationsüberfluß, den auch Damasio erwähnt (in Damasio 1999, siehe insbesondere S. 93), hat Philosophen in eine Definitionsfalle gelockt. Wenn man sich an die Beantwortung der Schwierigen Frage (»Und was passiert dann?«) setzt, kann man sicher sein, daß keine handliche, endliche Menge an Antworten die Fülle von Effekten und potentiellen Effekten ausschöpfen wird. Die subtilen individuellen Unterschiede, die durch Epigenese und tausenderlei zufällige Zusammentreffen geformt wurden, bringen eine einzigartige Mannigfaltigkeit an funktionalen (und auch *dys*funktionalen) Dispositionen hervor, die sich jeder knappen Auflistung von Effekten entzieht. Diese Dispositionen können drastisch sein – seitdem sie dieses gelbe Auto anfuhr, löst dieser Gelb-Ton jedesmal ihre Neuromodulator-Alarmfluten aus (Dennett 1991) – oder recht unbedeutend – eine kaum merkliche Entspannung, die durch den nostalgischen Duft eines Lieblingsessens aus der Kindheit hervorgerufen wird.

Somit wird man immer »etwas auslassen«. Wenn man diesem unvermeidlichen Rest den Namen *Qualia* gibt, ist sichergestellt, daß Qualia existieren, aber sie sind lediglich mehr von der gleichen Sorte: dispositionale Eigenschaften, die bislang noch nicht in die Liste aufgenommen worden sind (vielleicht weil sie die subtilsten, einer definitorischen Annäherung am schwersten zugänglichen dispositionalen Eigenschaften sind). Wenn man *Qualia* hingegen so definiert, daß sie weder Effekte von Erfahrungen sind (Reaktionen auf bestimmte Farben, verbale Äußerungen, Auswirkungen auf das Gedächtnis etc.) noch deren kausale Vorläufer

(Aktivität in der einen oder anderen cortikalen Region), sind Qualia per definitorischem Erlaß *intrinsische Eigenschaften* von Erfahrungen, Eigenschaften, die von sämtlichen Ursachen und Effekten von Erfahrungen isoliert und logisch unabhängig von allen dispositionalen Eigenschaften sein sollen. Durch eine solche Definition wird logisch sichergestellt, daß sie sich jeder funktionalen Analyse (im Sinne des weiten Funktionalismus) entziehen – aber es ist ein schaler Sieg, weil es keinen Grund gibt, zu glauben, daß solche Eigenschaften existieren!

Um diesen Punkt klarer vor Augen zu haben, vergleichen Sie die Qualia der Erfahrung mit der Kaufkraft des Geldes. Manche naiven Amerikaner kriegen es nicht aus ihren Köpfen, daß Dollars – im Unterschied zu Euro, Pfund oder Yen – einen *intrinsischen Wert* haben. (»Wieviel macht das in *echtem* Geld?«) Den Wert anderer Währungen »reduzieren« sie bereitwillig in dispositionalen Begriffen auf deren Wechselkurs mit Dollars (oder Gütern und Dienstleistungen), aber es kommt ihnen intuitiv so vor, als seien Dollars etwas anderes. Jeder Dollar, meinen sie, besitze etwas, das von seiner funktionalistischen Tauschkraft logisch unabhängig ist. Das könnte man seinen *Nimbus* nennen. Auf diese Weise definiert, ist sichergestellt, daß sich der *Nimbus* eines jeden Dollars den Theorien der Ökonomen auf alle Ewigkeit hin entzieht. Aber uns fehlt ein Grund, weshalb wir das glauben sollten – abgesehen von den tiefempfundenen Intuitionen dieser Leute, die jedoch erklärt werden können, ohne sie zu akzeptieren. Gerade eine solche Erklärung der Intuitionen von Philosophen schlagen Dehaene und Naccache vor.

Bedauerlicherweise ist der Ausdruck »Qualia« – ungeachtet meiner Warnungen (Dennett 1988, 1991 und 1994c) – von manchen kognitiven Neurowissenschaftlern übernommen worden. Diese Wissenschaftler wollten oder konnten nicht glauben, daß der Ausdruck für Philosophen eine eigentümliche logische Rolle in ihren Auseinandersetzungen mit dem Funktionalismus spielen soll, die die kognitive Neurowissenschaft *nicht* klären *kann*. Vielleicht wird uns ein Blick in die jüngere Vergangenheit darüber aufklären, wie es zu dieser Konfusion kam, und uns auch zu den wirklichen Problemen zurückbringen. (Der nächste Abschnitt wiederholt manches aus Kapitel 1.)

Funktionalismus ist die Idee, die bereits in dem alten Sprichwort aufbewahrt ist: Edel ist derjenige, der edel handelt. Etwas ist nur deshalb relevant, weil es etwas tun kann. Funktionalismus in diesem weitesten Sinne ist in den Naturwissenschaften dermaßen allgegenwärtig, daß er einer grundlegenden Annahme aller Naturwissenschaften gleichkommt. Und weil Naturwissenschaften immer nach Vereinfachungen Ausschau halten, nach den umfassendsten allgemeinen Prinzipien, die sich nur auftreiben lassen, hat der Funktionalismus in der Praxis einen Hang zum Minimalismus, einen Hang zu der Annahme, daß weniger, als man vielleicht dachte, wirklich relevant ist. Das Gravitationsgesetz besagt, daß es nicht von Bedeutung ist, aus welchem Stoff ein Gegenstand besteht – nur seine Masse ist von Bedeutung (und seine Dichte, ausgenommen in einem Vakuum). Die Flugbahn von Kanonenkugeln gleicher Masse und Dichte wird nicht davon beeinflußt, ob sie aus Eisen, Kupfer oder Gold gemacht sind. Es läßt sich zwar vorstellen, daß es von Bedeutung sein könnte, aber faktisch ist es nicht so. Flügel müssen keine Federn haben, um das Fliegen zu ermöglichen; und Augen müssen nicht blau oder braun sein, damit man mit ihnen sehen kann. Jedes Auge hat weit mehr Eigenschaften, als zum Sehen nötig sind. Und es ist die Aufgabe der Naturwissenschaften, die maximal allgemeine und maximal ›festlegungsarme‹ – also minimale – Charakterisierung egal welcher Leistung oder Fähigkeit zu finden. Es überrascht daher nicht, daß viele Kontroversen im normalen Wissenschaftsbetrieb die Frage betreffen, ob eine theoretische Richtung in ihrem Streben nach Allgemeinheit zu weit gegangen ist.

Seit den Anfängen der Kognitionswissenschaften wird eine besonders kühne Variante des funktionalistischen Minimalismus heftig diskutiert, und zwar die Idee, daß, ebenso wie ein Herz im wesentlichen eine Pumpe ist und im Prinzip aus allem möglichen bestehen könnte, solange es das erforderliche Pumpen zuwege bringt, ohne dabei das Blut zu beschädigen, auch der Geist im wesentlichen ein Kontrollsystem ist, das zwar faktisch von organischen Gehirnen implementiert wird, jedoch irgend etwas anderes, das *dieselben Kontrollfunktionen ausführen* kann, den Zweck ebenso gut erfüllen würde. Der Stoff, aus dem das Gehirn besteht – die chemischen Eigenschaften der Synapsen, die Rolle des Calciums in der Depolarisierung der Nervenfasern usw. – ist ungefähr so irrelevant wie die chemische Zusammensetzung jener Kanonenkugeln. Gemäß diesem verlockenden Vorschlag kann – zumindest fürs erste – selbst die zugrundeliegende Mikroarchitektur der Gehirnverbindungen für viele Zwecke ignoriert werden, weil Computerwissenschaftler bewiesen haben, daß jede Funktion, die von einer bestimmten computationalen Architektur ausgeführt werden kann, auch von einer anderen Architektur ausgeführt werden kann (wenn auch vielleicht nicht so effizient). Wenn es allein aufs Rechnen ankommt, können wir den Schaltplan des Gehirns und seine chemischen Eigenschaften ignorieren und uns nur um die »Software« kümmern, die darauf läuft. Kurz gesagt – und jetzt sind wir bei der provokativen Version angelangt, die der Anlaß für so viele Mißverständnisse ist: Im Prinzip könnten Sie Ihr feuchtes, organisches Gehirn durch einen Haufen Silizium-Chips und Drähte ersetzen und würden sogleich fortfahren zu denken (und Bewußtsein zu haben usw.).

Diese kühne Vision – Computationalismus oder »starke KI« (Searle) – besteht aus zwei Teilen: dem weitgefaßten Bekenntnis des Funktionalismus – edel ist, wer edel handelt – und einer bestimmten Anzahl an minimalistischen Wetten: Neuroanatomie ist nicht von Belang, chemische Eigenschaften sind nicht von Belang. Dieser zweite Teil diente vielen Möchtegern-Kognitionswissenschaftlern als Entschuldigung dafür, sich nicht in diese Bereiche einzuarbeiten – aus dem gleichen Grund, aus dem Ökonomen davon enthoben sind, irgend etwas über die Metallurgie der Münzen oder die chemischen Eigenschaften der Tinte und des Papiers für Kaufverträge zu wissen. Das ist eine in vielen Hinsichten gute Idee gewesen, aber aus ziemlich offensichtlichen

Gründen keine *politisch* kluge Ideologie, weil sie denjenigen Wissenschaftlern, die ihr Leben beispielsweise der funktionalen Neuroanatomie oder der Neurochemie widmen, innerhalb des gewaltigen Projekts einer Erklärung des Bewußtseins die verhältnismäßig unbedeutende Rolle als Elektriker und Klempner zuzuweisen drohte. Verärgert über diese verordnete Degradierung, haben sie sich energisch zur Wehr gesetzt. Die jüngste Vergangenheit der Neurowissenschaft kann als eine Reihe von Triumphen der Detailliebhaber betrachtet werden. Ja, die spezifische Geometrie der Konnektivität ist von Bedeutung; ja, die Lokalisierung bestimmter Neuromodulatoren und ihre Effekte sind von Bedeutung; ja, die Architektur ist von Bedeutung; ja, die zarten Rhythmen der Impulsmuster sind von Bedeutung – und so weiter. Viele der überzogenen Hoffnungen von opportunistischen Minimalisten sind zunichte gemacht worden. Sie hatten gehofft, sie könnten verschiedene Dinge ignorieren, und sie haben gelernt, daß das nicht geht – wenn man *x* oder *y* oder *z* ausblendet, kann man nicht erklären, wie der Geist funktioniert.

Dieses Ergebnis hat in manchen Kreisen den falschen Eindruck hinterlassen, dadurch sei die zugrundeliegende Idee des Funktionalismus beschädigt worden. Weit gefehlt. Im Gegenteil: Die Gründe dafür, diese neuen Behauptungen zu akzeptieren, sind exakt die Gründe, die für den Funktionalismus sprechen. Neurochemie ist deshalb von Bedeutung, weil – und *nur* weil – wir entdeckt haben, daß viele verschiedene Neuromodulatoren und andere chemische Boten, die im Gehirn diffundieren, *funktionale Rollen* haben, die von entscheidender Bedeutung sind. Was solche Moleküle *tun*, erweist sich als entscheidend für die *computationalen* Rollen, die die Neuronen einnehmen, so daß wir ihnen also doch unsere Aufmerksamkeit schenken müssen.

Diese Berichtigung eines übermäßig optimistischen Minimalismus hat nichts mit den von Philosophen ersonnenen *Qualia* zu tun. Einige Neurowissenschaftler haben daher nur Verwirrung gestiftet, als sie sich der Qualia in der Überzeugung angenommen haben, dabei handele es sich um einen Begriff für die Art funktional charakterisierbarer Details, die zu einfache Versionen des Funktionalismus über den Haufen werfen. (Andere haben gedacht, daß Philosophen, wenn sie Vergleiche zwischen Zombies und Leuten mit Bewußtsein anstellen, auf die Relevanz emotionaler Zustände oder einer Neuromodulatoren-Imbalance hinweisen.) Ich habe mehr Zeit, als mir lieb ist, damit verbracht, verschiedenen Wissenschaftlern zu erklären, daß ihre Kontroversen und die der Philosophen nicht – wie sie geglaubt hatten – Übersetzungen voneinander sind, sondern Übersetzungsfallen und füreinander im Grunde ohne Belang. Erschwert wird die Diskussion jedoch weiterhin vom Prinzip der Nachsicht, und in ihrem Wohlwollen weigern sich viele Wissenschaftler beharrlich, zu glauben, daß Philosophen um eine solch engstirnige und absurde Meinungsverschiedenheit ein derartig großes Aufhebens machen.

Mittlerweile haben einige Philosophen genau diese Kontroversen in den Kognitionswissenschaften ungerechtfertigterweise für den Zweck vereinnahmt, ihre Behauptung zu erhärten, das Blatt wende sich gegen den Funktionalismus und zugunsten von Qualia, der Irreduzibilität der »Perspektive der ersten Person« usw. Diese weitverbreitete Überzeugung ist nichts weiter als ein Produkt einer mißlungenen interdisziplinären Kommunikation. Besonders deutlich zeigt sich die mißlungene Kommunikation in den kritischen Beiträgen zu Humphreys Aufsatz »How to Solve the Mind-Body Problem« (in Humphrey 2000). In seiner Erwiderung schreibt Humphrey:

> Ich bin wie selbstverständlich davon ausgegangen, jedem sei klar, daß meine Erklärung von Empfindungen in der Tat eine durch und durch funktionale Erklärung sein soll. Ich habe es als so selbstverständlich betrachtet, daß ich die folgenden Sätze – in dem Glauben, sie seien redundant – aus einer früheren Fassung des Textes tatsächlich gestrichen hatte: »Daher sind wir [mit dieser Erklärung] auf dem besten Wege, genau das zu tun, wovon es *den Anschein hatte*, wir seien dazu nicht in der Lage, nämlich dazu, dem Geist in der Identitätsrelation, dem Phantasma, eine *funktionale Beschreibung* zu geben – wenn auch eine eher unerwartete und befremdliche. Und – wie wir bereits wissen – sobald wir über eine funktionale Beschreibung verfügen, haben wir die Kuh vom Eis, weil dieselbe Beschreibung ziemlich genau auf einen Gehirnzustand zutreffen kann.

Aber vielleicht sollte ich mich nicht wundern. Der Funktionalismus ist eine wundervolle, nachgerade absurd kühne Hypothese, bei der nur wenige von uns ein durchweg gutes Gefühl haben. (S. 108.)

5. Schlußbemerkung

Eine neurowissenschaftliche Theorie des Bewußtseins muß eine Theorie des Subjekts des Bewußtseins sein, eine Theorie, die diese imaginäre zentrale Exekutive in Einzelteile zerlegt, von denen keines seinerseits ein echtes Subjekt sein kann. Die Eigenschaften des Bewußtseins, denen man scheinbar nur *als Merkmale* Sinn abgewinnen kann, *deren sich das Subjekt erfreut*, müssen somit ebenfalls zerlegt und verteilt werden. Diese Aufgabe setzt das Vorstellungsvermögen von Theoretikern zwangsläufig unter Druck. Kaum sind solche Eigenschaften in komplexe dispositionale, in Raum und Zeit verteilte Merkmale zerlegt, klopfen ihre Geister an die Tür und begehren Einlaß, getarnt als *Qualia*, *Phänomenalität* oder als *der vorstellbare Unterschied zwischen uns und Zombies*. Eine der schwierigsten Aufgaben im Zuge der Erklärung des Bewußtseins besteht somit darin, zu erkennen, wann ein Merkmal *bereits* erklärt worden ist (skizzenhaft, in Umrissen) und folglich nicht noch einmal erklärt werden muß.

7. Eine Phantasieecho-Theorie des Bewußtseins

Vor vielen Jahren erzählte mir ein Freund von einem Literaturprofessor, den eine Abschlußarbeit verblüffte, in der sich ein Student recht ausführlich über *Phantasieecho-Dichtung* (*fantasy echo poetry*) ausgelassen hatte.[1] Der Professor rief den Studenten zu sich und fragte ihn nach seinem kurios beziehungsreichen, aber unerläutert gebliebenen Epitheton. Was in aller Welt meint der Student, und wo, wenn man fragen darf, hat er diese Idee aufgeschnappt? »In Ihren Vorlesungen natürlich!« antwortete der Student. Der Professor war sprachlos, aber schon bald kam er dem Rätsel auf die Spur: Er hatte sich in seinen Vorlesungen häufig auf Arbeiten bezogen, die gegen Ende des 19. Jahrhunderts im Stil des *Fin de siècle* geschrieben wurden.

Dieses Juwel einer glücklichen Fehlwahrnehmung geisterte einige Jahrzehnte lang durch meinen Kopf. Vor einigen Monaten kam mir der Gedanke, daß es wirklich eine neue Karriere verdient hat und die Zeit für eine Wiedergeburt reif war. Heureka! Diese ganzen Jahrzehnte hatte ich mich nach einem Segelboot gesehnt; und dieses Jahr sollte es nun endlich soweit sein. Ich wollte mir ein Segelboot kaufen, und es sollte *Phantasieecho* heißen. Welch ein idealer Name für ein 1999er Traumboot! Aber aus verschiedenen Gründen hat sich herausgestellt, daß 1999 für mich *kein* gutes Jahr für den Kauf eines Segelbootes ist (eines zu chartern muß wieder einmal genügen). Es hat den Anschein, als werde meine Befreiung von der Schaluppenlosigkeit, wie Quine es einmal formulierte, auf das nächste Millennium verschoben. Ich war im Begriff, mir das, was die Akquisitoren von Sponsorengeldern an mei-

1 Dieses Kapitel ist – mit vielen Streichungen versehen und stark überarbeitet – einer Vorlesung entnommen, die ich auf der *Consciousness in London Conference* am Kings College in London, am 24. April 1999, hielt. Viele Passagen dieser Vorlesung sind in frühere Kapitel des vorliegenden Buchs eingegangen. Diese Passagen habe ich weitgehend herausgenommen; übriggeblieben sind nur einige Ausdrücke und Argumente, die zu einer Klärung meines Ansatzes beitragen könnten.

ner Universität eine *hervorragende Gelegenheit zur Namensgebung* nennen, ungenutzt entgehen zu lassen. Wie schade!

Kürzlich erzählte ich das alles einem Freund. Und der verblüffte mich dann mit dem Hinweis, ich besitze doch bereits etwas – und hätte seit Jahren daran gearbeitet –, das mit noch größerem Recht *Phantasieecho* genannt werden könnte: Meine Theorie des menschlichen Bewußtseins. Es ist mir eine Freude, Ihnen – dank einiger Hilfestellung meiner Freunde – auf dieser 1999er Konferenz über Theorien des Bewußtseins meine aktualisierte und frisch umbenannte *Phantasieecho*-Theorie des Bewußtseins zu enthüllen.

1. Vergänglicher Ruhm

Dabei handelt es sich um die Theorie, die ich 1991 das »Vielfache-Entwürfe-Modell« (*Multiple Drafts Model*) nannte und für die ich in jüngerer Zeit unter dem Namen »Ruhm im Gehirn-Modell« (oder »Modell des zerebralen Ruhmes«) geworben habe (Dennett 1996b, 1998a, 2001a). Die grundlegende Idee besagt, daß das Bewußtsein dem Ruhm stärker ähnelt als dem Fernsehen; es ist *kein* spezielles »Repräsentationsmedium« im Gehirn, in das Ereignisse mit einem Gehalt umgewandelt werden müßten, um einem bewußt zu werden. Es handelt sich vielmehr darum, daß gehaltvolle Ereignisse im Gehirn etwas erlangen, das Ruhm *ein wenig ähnelt* – und zwar im Konkurrenzkampf mit anderen Ereignissen, die nach Ruhm streben (oder zumindest das Potential dafür besitzen, Ruhm zu erlangen).

Aber natürlich kann Bewußtsein nicht buchstäblich *Ruhm* im Gehirn sein, weil berühmt zu sein heißt, ein geteilter intentionaler Gegenstand *im Bewußtsein* von vielen Leuten zu sein. Und obwohl es hilfreich ist, das Gehirn als eine Zusammensetzung aus Horden von *Homunkuli* zu betrachten, würde die Vorstellung, sie besäßen all die nötigen Eigenschaften, um einigen ihrer Brüder zu zerebralem Ruhm zu verhelfen, etwas zu weit gehen – ganz zu schweigen von dem Problem, daß dadurch ein offenkundiger infiniter Regreß in meine Theorie des Bewußtseins eingebaut würde. Der drohende infinite Regreß läßt sich auf eine Weise verhindern, in der solche Gefahren häufig erfolgreich abgewendet werden können: nicht indem man die grundlegende Idee aufgibt, sondern indem man sie abschwächt. Solange Ihre *Homunkuli* dümmer sind und weniger wissen als der intelligente Akteur, der aus ihnen zusammengesetzt ist, kann das Ineinanderschachteln von Homunkuli in Homunkuli ein Ende haben, letztendlich an einem Punkt mit derartig wenig beeindruckenden Akteuren anlangen, so daß diese durch Maschinen ersetzt werden können.

Bewußtsein ist also eher *Einfluß* als *Ruhm* – eine Spielart relativer »politischer« Macht in den einander widerstreitenden Prozessen, die in die Kontrolle über den Körper münden. In einigen Oligarchien besteht unter Umständen die einzige Möglichkeit, zu Macht zu kommen, darin, *mit dem König bekannt zu sein* – demjenigen, dem es allein zusteht, Macht und Privilegien zu verteilen. Unsere Gehirne sind demokratischer, tatsächlich sogar anarchistisch. Im Gehirn gibt es keinen König, kein Cartesianisches Theater, keine Überwachung des staatlichen Fernsehprogramms; aber gleichwohl üben Gehalte im Laufe der Zeit *stark* unterschiedlich große politische Macht aus. Eine Theorie des Bewußtseins muß erklären, wie einige relativ wenige Gehalte zu dieser politischen Macht gelangen, während die meisten anderen, nachdem sie ihre bescheidenen Taten in den laufenden Projekten des Gehirns vollbracht haben, in Vergessenheit geraten.

Warum ist *dies* eine Aufgabe für eine Theorie des Bewußtseins? Weil es das ist, was bewußte Ereignisse *tun*. Sie hängen herum und sonnen sich »im Rampenlicht« – aber wir müssen diese verführerische Metapher – und ihren Verwandten, den Scheinwerfer der Aufmerksamkeit – letztlich durch eine Erklärung der *funktional* bestimmten Kräfte des *Erregens* von Aufmerksamkeit *ersetzen*, ohne dabei eine bestimmte, einzigartige Quelle vorauszusetzen, die Aufmerksamkeit *schenkt*. Das ist der Kern dessen, was ich die Schwierige Frage nenne: *Und was passiert dann?* Ob Sie nun als notwendige und hinreichende Bedingungen für Bewußtsein Aktivität in dieser oder jener neuronalen Struktur betrachten – entscheidend ist, daß Sie dann auch die Bürde auf sich nehmen müssen, zu erklären, wie *diese* Aktivität die politische Macht der beteiligten Ereignisse sicherstellt.

Die Attraktivität der Idee eines speziellen Bewußtseinsmediums ist nicht bloß eine hartnäckige Halluzination. Diese Idee ist nicht *vollkommen* unnütz, was ersichtlich wird, wenn wir die Analogie mit dem Ruhm noch ein wenig weiter treiben. Ruhm – draußen in der Welt, nicht im Gehirn – ist auch nicht mehr das, was er einmal war. Das Aufkommen der neuen Kommunikationsmedien hat in der Tat die Natur des Ruhmes und der politischen Macht in unserer sozialen Welt radikal verändert. Und etwas auf interessante Weise Ähnliches könnte im Gehirn vor sich gegangen sein. Das ist jedenfalls mein spekulativer Vorschlag. *Im Bewußtsein zu sein* ist – wie ich immer wieder geltend gemacht habe – nicht wie *im Fernsehen zu sein.* Man kann im Fernsehen auftreten, von Millionen von Zuschauern gesehen werden und gleichwohl nicht berühmt sein, weil das eigene Fernsehdebüt nicht die geeigneten *Folgen* hat. Ebenso gibt es keine spezielle Region im Gehirn, wo allein das Vorliegen von Repräsentationen für Bewußtsein schon hinreichend wäre. Es sind immer die *Folgen*, die den Unterschied ausmachen. (*Und was passiert dann?*)

Angeregt wurde ich zu der Ruhm-im-Gehirn-Analogie natürlich von Andy Warhol:

> In Zukunft wird jeder einmal für fünfzehn Minuten berühmt sein.

Hübsch eingefangen hat Warhol mit dieser Bemerkung eine *reductio ad absurdum* eines bestimmten (imaginären) Begriffs des Ruhmes. Wäre das *Ruhm*? Hat Warhol eine logisch mögliche Welt beschrieben? Wenn wir kurz innehalten und darüber etwas sorgfältiger als gewöhnlich nachdenken, sehen wir, daß hier etwas über die Zerreißgrenze hinaus gedehnt worden ist. Es ist zweifellos richtig, daß dank der Massenmedien jedem unbekannten Bürger praktisch auf einen Schlag Ruhm verliehen werden kann (dabei fällt einem Rodney King ein). Und dieser Ruhm kann sich dank der Launenhaftigkeit der öffentlichen Aufmerksamkeit fast genausoschnell wieder in nichts auflösen. Aber Warhols rhetorische Übertreibung dieser Tatsache versetzt uns in die Absurdität von Wunderland. Noch ist uns niemand begegnet, der für nur fünfzehn Minuten berühmt gewesen wäre; und tatsächlich wird ein solcher Fall nie eintreten. Angenommen, Hunderte von Millionen Leute sähen irgendeinen Bürger für fünfzehn oder weniger Minuten im Fernsehen, doch danach geriete er – im Unterschied zu Rodney King – völlig in Vergessenheit. Das Ruhm zu nennen wäre ein falscher Wortgebrauch (o ja, ein argumentativer Zug im Stile der Philosophie der »Alltagssprache«, und ein guter – sofern er mit Umsicht ausgeführt wird). Sollte das nicht offensichtlich sein, lassen Sie mich den Einsatz erhöhen: Kann eine Person *für fünf Sekunden* berühmt sein (nicht nur Gegenstand der Aufmerksamkeit von Millionen von Augenpaaren, sondern berühmt)? Tatsächlich gibt es täglich Hunderte, wenn nicht Tausende von Leuten, die für einige wenige Sekunden von Millionen von Leuten gesehen werden. Stellen Sie sich vor, daß in den Abendnachrichten ein Bericht über die Zulassung eines neuen Arzneimittels gezeigt wird. Millionen von Leuten sehen, wie ein völlig unbekannter Arzt eine Injektionsnadel in den Arm eines völlig unbekannten Patienten rammt – so ist es beispielsweise, im Fernsehen zu sein, aber es ist kein Ruhm!

Einige Philosophen haben sich durch meine rhetorische Frage ködern lassen und Gegenbeispiele zu meiner Andeutung über die Dauer von Ruhm vorgelegt. Folgendermaßen könnte jemand für fünfzehn Sekunden berühmt sein: Er tritt in einem weltweit ausgestrahlten Fernsehprogramm auf, stellt sich als die Person vor, die gleich unseren Planeten zerstören wird, und tut es daraufhin auch tatsächlich. O je, jetzt haben Sie mich erwischt! Beachten Sie jedoch, daß mir dieses Beispiel eigentlich in die Hände spielt. Es lenkt die Aufmerksamkeit auf die Relevanz der gewöhnlichen *Folgen*: Die einzige Möglichkeit, wie man für recht kurze Zeit berühmt sein kann, besteht darin, die ganze Welt zu zerstören, in der

Ruhm üblicherweise nachhallt. Und sollte irgend jemand darüber streiten wollen, ob das nun *echter* Ruhm sei, könnten wir darauf hinweisen, wie sich diese Frage mit Hilfe einer Erweiterung des Gedankenexperiments klären läßt. Angenommen, unser Antiheld drückt einen Knopf und – verflucht, keine nukleare Explosion! *Und was passiert dann?* Die Welt besteht fort, und entweder beobachten wir die gewöhnlichen *Folgen* des Ruhmes oder nicht. Im letzteren Fall würden wir rückblickend zu dem Schluß kommen, daß sein Bemühen um Ruhm schlicht gescheitert ist – obwohl sein Bild um die Welt ging. (Vielleicht schaute gerade niemand Fernsehen oder paßte gerade niemand auf.) Der entscheidende Punkt der Analogie besteht darin, daß Bewußtsein – wie Ruhm – ein *funktionalistisches* Phänomen ist: Edel ist derjenige, der edel *handelt*.

Die zentrale Bedeutung solcher Echos, des *Nachhalls*, von kurzen *Abstechern in die Vergangenheit*, von *Erinnerungen* oder der *Fähigkeit, sich etwas bewußt in Erinnerung zu rufen*, wird von Autoren, die über das Bewußtsein schreiben, häufig erwähnt. So schreibt beispielsweise Richard Powers:

> Sich an ein Gefühl zu erinnern, ohne es neu aufleben lassen zu können. Das schien mir so nah, als es mir nur möglich war, an eine funktionale Definition des Bewußtseins höherer Ordnung heranzureichen. (1995, S. 228.)

Aber das ist Bewußtsein »höherer Ordnung«, oder? Was ist mit Bewußtsein »niederer Ordnung«? Könnte ihm die Fähigkeit, Echos zu produzieren, völlig fehlen? Die Vorstellung, wir könnten eine Spielart des Bewußtseins identifizieren, die von der Leistung, Echos zu produzieren, logisch unabhängig ist, findet in der zeitgenössischen Literatur vielerlei Ausdruck. Es ist sogar verlockend, anzunehmen, diese niedere oder simplere Spielart des Bewußtseins sei irgendwie eine normale Vorbedingung für die Produktion von Echos. Vielleicht ist sie gerade das Merkmal, das nachhallt, wenn es Echos *gibt*. Eine besonders beliebte Version ist die von Ned Block vorgeschlagene Unterscheidung zwischen *phänomenalem Bewußtsein* und *Zugangsbewußtsein*. »Ruhm im Gehirn« mag vielleicht ein nützliches Bild für das Nachdenken über den »politischen« Zugang sein, den manche Gehalte im Zuge des fortwährenden Kampfes um die Kontrolle über den Körper zu den Machtzentralen haben, aber es sagt nichts über das elementare, auf niederer Ebene angesiedelte *Wie es ist* des phänomenalen Bewußtseins aus.

Wie ist es *für wen*? Wie ich zu Blocks anvisierter Unterscheidung schon häufiger kritisch angemerkt habe, bleibt, sobald man alle Implikationen des »Zugangs« vom phänomenalen Bewußtsein abgetrennt hat, etwas übrig, das sich augenscheinlich nicht mehr von einem phänomenal *Nicht*-Bewußten unterscheiden läßt. Ein Beispiel: Als Linkshänder kann ich mich fragen, ob in meiner Sprachproduktion und meinem Sprachverstehen eine Dominanz der linken Gehirnhälfte, eine Dominanz der rechten Gehirnhälfte oder eine Mischform vorliegt: Die einzige Möglichkeit, wie ich die Wahrheit in Erfahrung bringen kann, besteht darin, mich einer objektiven Überprüfung aus der Perspektive der »dritten Person« auszusetzen. Ich habe keinen »Zugang« zu dieser mein Innenleben betreffenden Tatsache über die Arbeitsweise meines Geistes. Sie entzieht sich allen meinen Versuchen, sie durch Introspektion zu entdecken, und die Dominanz könnte, soweit ich weiß, alle paar Sekunden wechseln, ohne daß mir das auf die Sprünge helfen würde (siehe Kapitel 4). Das ist nur eine von vielen – in der Tat unzähligen – »intrinsischen« Eigenschaften der Ereignisse in meinem Gehirn. Und weil sie mir vollständig unzugänglich sind, sind sie Musterbeispiele für nicht bewußte Eigenschaften. Diejenigen, die behaupten, einige unter diesen »intrinsischen« Eigenschaften seien die Eigenschaften des phänomenalen *Bewußtseins*, stehen vor der Herausforderung, zu zeigen, was sie gegenüber den anderen auszeichnet (ohne sich dabei auf einen »Zugang« oder auf die Leistung zu berufen, Echos zu produzieren).

Es ist letzten Endes auch gerade die Leistung, Echos zu produzieren, auf die wir uns zwangsläufig berufen, wenn wir Behauptungen nicht nur über das Bewußtsein anderer Leute, sondern auch über unser eigenes Bewußtsein zu begründen versuchen. Proust pries bekanntermaßen das wirklich köstliche Aroma der Madeleines – Mandelküchlein – wegen seiner Kraft, lebendige Erinnerungen an die Kindheit in ihm hervorzurufen und Gefühle aus seiner Kindheit wiederaufleben zu lassen. Der einladende Geruch von Klebstoff in der Schulbibliothek (ungefährlich, genießbar!) hat auf mich eine ähnliche Wirkung. Vergleichen Sie ihn beispielsweise mit dem Geruch des Resopal-Schreibpults, an dem ich in der zweiten Klasse saß. Aber, so werden Sie vielleicht protestieren, es hat gar keinen Geruch! Doch, es hat einen Geruch, aber keinen, der bei mir Erinnerungen weckt, keinen, dessen Aufkommen und Verfliegen ich unter normalen Bedingungen auch nur bemerken könnte. Es ist ein Geruch, der von mir allenfalls *subliminal wahrgenommen wird* – unterhalb meiner Bewußtseinsschwelle. Was wäre aber, wenn man gleichwohl zeigen könnte, daß die Gegenwart oder das Fehlen dieses Schreibpults in meiner olfaktorischen Umgebung einen verzerrenden Effekt auf meine Ausführung einer kognitiven Aufgabenstellung haben würde? So könnte der Geruch beispielsweise den Effekt haben, daß ich erst einmal an die mit dem Klassenzimmer besonders eng verknüpften Bedeutungen mehrdeutiger Wörter denke. In diesem Fall stünden wir vor einem Problem: Handelte es sich – wie bei »Blindsight bei normalen Menschen« – um den Fall eines *un*bewußten Echos oder um einen Beweis dafür, daß der Geruch des Resopals tatsächlich Bestandteil des Hintergrunds (für einige *der* Hintergrund) meines Bewußtseins im Knabenalter war? So oder so ist es das Auftreten eines Echos, wie schwach es auch sein mag, das dem letzteren Ansatz seine wie auch immer geartete Begründung liefert. Wer an ein phänomenales Bewußtsein glaubt, das selbst dieser Echos produzierenden Kraft beraubt ist, ist wenig überzeugend: Das Aufkommen und Verfliegen des Geruchs ist eine Veränderung im phänomenalen Bewußtsein, obwohl das Subjekt sie überhaupt nicht bemerkt, keinen Zugang zu ihr hat.

Ich habe oben gesagt, daß die Idee, Bewußtsein sei auf ein spezielles Repräsentationsmedium im Gehirn angewiesen, nicht gänzlich unnütz ist. Und mit den Klarstellungen unserer Intuitionen im Rücken kann ich mich diesem Punkt nun zuwenden. Fernsehen und Ruhm sind zwei völlig verschiedene Dinge – das eine ist ein Repräsentationsmedium, das andere nicht. Aber die Arten von Ruhm, die das Fernsehen ermöglicht hat, unterscheiden sich auf eine interessante Weise von früheren Arten des Ruhmes – wie uns kürzlich bis zum Erbrechen vor Augen geführt worden ist. Denken Sie etwa an Prinzessin Diana, O. J. Simpson und Monica Lewinsky. In jedem dieser Fälle bildete sich ein rekursives positives Feedback, das den Auslöser, das anfängliche Ereignis, zusammenschrumpfen ließ und alle Welt dazu trieb, sich im Suhlen des Suhlens in den Reaktionen auf die Reaktionen auf die Reaktionen auf die mediale Berichterstattung der medialen Berichterstattung der medialen Berichterstattung usw. zu suhlen. Gab es im vorelektronischen Zeitalter ähnliche Phänomene des Ruhmes? Der Bedeutung der Öffentlichkeit ist man sich seit Jahrtausenden voll und ganz bewußt gewesen – heimliche Krönungen hat man beispielsweise schon immer aus offensichtlichen Gründen vermieden. Es gibt schon seit langem Orte rekursiver Reaktionen, wie zum Beispiel die Seite für Briefe an den Herausgeber in der *Times* (aus London, und in einem geringeren Umfang in der *New York Times*). Aber das waren noch verhältnismäßig langsame, »schmalbandige« (wie wir heute sagen) Kommunikationskanäle, und sie erreichten nur einen kleinen, aber einflußreichen Teil der Bevölkerung. Gab es im vorelektronischen Zeitalter Leute, die dafür berühmt waren, berühmt zu sein? Gerade die Fähigkeit der zusammengeschlossenen modernen Medien, *alles* einzufangen und es durch bloße echoartige Verstärkung in eine »zugängliche« oder »einflußreiche« Sache zu verwandeln, halten manche Beobachter für ein neues (und vielleicht besorgniserregendes) soziales Phänomen. Und ich behaupte, daß ein ähnliches Bündel an Innovationen im Gehirn der explosiven Zunahme an *Reflexionskraft* zugrunde liegen könnte, die ich für das Markenzeichen des Bewußtseins halte.

2. Instant Replay

In früheren Diskussionen über dieses Thema hat die Gegenseite – auf die immer Verlaß ist – an dieser Stelle für gewöhnlich angemerkt, ich sei von den Leistungen und der Macht des *Selbst*bewußtseins, des *reflektierenden* oder *introspektiven* Bewußtseins, beeindruckt, vielleicht zu stark beeindruckt – und zwar auf Kosten der schlichten tierischen *Empfindungsfähigkeit* oder, um Block noch einmal nachhallen zu lassen, des *phänomenalen* Bewußtseins. Wenn ich hier über Reflexionskraft rede, rede ich jedoch *nicht* von der geistig anspruchsvollen (und wohl von Sprache abhängigen) Fähigkeit, über – wie wir vielleicht sagen könnten – das *Grübeln nachzugrübeln.* Ich meine beispielsweise die Fähigkeit eines Hundes, durch einen Geruch, der ein Echo hervorruft, das dann wiederum eine Reidentifikation hervorruft, an seinen Besitzer oder Peiniger erinnert werden zu können. Aber wenn *das* alles ist, wovon ich rede, hat der folgende Einwand Bestand: Meine notorische Behauptung, menschliches Bewußtsein sei größtenteils eine kulturell hervorgebrachte und getragene »Mem-Maschine«, ist durch das Beispiel vom Hund widerlegt!

Nicht so schnell. Sie wäre durch den Hund widerlegt oder zumindest etwas zurückgedrängt, falls wir uns sicher sein könnten, daß der Effekt des bekannten Geruchs tatsächlich darin besteht, in dem Hund die Art von echoartigen, proustischen Ereignissen auszulösen, die wir einander mitteilen. Aber es könnte sehr wohl einfachere Hypothesen geben, die seine freudige (oder feindselige) Erregung anläßlich des Geruchs in seiner Nase erklären. Was könnte ansonsten vor sich gehen, wenn ein Hund jemanden aufgrund eines Geruchs »erkennt«? *Ruft* sich der Hund die frühere Begegnung in Erinnerung – und könnte er das überhaupt? Haben Hunde ein *episodisches Gedächtnis*, oder wird in dem Hund lediglich ein »instinktives« Echo der Freude oder der Furcht aufgeboten? Ein basales Wiedererkennen dieser Art muß bei uns nicht damit verbunden sein, sich etwas in Erinnerung zu rufen. Somit muß es auch bei anderen biologischen Arten nicht damit verbunden sein, sich etwas in Erinnerung zu rufen. Das proustische Drum und Dran und die Begleitumstände der früheren Begegnung, die üblicherweise – wenn auch nicht immer – unsere Erinnerungsepisoden schmücken, müssen nicht zum Ensemble dieser basalen Form des Wiederkennens gehören.

Diese zusätzlichen Details sind natürlich nicht nur Verzierungen. Wir Menschen stützen uns auf sie, um uns zu bestätigen, daß wir uns tatsächlich erinnern und nicht lediglich etwas einbilden oder vermuten. Bin ich jemals C. I. Lewis begegnet? Ja, einmal. Er war schon ein sehr alter Mann, ich in den Jahren 1959-1960 Studienanfänger an der Wesleyan University. Er besuchte unsere Universität, um ein oder zwei Vorlesungen zu halten. Damals wußte ich noch nichts über ihn, aber mein Philosophieprofessor ermunterte mich, seine Vorlesung zu besuchen, und sei es nur aus dem Grund, einen berühmten Mann zu sehen. Ich erinnere mich, daß es im Honors College war, er setzte sich hin, um seine Vorlesung zu halten (ich saß, wie ich mich erinnere, an der Nordseite des Raumes, mit Blick direkt auf ihn) – aber ich erinnere mich nicht im geringsten an den Inhalt des Vortrags. Ich war stärker von der Hochachtung beeindruckt, die alle Anwesenden ihm entgegenbrachten, als von dem, was er sagte. Im darauffolgenden Jahr las ich zwei seiner Bücher in Roderick Firths Epistemologie-Seminar in Harvard, was die Erinnerungen, die ich jetzt durchgehe, zementiert und natürlich völlig verzerrt hat – Erinnerungen, von denen ich ansonsten hätte annehmen können, sie handelten von dem, was Lewis ein Jahr zuvor gesagt hatte. Nun, vielleicht gibt es im Innenleben von Hunden ähnliche reflektierende Episoden. Falls dem so ist, haben sie gewiß in jeder Hinsicht ein Bewußtsein von genau der Art, wie wir es haben. Allerdings nehme ich an – und das ist der empirische Teil meines Ansatzes, mit dem ich mich etwas weit aus dem Fenster lehne –, daß dem nicht so ist. Ich glaube, daß Ereignisse im Hallraum von Hunden nach einigen wenigen Echos bis zum völligen Verschwinden ausklingen. Warum? Weil sie einen solchen Hallraum nicht benötigen, er auch kein Nebenprodukt von irgend etwas anderem ist, das sie benötigen, und er zu kostspielig wäre. Für nicht-menschliche Tiere sind Effizienz und das Abpassen des richtigen Zeitpunkts, wie ich vermute, diejenigen Erfordernisse, die kurze und schnelle ballistische Flugbahnen der Gehalte diktieren. Das Ziel ist – wie Unternehmensberater sagen: *Durchsatzleistung erhöhen!*

Wir Menschen werden jedoch abgelenkt. Wir haben die Angewohnheit entwickelt, »Ereignisse im Geiste immer wieder durchzuspielen«. Und diese Angewohnheit, die anfänglich mit Zeit und Energie »verschwenderisch« umging, ist sehr wahrscheinlich der Ursprung einer unserer großartigsten Begabungen: des episodischen Gedächtnisses und des – nicht nur auf Ausnahmefälle beschränkten – »One-shot-Lernens«. (Der Garcia-Effekt ist ein solcher Ausnahmefall. Ratten, bei denen man Übelkeit erzeugt, während sie ein unbekannt riechendes Futter essen, weisen tatsächlich einen bemerkenswerten Proust-Effekt auf: Sie entwickeln eine sofortige Abscheu gegen alles, was so riecht.)

Wissenschaftler, die Experimente mit Tieren durchführen, wissen, daß sie zum Zweck der Abrichtung zu einer neuen Verhaltensgewohnheit oder einer neuen Unterscheidungsfähigkeit typischerweise eine Trainings- oder Konditionierungseinheit mitunter drei- oder viermal, mitunter Hunderte oder Tausende Male wiederholen müssen, bevor das Tier den gewünschten Gehalt verläßlich erfaßt. Es gibt Fälle des »One-shot-Lernens« bei besonders fesselnden Lektionen; aber kann sich der Lernende diese Episode oder auch nur die Lektion später in Erinnerung rufen? Könnte es sein, daß unsere vertraute menschliche Begabung, frühere Erfahrungen in pastellfarbenen Versionen noch einmal zu durchleben, in großen Teilen ein erlernter Trick ist? Diejenigen Ereignisse aus unserem bisherigen Leben, die wir uns leicht in Erinnerung rufen können, sind eigentlich eine ziemlich kleine Teilmenge dessen, was wir im Zuge unseres Lebens im Wachzustand erlebt haben. (Oder können Sie noch aus der Versenkung hervorholen, worüber Sie am letzten Mittwoch beim Zähneputzen nachdachten?) Im wirklichen Leben laufen Episoden nur einmal ab, ohne externe Wiederholung. Doch vielleicht ist unsere Angewohnheit, das, was unsere Aufmerksamkeit fesselt, nochmals zu durchdenken oder durchzuspielen, eine Art von unbeabsichtigter Selbstkonditionierung, die diese Ereignisse in den imaginären »Speicher des episodischen Gedächtnisses« zwingt (es ist gewiß kein Organ oder Subsystem des Gehirns). Die Hypothese lautet, daß man kein episodisches Gedächtnis hat, solange man keine derartige »Instant-Replay-Angewohnheit« erworben hat, die es den Höhepunkten des Alltags gestattet, eine Zeitlang im Gehirn nachzuhallen. Das könnte natürlich die »frühkindliche Amnesie« erklären. Und eine weitere, davon unabhängige Hypothese lautet, daß man dieses Phänomen nur bei Menschen antrifft – ein Artefakt von Angewohnheiten der Selbststimulation, die andere Spezies normalerweise nicht erwerben können.

Das episodische Gedächtnis bekommt man nicht geschenkt. Eine Idee besagt, daß das episodische Gedächtnis gerade durch die echoartigen Leistungen möglich gemacht wird. Tiere erinnern sich dank der vielfachen Wiederholungen von Stimuli in der Welt. Wir scheinen uns allein auf der Grundlage des einmaligen Eintretens von Ereignissen zu erinnern. Aber das ist nicht richtig: Das ganze Zeug, an das wir uns erinnern, ist in unseren Gehirnen wie besessen in zig Wiederholungen abgespielt worden. (Es gehört zu den attraktiven Merkmalen dieses Ansatzes und stellt keinen Defekt dar, daß ihm zufolge diejenigen Wiederholungen, die einen Gehalt in die einflußreiche Position *hieven*, bewußt in Erinnerung gerufen werden zu können, weitgehend nicht bewußt sind – auch wenn uns manche Wiederholungen in der Tat als *bewußte* Wiederholungen nur allzu vertraut sind. Tatsächlich besteht kein Bedarf an einer strikten Trennungslinie zwischen bewußten und unbewußten Wiederholungen. Keine klare Linie muß echten Ruhm von einem Einfluß trennen, der hinter den Kulissen ausgeübt wird.) Es ist das Echo, das die Fähigkeit für episodisches Langzeitgedächtnis erzeugt. Wir sind gewohnt, dieses Drum und Dran als Bestätigungen unserer eigenen Überzeugungen zu verwenden, uns *tatsächlich* etwas in Erinnerung zu rufen. Sind Sie jemals Carnap begegnet? »Ja«, antworte ich. »Ich vermute einmal, es war 1965 oder 1966 an der UCLA. Es war auf dem Gang vor dem philosophischen Institut, und soweit ich mich erinnere, unterhielten sich gerade Alfred Tarski und Richard Montague mit Carnap. Ich fragte ein paar Leute, wer die Männer bei Tarski seien, und als sie es mir sagten, konnte ich nicht dem Wunsch widerstehen, hinzugehen, dazwischenzuplatzen und ihnen die Hand zu geben.«

Die Instant-Replay-Angewohnheit hat in der Welt der elektronischen Medien eine amüsante Entsprechung. Bevor es *Videobänder* gab, waren Fernsehauftritte keine sonderlich echoartigen Phänomene. Die Sendungen wurden »live« ausgestrahlt, und sobald sie vorbei waren, waren sie vorbei. Allenfalls hallten sie für kurze Zeit in den Erinnerungen und den Gesprächen der Zuschauer nach, verstummten aber schnell und gerieten in Vergessenheit. Mit den Wochenschauen im Kino verhielt es sich anders. Tageszeitungen waren etwas anderes. Sie konservierten die Ereignisse des Tages, wodurch sie nochmals durchdacht und besprochen werden konnten. Bevor eine Speichermöglichkeit hinzukam, waren Radio und Fernsehen *nicht* die Art von Medien, die einen sinnträchtigen Hinweis auf die Struktur – und die Medien – des Bewußtseins liefern. Sie geben nicht wirklich ein hilfreicheres Bild ab als etwa die vorbeihuschenden Bilder auf der Projektionsfläche einer Camera obscura, weil sich ihre Gehalte viel zu schnell verflüchtigten – außer in der Erinnerung der Zuschauer und Hörer.

Lassen Sie mich zusammenfassen: Ich habe (1) vorsichtig die empirische Hypothese geäußert, daß unsere Fähigkeit, gehaltvolle Ereignisse noch einmal zu durchleben oder wiederaufleben zu lassen, das wichtigste Merkmal des Bewußtseins ist (in der Tat werden wir niemals eines auftreiben, das einem definierenden Merkmal des Bewußtseins näher kommt); und (2) die empirische Hypothese, daß diese echoartige Fähigkeit in weiten Teilen den Selbststimulationsangewohnheiten zu verdanken ist, die wir in der menschlichen Kultur erwerben – daß die Joycesche Maschine in unserem Gehirn eine aus Memen bestehende virtuelle Maschine ist. Das sind voneinander unabhängige Behauptungen. Sollte die Mem-Hypothese durch die Entdeckung – durch die Bestätigung der Annahme – gehörig zu Fall gebracht werden, gerade solche echoartigen Systeme seien in den Gehirnen nicht-menschlicher Tiere im Spiel, würde ich aus genau diesem Grund einräumen, daß Spezies mit solchen Hallräumen in etwa die Art von Bewußtsein besitzen wie wir. Denn genau darin besteht meinem Ansatz zufolge Bewußtsein. Der Preis, den ich für dieses Verdikt zu zahlen hätte, wäre die Widerlegung meiner kühnen Behauptung über Software und *virtuelle* Maschinen. Dennoch würde ich ein gutes Geschäft machen. Denn die andere Seite würde sich auf die Ruhm-Theorie des Bewußtseins *als einer Theorie des Bewußtseins* stützen, um die Relevanz ihrer Entdeckungen – für die Rätsel des Bewußtseins – zu begründen.

8. Bewußtsein: Wieviel macht das in *echtem* Geld?

Es hat häufig den Anschein, als sei das Bewußtsein völlig rätselhaft. Meiner Vermutung nach liegt eine Hauptursache dieses Eindrucks, vor einem undurchdringlichen Rätsel zu stehen, in einer Art von Buchungsfehler, der durch eine vertraute Abfolge von Anfragen und Antworten zustande kommt. Eine vereinfachte Variante eines derartigen Weges ins Märchenland verläuft folgendermaßen:

PHIL: Was ist Bewußtsein?

SY: Nun, einigen Dingen – wie etwa Steinen und Dosenöffnern – fehlt jegliche *Perspektive*, jegliche *Subjektivität*, während andere Dinge – wie etwa Sie und ich – eine Perspektive haben: Private und innere Arten und Weisen, über einige begrenzte Aspekte der großen weiten Welt und über die Relationen zwischen ihr und unserem Körper unterrichtet zu werden. Wir leben unser Leben, wir leiden und genießen, entscheiden und wählen unsere Handlungen; und all das geschieht unter der Leitung unseres »Erste-Person-Zugangs«. Bewußtsein zu haben besteht darin, ein Akteur mit einer Perspektive zu sein.

PHIL: Aber das ist sicherlich noch nicht alles! Ein Kirschbaum hat einen eingeschränkten Zugang zur Außentemperatur an seiner Oberfläche und kann durch für die Jahreszeit ungewöhnlich warmes Wetter dazu verleitet werden, unzeitgemäß zu blühen. Ein Roboter mit »Videokamera-Augen« und »Mikrophon-Ohren« mag Hunderte von verschiedenen Aspekten seiner Umgebung diskriminieren und passend darauf reagieren; mein eigenes Immunsystem kann Millionen von verschiedenen Eventualitäten wahrnehmen, diskriminieren und darauf (größtenteils) angemessen reagieren. Das sind (eine Art von) Akteure(n) mit einer (Art von) Perspektive, aber sie besitzen kein Bewußtsein.

SY: Ja, in der Tat, das ist noch nicht alles. Wir Wesen mit Bewußtsein besitzen Fähigkeiten, die den einfacheren Akteuren fehlen. Wir nehmen Dinge nicht nur wahr und reagieren auf sie, wir *nehmen wahr*, daß wir Dinge wahrnehmen. Genauer gesagt, unter den vielen diskriminativen Zuständen, in denen sich unser Körper befinden kann (einschließlich der Zustände unseres Immunsystems, unseres autonomen Nervensystems, unseres Verdauungsapparats usw.), kann eine Teilmenge wiederum durch Diskriminationen höherer Ordnung diskriminiert werden, die dann die Grundlagen für die Steuerung der Kontrollaktivitäten höherer Ordnung abgeben. Diese rekursive Fähigkeit zur Selbstüberwachung in uns weist keine festumrissenen Grenzen auf – abgesehen von der verfügbaren Zeit und Energie. Wenn jemand einen Ziegelstein nach Ihnen wirft, sehen Sie ihn auf sich zukommen und ducken sich. Aber Sie diskriminieren auch die Tatsache, daß Sie das Wurfgeschoß *visuell* diskriminiert haben, und können dann auch die weitere Tatsache diskriminieren, daß Sie (für gewöhnlich) visuelle und taktile Diskriminationen unterscheiden können. Und danach können Sie über die Tatsache nachdenken, daß Sie in der Lage sind, sich vor kurzem gemachte sensorische Diskriminationen einigermaßen detailliert in Erinnerung zu rufen, und auch darüber, daß es einen Unterschied zwischen dem Vorgang gibt, etwas wahrzunehmen, und dem Vorgang, sich die Wahrnehmung von etwas in Erinnerung zu rufen, und auch zwischen dem Nachdenken über den Unterschied zwischen Erinnerung und Wahrnehmung und dem Nachdenken über den Unterschied zwischen Sehen und Hören usw. – bis es Zeit ist, schlafen zu gehen.

PHIL: Aber das ist sicherlich noch nicht alles. Zwar verfügen die Roboter, die es zur Zeit gibt, nur über ziemlich dürftige Vorrichtungen für eine solche rekursive Selbstüberwachung, aber ich kann mir leicht vorstellen, daß diese spezifische Fähigkeit einem zukünftigen Roboter hinzugefügt wird. Aber er würde kein Bewußtsein besitzen, nicht die Art von Bewußtsein, die wir haben – gleichgültig, wie sicher und geschickt er seine Fähigkeit demonstrieren würde, »reflektierende« Analysen seiner basalen diskriminativen Zustände zu generieren und angemessen auf sie zu reagieren.

SY: Sind Sie sicher, daß Sie sich das vorstellen können?

PHIL: O ja, vollkommen sicher. Es gäbe vielleicht eine Art von *Vollzugs*perspektive, die durch eine Analyse der Leistung eines solchen Roboters definiert werden könnte, sich selbst auf der Grundlage dieser reaktiven Fähigkeiten zu kontrollieren, aber diese Roboter-Subjektivität erinnerte nur entfernt an die unsrige. Wenn er »es scheint mir ...« äußerte, bedeuteten seine Äußerungen nicht wirklich etwas – oder zumindest bedeuteten sie nicht das, was es bedeutet, wenn ich Ihnen sage, wie es ist, ich zu sein, wie Dinge für mich zu sein scheinen.

SY: Ich verstehe nicht, wie Sie sich dessen so sicher sein können, aber auf alle Fälle liegen Sie damit richtig, daß am Bewußtsein noch mehr dran ist. Unsere diskriminativen Zustände sind nicht nur ihrerseits diskriminierbar; sie besitzen die Kraft, in uns Präferenzen hervorzurufen. Wenn wir zwischen verschiedenen Zuständen wählen können, verhalten wir uns nicht gleichgültig, aber diese Präferenzen sind ihrerseits subtil, variabel und stark von anderen Bedingungen abhängig. Schokolade hat ihre Zeit, Käse hat seine Zeit, Blau hat seine Zeit, und Gelb hat seine Zeit. Kurz gesagt (und extrem vereinfacht): Viele, wenn nicht sogar alle unsere diskriminativen Zustände besitzen etwas, das man eine Dimension der affektiven Valenz nennen könnte. Es ist uns wichtig, in welchen Zuständen wir uns befinden. Und daß uns das wichtig ist, spiegelt sich in unseren Dispositionen wider, Zustände zu verändern.

PHIL: Aber das ist sicherlich noch nicht alles! Wenn ich über den herrlich warmen Farbton des Sonnenlichtes nachdenke, das auf diese alte Backsteinmauer fällt, ist es nicht nur so, daß ich lieber auf die Backsteine schaue als auf den dreckigen Bürgersteig davor. Ich kann mir leicht vorstellen, daß unser imaginärer Roboter mit integrierten Präferenzen für jede etwaige Abfolge seiner internen Zustände ausgestattet wird, aber es würde in ihm trotzdem nicht so etwas wie meine bewußte *Wertschätzung* der visuellen Poesie dieser rauhen, rosenfarbigen Backsteine geben.

Sy: Ja, das gebe ich zu; das ist noch nicht alles. Zum einen haben Sie Metapräferenzen; vielleicht würden Sie gerne verhindern, daß jene sexuellen Assoziationen Ihre erhabenere Wertschätzung des warmen Farbtons des Sonnenlichts auf den Backsteinen beeinträchtigen, aber (ungefähr) zur gleichen Zeit macht Ihnen die Beharrlichkeit dieser frechen Eindringlinge auch Vergnügen – aufregend und verwirrend, wie sie nun einmal sind –, aber ... worüber versuchten Sie gerade nachzudenken? Ihr Bewußtseinsstrom ist mit einem scheinbar unerschöpflichen Vorrat an Assoziationen vollgestopft. So, wie jeder flüchtige Inhaber der Position des größten Einflusses seinen Nachfolgern weicht, erzeugt jeder Versuch, diese wild chaotische Parade anzuhalten und die Details der Assoziationen zu überwachen, lediglich eine weitere Flut von flüchtigen Zuständen – und so weiter. Zusammenschlüssen aus Themen und Projekten kann es gelingen, »die Aufmerksamkeit« über eine bestimmte, nützliche und äußerst produktive Zeitspanne hinweg zu beherrschen, Möchtegern-Abschweifungen recht lange abzuwehren und das Gefühl von einem beständigen Selbst oder Ego zu erzeugen, das die Leitung des ganzen Geschäfts übernimmt. Und so weiter.

Phil: Aber das ist sicherlich noch nicht alles! Und jetzt begreife ich langsam, was in Ihrer bewußt ausweichenden Auflistung von Ergänzungen fehlt. All diese Dispositionen und Metadispositionen, in Zustände und Metazustände und Metametazustände der Reflexion über die Reflexion überzugehen, könnten (so stelle ich mir vage vor) in einen Roboter eingebaut werden. Ich nehme an, der Ablauf seiner internen Zustandsveränderungen könnte der »Erste-Person-Beschreibung«, die ich von meinem eigenen Bewußtseinsstrom geben könnte, auffallend ähnlich sein. Aber für den Roboter *fühlte* es sich nicht tatsächlich nach irgend etwas *an*, in diesen Zuständen zu sein, sie hätten gar keine *phänomenalen* Eigenschaften! Sie lassen weiterhin das aus, was die Philosophen Qualia nennen.

Sy: Genaugenommen lasse ich nach wie vor *sehr viele* Eigenschaften aus. Ich habe kaum damit begonnen, alle allzu groben

Vereinfachungen meiner bisherigen Ausführungen einzuräumen; aber jetzt scheinen Sie alle weiteren Ergänzungen von mir dadurch unterlaufen zu wollen, daß Sie steif und fest behaupten, es gebe Eigenschaften des Bewußtseins, die sich von den bisher beschriebenen Eigenschaften völlig unterscheiden. Ich dachte, ich *hätte* in meinen Antworten auf Ihre Anfragen »phänomenale« Eigenschaften ergänzt. Aber jetzt sagen Sie mir, ich hätte damit nicht einmal angefangen. Bevor ich feststellen kann, ob ich diese Eigenschaften tatsächlich auslasse, muß ich wissen, was sie sind. Können Sie mir ein klares Beispiel für eine phänomenale Eigenschaft nennen? Wenn ich beispielsweise früher einmal einen bestimmten Gelbton mochte, dieser Gelbton bei mir aber aufgrund einer traumatischen Erfahrung (angenommen, ich wurde von einem Auto mit dieser Farbe angefahren) nunmehr ein äußerst beklemmendes Gefühl auslöst (ob er mich nun ausdrücklich an den Unfall erinnert oder nicht), wäre das für eine Veränderung der *phänomenalen* Eigenschaften meiner Wahrnehmung dieses Gelbtons hinreichend?

PHIL: Nicht unbedingt. Die *dispositionale* Eigenschaft, in Ihnen ein beklemmendes Gefühl auszulösen, ist nicht selbst eine phänomenale Eigenschaft. Phänomenale Eigenschaften sind per definitionem keine dispositionalen, sondern vielmehr intrinsische und nur aus der Perspektive der ersten Person zugängliche Eigenschaften …

So kommen wir im Märchenland an. Wenn man Qualia als *intrinsische Eigenschaften* von Erfahrungen *definiert*, als Eigenschaften, die von sämtlichen Ursachen und Effekten von Erfahrungen isoliert sind, logisch unabhängig von allen dispositionalen Eigenschaften, wird logisch sichergestellt, daß sie sich jeder funktionalen Analyse (im weiten Sinne) entziehen – aber es ist ein schaler Sieg, weil es keinen Grund gibt, zu glauben, daß solche Eigenschaften existieren. Um diesen Punkt klarer vor Augen zu haben, vergleichen Sie die *Qualia* der Erfahrung mit der *Kaufkraft* des Geldes. Manche naiven Amerikaner kriegen es nicht aus ihren

Köpfen, daß Dollars – im Unterschied zu Euro, Pfund oder Yen – einen *intrinsischen Wert* haben. (»Wieviel macht das in *echtem* Geld?«) Den Wert anderer Währungen »reduzieren« sie bereitwillig in dispositionalen Begriffen auf deren Wechselkurs mit Dollars (oder Gütern und Dienstleistungen), aber es kommt ihnen intuitiv so vor, als seien Dollars etwas anderes. Jeder Dollar, meinen sie, besitze etwas, das von seiner funktionalistischen Tauschkraft logisch unabhängig ist. Das könnte man seinen *Nimbus* nennen. Durch eine solche Definition ist sichergestellt, daß sich der *Nimbus* eines jeden Dollars den Theorien der Ökonomen auf alle Ewigkeit hin entzieht. Aber uns fehlt ein Grund dafür, weshalb wir das glauben sollten – abgesehen von den tiefempfundenen Intuitionen dieser Leute, die jedoch erklärt werden können, ohne sie zu akzeptieren.

Einige Teilnehmer der Debatten über das Bewußtsein bestehen einfach darauf – und das mit Entschiedenheit –, daß ihre Intuitionen über phänomenale Eigenschaften ein nicht verhandelbarer Ausgangspunkt für jede Wissenschaft vom Bewußtsein sein sollten. Eine solche feste Überzeugung muß als ein interessantes Symptom betrachtet werden, das eine Diagnose verdient, als ein Befund, den jede Wissenschaft vom Bewußtsein erklären muß, und zwar auf die gleiche Art und Weise, wie sich Ökonomen und Psychologen daranmachen, zu erklären, warum so viele Leute der mächtigen Illusion erliegen, daß Geld einen intrinsischen Wert besitzt.

Es gibt viele Eigenschaften bewußter Zustände, die gegenwärtig wissenschaftlich erforscht werden können und sollten. Und sobald Erklärungen dieser Eigenschaften etabliert sind, könnte es sehr wohl sein, daß sie uns als Erklärung dessen, was Bewußtsein ist, zufriedenstellen. Und immerhin ist das im Fall des einstigen Geheimnisses, was *Leben* ist, passiert. Es hat sich herausgestellt, daß der Vitalismus – die hartnäckige Überzeugung, es gebe einen großen, mysteriösen Extrabestandteil in allen lebendigen Dingen – keine tiefschürfende Erkenntnis war, sondern ein Fehlschlag der Vorstellungskraft. Von dieser erfreulichen Erfolgsgeschichte beflügelt, können wir mit unserer wissenschaftlichen Erforschung des Bewußtseins weitermachen. Sollte der Tag kommen, an dem all die eingeräumten Schulden abbezahlt sind und wir klar und deutlich sehen, daß etwas Großes fehlt (es sollte einem, wenn es wirklich wichtig ist, irgendwann in die Augen stechen), könnten diejenigen mit der unerschütterlichen Intuition sagen, sie hätten das schon immer gewußt. In der Zwischenzeit können sie sich darüber Gedanken machen, wie die Diagnose abzuwehren ist, daß sie – wie die Vitalisten vor ihnen – durch eine Illusion in die Irre geführt worden sind.

Literatur

Akins, Kathleen (1993): »What Is It Like to Be Boring and Myopic?«, in: E. Dahlbom (Hg.): *Dennett and His Critics: Demystifying Mind*, Oxford: Blackwell, S. 124-160.

– (2001): »More Than Mere Coloring: A Dialogue between Philosophy and Neuroscience on the Nature of Spectral Vision«, in: S. Fitzpatrick/J. T. Breuer (Hg.): *Carving our Destiny*, Washington, D. C.: Joseph Henry Press, S. 77-116.

Alter, Torin/Walter, Sven (Hg.) (2005): *Phenomenal Concepts and Phenomenal Knowledge: New Essays on Consciousness and Physicalism*, New York: Oxford University Press.

Asch, Solomon (1958): »Effects of Group Pressure upon the Modification and Distortion of Judgements«, in: E. E. Maccoby/T. M. Newcomb/E. L. Hartely (Hg.): *Readings in Social Psychology*, New York: Henry Holt, S. 174-181.

Baars, Bernard (1988): *A Cognitive Theory of Consciousness*, Cambridge: Cambridge University Press.

Block, Ned (2001): »Paradox and Cross Purposes in Recent Work on Consciousness«, in: Dehaene und Naccache (2001), S. 197-219.

Bower, Gordon/Clapper, John (1989): »Experimental Methods in Cognitive Science«, in: Posner (1989), S. 245-300.

Bringsjord, Selmer (1994): »Dennett versus Searle on Cognitive Science: It All Boils Down to Zombies and Searle Is Right«, Vortrag auf dem Annual Eastern Meeting der American Philosophical Association im Dezember 1994. Daraus entstand der Aufsatz: »The Zombie Attack on the Computational Conception of Mind«, *Philosophy and Phenomenological Research* 59 (1), 1999, S. 41-69. Online zugänglich auf der Website ⟨http://www.rpi.edu/~brings/SELPAP/ZOMBIES/zomb.htm⟩.

Brook, Andrew (2000): »Judgments and Drafts Eight Years Later«, in: D. Ross/A. Brook (Hg.): *Dennett's Philosophy: A Comprehensive Assessment*, Cambridge, Mass.: The MIT Press.

Burgess, Peter W./Baxter, Doreen/Rose, Martyn/Alderman, Nick (1996): »Delusional Paramnesic Misidentification«, in: P. W. Halligan/J. C. Marshall (Hg.): *Method in Madness: Case Studies in Cognitive Neuropsychiatry*, Hove: Psychology Press, S. 51-78.

Chalmers, David (1995): »Facing Up to the Problem of Consciousness«, *Journal of Consciousness Studies* 2, S. 200-219. (Dt.: »Das schwierige Problem des Bewußtseins«, in: F. Esken/H.-D. Heckmann (Hg.): *Bewußtsein und Repräsentation*, Paderborn: mentis, 1998, S. 221-253.)

– (1996): *The Conscious Mind*, New York: Oxford University Press. (Dt. Übersetzung von Kapitel 7: »Fehlende Qualia, schwingende Qualia, tanzende Qualia«, in: T. Metzinger (Hg.): *Bewußtsein*, Paderborn: Schöningh, 1995, S. 367-389.)

– (1999): »First-Person Methods in the Science of Consciousness«, *Consciousness Bulletin* (Herbst), S. 8-11.
– Reply to Searle. Zugänglich auf Chalmers' Website ⟨http://www.u-arizona.edu/~chalmers/discussions. html⟩.
Chomsky, Noam (1994): »Naturalism and Dualism in the Study of Mind and Language«, *International Journal of Philosophical Studies* 2, S. 181-209.
Crick, Francis (1994): *The Astonishing Hypothesis: The Scientific Search for the Soul*, New York: Scribner.
Damasio, Antonio (1999): *The Feeling of What Happens: Body and Emotion in the Making of Consciousness*, New York: Harcourt Brace & Company. (Dt.: *Ich fühle, also bin ich. Eine Entschlüsselung des Bewußtseins*, München: List, 2000.)
Davidson, Donald (1987): »Knowing One's Own Mind«, *Proceedings and Addresses of the American Philosophical Association* 60, S. 441-458. (Dt.: »Seine eigenen Gedanken kennen«, in: M. Frank (Hg.): *Analytische Theorien des Selbstbewußtseins*, Frankfurt/M.: Suhrkamp, 1994, S. 650-680.)
Debner, James A./Jacoby, Larry L. (1994): »Unconscious Perception: Attention, Awareness, and Controls«, *Journal of Experimental Psychology: Learning Memory and Cognition* 20, S. 304-317.
Dehaene, Stanislas/Naccache, Lionel (Hg.) (2001): Sonderband von *Cognition*, Vol. 79, *The Cognitive Neuroscience of Consciousness*, wiederabgedruckt bei The MIT Press, 2001.
Dennett, Daniel (1971): »Intentional Systems«, *Journal of Philosophy* 68, S. 87-106. (Dt.: »Intentionale Systeme«, in: P. Bieri (Hg.): *Analytische Philosophie des Geistes*, Bodenheim: Athenäum, 1993, S. 162-183.)
– (1978): *Brainstorms: Philosophical Essays on Mind and Psychology*, Cambridge/Mass.: The MIT Press/A Bradford Book.
– (1979): »On the Absence of Phenomenology«, in: D. Gustafson/B. Tapscott (Hg.): *Body, Mind and Method: Essays in Honor of Virgil C. Aldrich*, Dordrecht: D. Reidel, S. 93-114.
– (1982) »How to Study Consciousness Empirically: Or, Nothing Comes to Mind«, *Synthese* 53, S. 159-180.
– (1987): *The Intentional Stance*, Cambridge, Mass.: The MIT Press/A Bradford Book.
– (1988): »Quining Qualia«, in: A. Marcel/E. Bisiach (Hg.): *Consciousness in Contemporary Science*, Cambridge: Cambridge University Press, S. 42-77. (Dt.: »Qualia eliminieren«, in: H.-D. Heckmann/S. Walter (Hg.): *Qualia. Ausgewählte Beiträge*, Paderborn: mentis, 2001, S. 453-502.)
– (1991): *Consciousness Explained*, Boston/New York: Little, Brown. (Dt.: *Philosophie des menschlichen Bewußtseins*, Hamburg: Hoffman und Campe, 1994.)
– (1994a): »Get Real«, Erwiderung auf meine Kritiker, *Philosophical Topics* 22, S. 505-568.
– (1994b): »Real Consciousness«, in: A. Revonsuo/M. Kamppinen (Hg.): *Consciousness in Philosophy and Cognitive Neuroscience*, Hillsdale, N. J.: Lawrence Erlbaum, S. 55-63.

– (1994c): »Instead of Qualia«, in: A. Revonsuo/M. Kamppinen (Hg.): *Consciousness in Philosophy and Cognitive Neuroscience*, Hillsdale, N.J.: Lawrence Erlbaum, S. 129-139.
– (1995a): »Overworking the Hippocampus«, Kommentar zu Jeffrey Gray, *Behavioral and Brain Sciences* 18, S. 677-678.
– (1995b): »The Unimagined Preposterousness of Zombies«, *Journal of Consciousness Studies* 2, S. 322-336.
– (1996a): »Cow-Sharks, Magnets, and Swampman«, *Mind and Language* 11 (1), S. 76-77.
– (1996b): »Consciousness: More Like Fame Than Television«, in deutscher Übersetzung: »Bewußtsein hat mehr mit Ruhm als mit Fernsehen zu tun«, in: C. Maar/E. Poppel/T. Christaller (Hg.): *Die Technik auf dem Weg zur Seele*, Berlin: Rowohlt, 1996.
– (1996c): »Facing Backwards on the Problem of Consciousness«, Kommentar zu Chalmers, *Journal of Consciousness Studies* 3 (1, Sonderband, Teil 2), S. 4-6. Wiederabgedruckt in: J. Shear (Hg.): *Explaining Consciousness: The »Hard Problem«*, Cambridge, Mass.: The MIT Press/A Bradford Book, 1997, S. 33-36.
– (1998a): »The Myth of Double Transduction«, in: S. Hameroff/A. W. Kaszniak/A. C. Scott (Hg.): *Toward a Science of Consciousness II: The Second Tucson Discussions and Debates*, Cambridge, Mass.: The MIT Press, S. 97-107.
– (1998b): »No Bridge Over the Stream of Consciousness«, Kommentar zu Pessoa et al., *Behavioral and Brain Sciences* 21, S. 753-754.
– (1999): »Intrinsic Changes in Experience: Swift and Enormous«, Kommentar zu Palmer, *Behavioral and Brain Sciences* 22 (6), S. 951.
– (2000a): »The Case for Rorts«, in: R. B. Brandom (Hg.): *Rorty and His Critics*, Oxford: Blackwell, S. 89-108.
– (2000b): »It's Not a Bug, It's a Feature«, Kommentar zu Humphrey, *Journal of Consciousness Studies* 7, S. 25-27.
– (2001a): »Are We Explaining Consciousness Yet?«, *Cognition* 79, S. 221-237.
– (2001b): »The Zombie Hunch: Extinction of an Intuition?«, in: A. O'Hear (Hg.): *Philosophy at the New Millennium (Royal Institute of Philosophy Supplement* 48), Cambridge: Cambridge University Press, S. 27-43.
– (2001c): »Explaining the ›Magic‹ of Consciousness«, *Exploring Consciousness, Humanities, Natural Science, Religion,* Proceedings of the International Symposium, Mailand, 19.-20. November 2001 (veröffentlicht im Dezember 2002, Fondazione Carlo Erba, S. 47-58). Wiederabgedruckt in: J. Laszlo/T. Bereczkei/C. Pleh (Hg.): *Journal of Cultural and Evolutionary Psychology* 1, 2003, S. 7-19.
– (2001d): »Surprise, Surprise«, Kommentar zu O'Regan und Noë, *Behavioral and Brain Sciences* 24 (5), S. 982.
– (2002a): »How Could I Be Wrong? How Wrong Could I Be?«, *Journal of Consciousness Studies* 9 (5-6), Sonderband: »Is The Visual World a Grand Illusion?«, hg. v. A. Noë, S. 13-16.
– (2002b): »Does Your Brain Use the Images in It, and If So, How?«, Kommentar zu Pylyshyn, *Behavioral and Brain Sciences* 25 (2), S. 189-190.
– (2003a): *Freedom Evolves*, New York: Viking Penguin.

– (2003b): »Who's on First? Heterophenomenology Explained«, *Journal of Consciousness Studies*, Sonderband: »Trusting the Subject?« (Teil 1), 10 (Nr. 9-10, Oktober), S. 19-30. Auch erschienen in: A. Jack/A Roepstorff (Hg.): *Trusting the Subject?* Bd. 1, Exter, UK: Imprint Academic, 2003, S. 19-30.

– (2003c): »Look Out for the Dirty Baby«, Kommentar zu Baars, *Journal of Consciousness Studies,* »The Double Life of B. E. Skinner«, 10 (1), S. 31-33.

– (2003d): »Making Ourselves at Home in Our Machines«, Besprechung von Daniel Wegners Buch *The Illusion of Conscious Will,* The MIT Press, 2002, *Journal of Mathematical Psychology* 47, S. 101-104.

Dennett, Daniel/Kinsbourne, Marcel (1992): »Time and the Observer: The Where and When of Consciousness in the Brain«, *Behavioral and Brain Sciences* 15, S. 183-247.

Descartes, René (1641/1960): *Meditationen über die Grundlagen der Philosophie*, Hamburg: Meiner.

Desimone, Robert/Duncan, John (1995): »Neural Mechanisms of Selective Visual Attention«, *Annual Review of Neuroscience*, 18, S. 193-222.

Driver, John/Vuilleumier, Patrik (2001): »Perceptual Awareness and Its Loss in Unilateral Neglect and Extinction«, in: Dehaene und Naccache (2001), S. 39-88.

Ellis, Hadyn D./Lewis, Michael B. (2001): »Capgras Delusion: A Window on Face Recognition«, *Trends in Cognitive Science* 5, S. 149-156.

Fodor, Jerry (1998): »Review of Steven Pinker's *How the Mind Works,* and Henry Plotkin's *Evolution in Mind*«, *London Review of Books*, 22. Januar. Wiederabgedruckt in: J. Fodor: *In Critical Condition*, Cambridge, Mass.: The MIT Press/A Bradford Book, 1998, S. 203-214.

Frith, Chris D. (2000): »The Role of Dorsolateral Prefontal Cortex in the Selection of Action, as Revealed by Functional Imaging«, in: S. Monsell/J. Driver (Hg.): *Control of Cognitive Processes: Attention and Performance*, Vol. 18, Cambridge, Mass.: The MIT Press, S. 549-565.

Goldman, Alvin (1997): »Science, Publicity, and Consciousness«, *Philosophy of Science* 64 (4), S. 525-545.

– (2000): »Can Science Know When You're Conscious?«, *Journal of Consciousness Studies* 7 (5), S. 2-22.

Graham, George/Horgan, Terence (2000): »Mary Mary Quite Contrary«, *Philosophical Studies* 99, S. 59-74.

Gray, Jeffrey (1995): »The Contents of Consciousness: A Neuropsychological Conjecture«, *Behavioral and Brain Sciences* 18 (4), S. 659-722.

Hayes, Patrick (1978): »The Naive Physics Manifesto«, in: D. Michie (Hg.): *Expert Systems in the Microelectronic Age*, Edinburgh: Edinburgh University Press, S. 242-270.

Hilliard, John N. (1938): *Card Magic*, Minneapolis: Carl W. Jones.

Hofstadter, Douglas (1979): *Gödel, Escher, Bach: An Eternal Golden Braid*, New York: Basic Books. (Dt.: *Gödel, Escher, Bach. Ein endloses geflochtenes Band*, Stuttgart: Klett-Cotta, 1985.)

– (1981): »Reflections«, in: D. Hofstadter/D. C. Dennett (Hg.): *The Mind's I*, New York: Basic Books, S. 373-382. (Dt.: »Reflexionen«, in: D. Hofstadter/D. C. Dennett (1986), S. 357-366.)

Hofstadter, Douglas/Dennett, Daniel C. (Hg.) (1981): *The Mind's I*, New York: Basic Books. (Dt.: *Einsicht ins Ich. Fantasien und Reflexionen über Selbst und Seele*, Stuttgart: Klett-Cotta, 1986.)

Humphrey, Nicholas (2000): »How to Solve the Mind-Body Problem« (mit Kommentaren und einer Erwiderung des Autors), *Journal of Consciousness Studies* 7, S. 5-20. (Auch als Buch mit dem Titel *How to Solve the Mind-Body Problem* erhältlich.)

Hurley, Susan (1998): *Consciousness in Action*, Cambridge, Mass.: Harvard University Press.

Jack, Anthony I./Shallice, Tim (2001): »Introspective Physicalism as an Approach to the Science of Consciousness«, in: Dehaene und Naccache (2001), S. 135-159.

Jackson, Frank (1982) »Epiphenomenal Qualia«, *Philosophical Quarterly* 32, S. 27-36. (Dt.: »Epiphenomenale Qualia«, in: H.-D. Heckmann/S. Walter (Hg.): *Qualia. Ausgewählte Beiträge*, Paderborn: mentis, 2001, S. 123-138.)

Janet, Pierre (1942): *Les Dissolutions de la Memoire*, zitiert in G. Talland, *Disorders of Memory and Learning*, New York: Penguin, 1968, S. 152.

Kanwisher, Nancy (2001): »Neural Events and Perceptual Awareness«, in: Dehaene und Naccache (2001), S. 89-113.

Kawamura, Yojiro/Kare, Morley R. (Hg.) (1987): *Umami: A Basic Taste*, New York: Dekker.

Leibniz, Gottfried W. (1714/1959): *Monadologie*, Hamburg: Meiner.

Locke, John (1689/2000): *Versuch über den menschlichen Verstand*, Hamburg: Meiner.

Levine, Joseph (1983): »Materialism and Qualia: The Explanatory Gap«, *Pacific Philosophical Quarterly* 64, S. 354-361. (Dt.: »Materialismus und Qualia: Die explanatorische Lücke«, in: M. Pauen/A. Stephan (Hg.): *Phänomenales Bewußtsein. Kehrt die Identitätstheorie zurück?*, Paderborn: mentis, 2001, S. 91-103.)

– (1994): »Out of the Closet: A Qualophile Confronts Qualophobia«, *Philosophical Topics* 22, S. 107-126.

Lycan, William (1987): *Consciousness*, Cambridge, Mass.: The MIT Press.

– (1996): *Consciousness and Experience*, Cambridge, Mass.: The MIT Press.

– im Erscheinen: »Perspectival Representation and the Knowledge Argument«, in: Q. Smith/A. Jokic (Hg.): *Consciousness: New Philosophical Essays*, Oxford: Oxford University Press.

McCarthy, John (1959): Diskussion von Oliver Selfridges Aufsatz »Pandemonium: A Paradigm for Learning«, *Symposium on the Mechanization of Thought Processes*, London: H. M. Stationery Office.

McConnell, Jeff (1994): »In Defense of the Knowledge Argument«, *Philosophical Topics* 22, S. 157-197.

McGeer, Victoria (2003): »The Trouble with Mary«, *Pacific Philosophical Quarterly* 84 (4), S. 384-393.

McGinn, Colin (1999): *The Mysterious Flame: Conscious Minds in a Material World*, New York: Basic Books. (Dt.: *Wie kommt der Geist in die Materie? Das Rätsel des Bewußtseins*, München: Beck, 2001.)
Merikle, Philip M./Smilek, Daniel/Eastwood, John D. (2001): »Perception without Awareness: Perspectives from Cognitive Psychology«, *Cognition* 79, S. 115-134.
Nagel, Thomas (1974): »What Is It Like to Be a Bat?«, *Philosophical Review* 83, S. 435-450. (Dt.: »Wie ist es, eine Fledermaus zu sein?«, in: P. Bieri (Hg.): *Analytische Philosophie des Geistes*, Bodenheim: Athenäum, 1993, S. 261-275.)
– (1979): *Mortal Questions*, Cambridge: Cambridge University Press. (Dt.: *Über das Leben, die Seele und den Tod*, Königstein: Hain, 1984.)
– (1998): »Conceiving the Impossible and the Mind-Body Problem«, *Philosophy* 73, S. 337-352.
O'Craven, Kathleen M./Rosen, Bruce R./Kwong, Kenneth K./Treisman, Anne/Savoy, Robert L. (1997): »Voluntary Attention Modulates fMRI Activity in Human MT/MST«, *Neuron* 18, S. 591-598.
Palmer, Steven (1999): »Color, Consciousness, and the Isomorphism Constraint«, *Behavioral and Brain Sciences* 22, S. 923-989.
Panskepp, Jaak (1998): *Affective Neuroscience: The Foundations of Human and Animal Emotions*, Oxford/New York: Oxford University Press.
Parvizi, Josef/Damasio, Antonio (2001): »Consciousness and the Brain Stem«, *Cognition* 79, S. 135-159.
Penrose, Roger (1989): *The Emperor's New Mind: Concerning Computers, Minds, and the Laws of Physics*, Oxford: Oxford University Press. (Dt.: *Computerdenken: die Debatte um künstliche Intelligenz, Bewusstsein und die Gesetze der Physik*, Heidelberg/Berlin: Spektrum Akademischer Verlag GmbH, 2002.)
Pessoa, Luiz/Thompson, Evan/Noë, Alva (1998): »Finding Out about Filling In: A Guide to Perceptual Completion for Visual Science and the Philosophy of Perception«, *Behavioral and Brain Sciences* 21, S. 723-748.
Petitot, Jean/Varela, Francisco/Pachoud, Bernard/Roy, Jean-Michel (1999): *Naturalizing Phenomenology: Issues in Contemporary Phenomenology and Cognitive Science*, Stanford: Stanford University Press.
Posner, Michael I. (Hg.) (1989): *Foundations of Cognitive Science*, Cambridge, Mass.: The MIT Press.
Powers, Richard (1995): *Galatea 2.2.*, New York: Harpers.
Pylyshyn, Zenon (2002): »Mental Imagery: In Search of a Theory«, *Behavioral and Brain Sciences* 25, S. 157-237.
Rensink, Ronald A./O'Regan, J. Kevin./Clark, James J. (1997): »To See or Not to See: The Need for Attention to Perceive Changes in Scenes«, *Psychological Science* 8 (5), S. 368-373.
Robinson, Howard (1993): »Dennett on the Knowledge Argument«, *Analysis* 53, S. 174-177.
Rolls, Edmund T./Yamamoto, Takashi (Hg.) (2001): *Sensory Neuron*: »Glutamate Receptors: Taste Perception and the Brain«, Bd. 3, VSP BV, The Netherlands.

Rozin, Paul (1976): »The Evolution of Intelligence and Access to the Cognitive Unconscious«, *Progress in Psychobiology and Physiological Psychology*, Vol. 6, New York: Academic Press, S. 245-280.

Searle, John (1980): »Minds, Brains, and Programs«, *Behavioral and Brain Sciences* 3, S. 417-458. (Dt.: »Geist, Gehirn, Programm«, in: W. Ch. Zimmerli/S. Wolf (Hg.): *Künstliche Intelligenz: Philosophische Probleme*, Stuttgart: Reclam, 1994, S. 112-145.)

– (1992): *The Rediscovery of the Mind*, Cambridge, Mass.: The MIT Press. (Dt.: *Die Wiederentdeckung des Geistes*, Frankfurt/M.: Suhrkamp, 1996.)

Shepard, Roger/Metzler, Jacqueline (1971): »Mental Rotation of Three-Dimensional Objects«, *Science* 171, S. 701-703.

Siegel, Lee (1991): *Net of Magic. Wonders and Deceptions in India*, Chicago: University of Chicago Press.

Smiley, Jane (2004): »Excerpts from Jane Smiley's New Book«, *Practical Horseman* (Juni), S. 44-68.

Smith, Stephen D./Merikle, Philip M. (1999): »Assessing the Duration of Memory for Information Perceived without Awareness«, Poster präsentiert am Third Annual Meeting of the Association for the Scientific Study of Consciousness, London, Ontario, Canada, Juni 1999.

Strawson, Galen (1999): »Little Gray Cells«, *New York Times Book Review*, 7. Juli 1999, S. 13.

Thompson, Evan (2001): »Empathy and Consciousness«, *Journal of Consciousness Studies* 8, S. 1-33.

Tye, Michael (1995): *Ten Problems of Consciousness*, Cambridge, Mass.: The MIT Press.

Varela, Francisco/Shear, Jonathan (1999): »First-Person Methodologies: What, Why, How?«, *Journal of Consciousness Studies* 6 (203), S. 1-14.

Voorhees, Burton (2000): »Dennett and the Deep Blue Sea«, *Journal of Consciousness Studies* 7, S. 53-69.

Weiskrantz, Lawrence (1998): »Consciousness and Commentaries«, in: S. R. Hameroff/A. W. Kaszniak/A. C. Scott (Hg.): *Toward a Science of Consciousness II: The Second Tucson Discussions and Debates*, Cambridge, Mass.: The MIT Press, S. 11-25.

Wright, Robert (2000): *Nonzero: The Logic of Human Destiny*, New York: Pantheon.

Zhao, Grace Q./Zhang, Yifeng/Hoon, Mark A./Chandrashekar, Jayaram/Erlenbach, Isolde/Ryba, Nicholas J. P./Zuker, Charles S. (2003): »The Receptors for Mammalian Sweet and Umami Taste«, *Cell* 115, S. 255-266.

Register

Philosophie des Geistes im Suhrkamp Verlag

Anatomie der Subjektivität. Bewußtsein, Selbstbewußtsein und Selbstgefühl. Herausgegeben von Thomas Grundmann, Frank Hofmann, Catrin Misselhorn, Violetta L. Waibel und Véronique Zanetti. stw 1735. 496 Seiten

Wolfgang Barz. Die Transparenz des Geistes. stw 2034. 400 Seiten

Bewußtsein. Philosophische Beiträge. Herausgegeben von Sybille Krämer. stw 1240. 250 Seiten

Susan Blackmore. Gespräche über Bewußtsein. Aus dem Englischen von Frank Born. Mit einem Glossar. Gebunden und stw 2023. 380 Seiten.

Robert B. Brandom
- Expressive Vernunft. Aus dem Amerikanischen von Eva Gilmer und Hermann Vetter. 1014 Seiten. Gebunden
- Begründen und Begreifen. Eine Einführung in den Inferentialismus. Aus dem Amerikanischen von Eva Gilmer. Gebunden und stw 1689. 264 Seiten

Donald Davidson
- Dialektik und Dialog. Rede anläßlich der Verleihung des Hegel-Preises 1992. stw 1080. 101 Seiten
- Handlung und Ereignis. Aus dem Amerikanischen von Joachim Schulte. Gebunden und stw 895. 421 Seiten
- Probleme der Rationalität. Vorwort von Marcia Cavell. Aus dem Amerikanischen von Joachim Schulte. 445 Seiten. Gebunden

NF 165/1/8.12

- Die Vielfalt der Bedeutung. Zeichen, Ziele und ihre Verwandtschaft. Aus dem Amerikanischen von Hajo Greif. stw 1829. 330 Seiten

Thomas Nagel. Der Blick von nirgendwo. Aus dem Amerikanischen von Michael Gebauer. stw 2035. 418 Seiten

Martine Nida-Rümelin. Der Blick von innen. Zur transtemporalen Identität bewusstseinsfähiger Wesen. stw 1787. 357 Seiten

Philosophie und Neurowissenschaften. Herausgegeben von Dieter Sturma. stw 1770. 266 Seiten

Hilary Putnam
- Repräsentation und Realität. Übersetzt von Joachim Schulte. stw 1394. 220 Seiten
- Vernunft, Wahrheit und Geschichte. Aus dem Amerikanischen von Joachim Schulte. stw 853. 294 Seiten

Sebastian Rödl
- Kategorien des Zeitlichen. Eine Untersuchung der Formen des endlichen Verstands. stw 1748. 215 Seiten
- Selbstbewußtsein. stw 1992. 264 Seiten.

Richard Rorty. Der Spiegel der Natur. Eine Kritik der Philosophie. Aus dem Amerikanischen von Michael Gebauer. stw 686. 438 Seiten

Jürgen Schröder. Einführung in die Philosophie des Geistes. stw 1671. 400 Seiten

John R. Searle
- Freiheit und Neurobiologie. Aus dem Amerikanischen von Jürgen Schröder. Kartoniert. 96 Seiten

NF 165/3/8.12

- Geist. Eine Einführung. Aus dem Amerikanischen von Sibylle Salewski. 324 Seiten. Gebunden
- Geist, Sprache und Gesellschaft. Philosophie der wirklichen Welt. Aus dem Amerikanischen von Harvey P. Gavagai. stw 1670. 192 Seiten
- Intentionalität. Eine Abhandlung zur Philosophie des Geistes. Aus dem Amerikanischen von Harvey P. Gavagai. stw 956. 353 Seiten
- Die Konstruktion der gesellschaftlichen Wirklichkeit. Zur Ontologie sozialer Tatsachen. Aus dem Amerikanischen von Martin Suhr. stw 2005. 248 Seiten
- Wie wir die soziale Welt machen. Die Struktur der menschlichen Zivilisation. Aus dem Amerikanischen von Joachim Schulte. 351 Seiten. Gebunden

Selbstbewußtseinstheorien von Fichte bis Sartre. Herausgegeben und mit einem Nachwort versehen von Manfred Frank. stw 964. 599 Seiten

Michael Tomasello
- Die kulturelle Entwicklung des menschlichen Denkens. Zur Evolution der Kognition. Aus dem Englischen von Jürgen Schröder. stw 1827. 307 Seiten
- Die Ursprünge der menschlichen Kommunikation. Aus dem Amerikanischen von Jürgen Schröder. Mit Abbildungen. stw 2004. 410 Seiten

Matthias Vogel. Medien der Vernunft. Eine Theorie des Geistes und der Rationalität auf Grundlage einer Theorie der Medien. stw 1556. 427 Seiten

Wissen zwischen Entdeckung und Konstruktion. Erkenntnistheoretische Kontroversen. Herausgegeben von Matthias Vogel und Lutz Wingert. stw 1591. 328 Seiten

NF 165/4/8.12